化工行业
大学生创新创业
基础教程

宋来新　商云龙　主编

化学工业出版社

·北京·

《化工行业大学生创新创业基础教程》根据教育部针对大学生创新创业教育的基本要求编写而成，内容涵盖创新创业与大学生职业发展的关系、创新创业的各要素及注意事项以及创业项目从无到有的全过程，符合高校大学生创新创业学习的基本需求，同时以大化工行业为背景，体现出行业特色的创新创业教育新趋势。希望通过学习本书，帮助学生建立创业的理论基础，熟悉创业的基本流程和方法，了解创业的相关政策和法律法规，激发学生的创新意识和创业热情，引导学生投身创新创业实践，促进学生创业和就业全面发展。

本书由具有丰富就业创业指导经验的高校教师联合编写而成，同时融合化工行业知名企业家、创业指导专家等多方意见和建议，可作为高校创新创业教育教学教材使用，也欢迎有志于创业或对创新创业教育感兴趣的青年及社会人士参考阅读。

图书在版编目（CIP）数据

化工行业大学生创新创业基础教程 / 宋来新，商云龙主编. —北京：化学工业出版社，2017.12（2025.1重印）
ISBN 978-7-122-30912-9

Ⅰ. ①化⋯ Ⅱ. ①宋⋯ ②商⋯ Ⅲ. ①化学工业 - 大学生 - 创业 - 高等学校 - 教材 Ⅳ. ①G647.38

中国版本图书馆CIP数据核字（2017）第266829号

责任编辑：宋湘玲　王淑燕　　　　装帧设计：关　飞
责任校对：王素芹

出版发行：化学工业出版社（北京市东城区青年湖南街13号　邮政编码100011）
印　　装：北京天宇星印刷厂
787mm×1092mm　1/16　印张12½　字数293千字　2025年1月北京第1版第6次印刷

购书咨询：010-64518888（传真：010-64519686）　售后服务：010-64518899
网　　址：http://www.cip.com.cn
凡购买本书，如有缺损质量问题，本社销售中心负责调换。

定　价：35.00元　　　　　　　　　　　　　　　　　　　　版权所有　违者必究

编写人员名单

主编 宋来新　商云龙

编委

邹海燕　邹德勋　李承明　王　峰　汪雪琴　刘传宇
崔　玉　曹　辉　李富家　郑秀英　徐宏洲　张　建
戚昊辰　吴　星　王陶冶　万　军　边　靖　邱　添
梁燕亮　朱海涛　何润秋　刘景超　刘　杨　王俊琪
柏　顺　弥志伟　董　华　杨淇茜　许　青　郭艺伟
孙　佳

前言

创新是一个民族进步的灵魂，是一个国家发展的不竭动力。创业的核心是创新，创新支撑和推动着创业不断发展。创新创业教育作为高校育人的重要环节，对于丰富高校实践育人体系、提高人才培养质量、促进大学生全面发展具有十分重要的意义，更是落实以创业带动就业、促进高校毕业生充分就业的现实需求。国务院办公厅印发的《关于深化高等学校创新创业教育改革的实施意见》中明确提出各高校应"组织学科带头人、行业企业优秀人才，联合编写具有科学性、先进性、适用性的创新创业教育重点教材"。

根据创新创业教育的内在要求和人才培养目标，以促进专业教育与创新创业教育有机融合为目的，本书旨在激发大学生的创新意识，培养创业精神，丰富创业知识、提升创新创业能力。本书在大化工行业创新创业教育的大背景下，第一章介绍创新创业与职业发展，论述了创新精神和创业能力在学生职业发展尤其是在大化工行业的职业发展中的重要作用；第二章解释创业者与创业团队在创业活动中的重要作用以及创业团队的组建和管理策略等；第三章描述创业市场的分析方法和市场调查的方法；第四章和第五章分别论述发现创业机会和整合创业资源，阐述了寻找创业项目和创业资源的方法路径；第六章教导大学生正视创业风险；第七章讲解的是完善创业计划书；第八章讲解的是新企业的成立与生存管理，为学生创业项目的落地实施提供理论支持和指导。本书重点论述大化工行业的机遇与挑战、大化工行业的机遇识别、大化工行业创业资源与一般商业资源的异同等内容，介绍以大化工行业为例的竞争案例、化工企业特殊作业审批流程等知识。

本书在编写过程中，参考了同类教材、著作和期刊，在此表示感谢。

由于编者水平有限，书中难免有不足之处，望广大读者及同行专家不吝批评指教。

编　者
2017 年 11 月

目录

第一章 创新创业与职业发展 /1

一、创业时代传承创业精神激发创新意识 ·· 1
  （一）创业与创业精神 ·· 1
  （二）创新与创新思维 ·· 3
  （三）创新与创业的关系 ·· 4

二、掌握创业知识，明确创业价值 ·· 6
  （一）创业的概念和内涵 ·· 6
  （二）创业的要素和类型 ·· 6
  （三）创业的过程与阶段 ·· 8

三、我国创业的浪潮 ·· 9
  （一）创业中国的大背景 ·· 9
  （二）创业中国的新春天 ·· 10

四、大化工行业的机遇与挑战 ·· 11
  （一）大化工行业的挑战 ·· 12
  （二）未来十年化工行业面临的新机遇 ·· 12
  （三）化工行业中的战略性新兴产业 ·· 13

五、创新创业精神与个人职业发展 ·· 13
  （一）创新型人才的素质要求 ·· 13
  （二）创新创业能力培养 ·· 15
  （三）创新创业与职业生涯发展 ·· 17

第二章　创业者与创业团队 / 20

一、创业者 ··· 20
- （一）创业者的定义 ··· 20
- （二）创业者的特点 ··· 22
- （三）创业动机 ·· 25
- （四）领导力和团队建设 ··· 26
- （五）领导者的合理规划 ··· 29

二、创业团队 ··· 30
- （一）创业团队的内涵 ··· 30
- （二）创业团队的组建 ··· 33
- （三）创业团队的管理策略 ··· 36
- （四）创业团队的股权设计 ··· 38

第三章　创业市场 / 41

一、创业市场确定 ··· 41
- （一）市场细分 ·· 41
- （二）目标市场选择 ··· 44

二、创业市场竞争 ··· 47
- （一）市场竞争分析 ··· 47
- （二）市场竞争策略 ··· 48
- （三）以大化工行业为例的竞争案例 ··· 50

三、创业市场营销 ··· 52
- （一）产品导向的营销 ··· 52
- （二）顾客导向的营销 ··· 53

四、创业市场调查 ··· 54
- （一）市场调查的含义和作用 ··· 54
- （二）市场调查的内容 ··· 55
- （三）市场调查的步骤 ··· 56
- （四）调研数据的分析与整理 ··· 58

第四章　发现创业机会 / 60

一、创业机会识别 ·· 60
　　（一）创业机会与商业机会 ·· 60
　　（二）创业机会的来源与作用 ·· 61
　　（三）创业机会识别的关键要素 ·· 63
　　（四）有助于创业机会识别的因素 ·· 64
　　（五）大化工行业的机遇识别 ·· 65

二、创业机会评价 ·· 67
　　（一）创业机会评价的策略 ·· 67
　　（二）创业机会评估的方法 ·· 67
　　（三）创业机会评价的标准 ·· 70

三、创业项目前景分析 ·· 71
　　（一）创业项目前景与商机的关系 ·· 71
　　（二）创业项目前景分析的作用 ·· 73
　　（三）预测创业项目的价值和潜力 ·· 77
　　（四）创业项目前景分析的方法和实施 ···································· 82

第五章　整合创业资源 / 85

一、创业资源概述 ·· 85
　　（一）创业资源的内涵 ·· 85
　　（二）创业资源的类型 ·· 86
　　（三）大化工行业创业资源与一般商业资源的异同 ················ 92

二、创业资源整合 ·· 93
　　（一）创业资源整合的概念 ·· 94
　　（二）创业资源整合的意义 ·· 96
　　（三）创业资源整合的原则 ·· 97
　　（四）创业资源整合的路径 ·· 99
　　（五）创业资源整合的方法 ·· 101

三、创业融资 ·· 103
　　（一）创业融资的难度 ·· 104
　　（二）创业启动资金预测 ·· 107
　　（三）创业融资方式 ·· 110

第六章　正视创业风险 / 113

一、创业风险的类型和特点 ……………………………………………… 113
（一）创业风险的概念 ……………………………………………… 113
（二）创业风险与创业机会的关系 ………………………………… 114
（三）创业风险与创业资源的关系 ………………………………… 116
（四）创业风险的分类和特征 ……………………………………… 119

二、创业风险的防控 …………………………………………………… 121
（一）创业风险的识别与防控 ……………………………………… 121
（二）创业风险的应对策略 ………………………………………… 122

三、创业项目风险评估 ………………………………………………… 124
（一）创业项目风险评估的定义 …………………………………… 124
（二）创业项目风险评估的特征 …………………………………… 125
（三）创业项目风险评估的种类 …………………………………… 127
（四）创业项目风险防范的对策 …………………………………… 129
（五）创业项目风险评估的方法与途径 …………………………… 131
（六）创业项目风险评估的程序 …………………………………… 132

第七章　完善创业计划书 / 135

一、创业计划书概述 …………………………………………………… 135
（一）创业计划书的概念 …………………………………………… 135
（二）创业计划书的作用 …………………………………………… 135
（三）创业计划与创业筹划的区别 ………………………………… 136

二、创业计划的编写要求和主要内容 ………………………………… 137
（一）创业计划书基础要素 ………………………………………… 137
（二）创业计划书的一般大纲 ……………………………………… 138

三、创业计划书的编写 ………………………………………………… 139
（一）创业计划书的撰写原则 ……………………………………… 139
（二）创业计划书的撰写技巧 ……………………………………… 140
（三）创业计划书的展示 …………………………………………… 141
（四）创业项目可行性分析 ………………………………………… 142
（五）创业计划书的评价要点 ……………………………………… 143

第八章 新企业的成立与生存管理 / 145

一、新企业的成立 ··· 145
（一）当代企业组织形式的选择 ··· 145
（二）大学生创业的市场现状 ·· 147
（三）新企业该如何定位 ·· 148
（四）新企业注册的一般流程 ·· 150
（五）化工企业特殊作业审批流程 ·· 152
（六）大学生创业应注意的法律问题 ··· 154
（七）新企业的社会认同 ·· 155

二、新企业的生存管理 ·· 156
（一）新企业发展的阶段及特殊性 ·· 156
（二）新企业成长的驱动因素分析 ·· 158
（三）新企业的管理技巧与策略 ··· 159
（四）新企业发展的风险分析与控制 ··· 160
（五）新企业的社会责任 ·· 162

附录 / 163

附录一　创业计划书格式1（适用于科技生产型创业项目）······················· 163
附录二　创业计划书格式2（适用于服务型创业项目）····························· 165
附录三　银装纳米科技有限责任公司创业计划书
　　　　（本作品为北京市2016年创青春大赛银奖作品）······················· 167

参考文献 / 187

第一章
创新创业与职业发展

【学习目标】
1. 了解创新与创业及其关系。
2. 了解和掌握创业相关知识。
3. 了解大化工行业发展的概况及创业的机遇与挑战。
4. 认知创新创业精神与个人职业发展的关系。

一、创业时代传承创业精神激发创新意识

李克强总理在 2015 年的政府工作报告中提出"大众创业、万众创新"。报告指出"这既可以扩大就业、增加居民收入,又有利于促进社会纵向流动和公平正义",也强调"个人和企业要勇于创业创新,全社会要厚植创业创新文化,让人们在创造财富的过程中,更好地实现精神追求和自身价值"。

"双创"在成为国家战略之后,随着国家的重视和市场的响应,在全国范围内引发了一股创新与创业的浪潮。在创业时代的新形势下,国务院和教育部先后颁发《国务院关于大力推进大众创业万众创新若干政策措施的意见》和《关于做好 2015 年全国普通高等学校毕业生就业创业工作的通知》,激发大学生的创新意识,培养创业精神,提升创新创业能力。

(一)创业与创业精神

创业在《新华字典》里的意思是:开创、建立基业、事业。在商业方面,创业是指创业者发现商机、整合资源、提供产品、产生利润、创造价值的行为过程。林嵩等认为,创业本质上是一种新价值的创造活动,它包含创建新的企业,也包含在成熟大企业的内部开展新业务。席升阳认为创业是在各个领域内的行为创新,是人类的发展方式及主体性的实现。

企业,在《现代汉语词典》中的解释为:从事生产、运输、贸易等经济活动的部门,它的种类和类别比较丰富,大学生创业可以根据实际情况进行选择创建。按照经济类型可将企业分为以下几类:国有经济、集体所有制经济、私营经济、联营经济、股份制经济、涉外经济(包括外商投资、中外合资及港、澳、台投资经济)等经济类型;按照经营内容

可将企业分为以下几类：制造企业、贸易企业、服务企业、农林牧渔企业等类型；按照规模可将企业分为以下几类：特大型企业、大型企业、中型企业、小型企业、微型企业等类型；按股东对公司所负责的情况，企业可分为以下几类：无限责任公司、有限责任公司、股份有限公司。

企业一般是指以盈利为目的，运用各种生产要素（土地、劳动力、资本、技术和企业家才能等），向市场提供商品或服务，实行自主经营、自负盈亏、独立核算的法人或其他社会经济组织。它是现代社会发展中极为重要的支柱力量，对国家各方面的发展有着重要的不可替代作用。企业是创造利润、承担社会责任的国民经济的细胞，在促进社会创新发展、提高社会经济效益、保障社会和谐稳定等方面发挥重要的作用。

创业对于很多大学生来说，是一种积极的人生态度和选择，用美国人本主义学派马斯洛的需求层次理论来看，是实现"尊重的需要"、满足"自我实现的需要"。在经济新常态下，创业者面临的市场环境既是机遇也是挑战，时代为大学生们搭建了实现抱负、施展才华的舞台，大学生们应把握时代的脉搏，抓住市场的需求，努力实现有价值的人生。同时，大学生创业者也要注意，创业是极具挑战性的商业活动和社会活动，仅仅拥有热情是不够的，需要有一些相应的精神品质和意志能力，即创业精神或者是企业家精神。

创业精神是企业家在创业过程中组织建立和经营管理的综合才能的体现，包含了创新意识、勇担风险、冒险精神、迎难而上以及对市场环境的敏锐，体现了创业者的理念、意志、风格和品质等。20世纪的经济学家约瑟夫·熊彼特认为：创业精神是一股"创造性的破坏"力量，创业者采用的"新组合"使旧产业遭到淘汰，原有的经营方式被新的、更好的方式所摧毁。创业精神既是一种思维方式，也是一种实践行为，其实质是创新。创业精神不是凭空产生的，它与学历和能力无关，是在创业过程中激发生成出来的意志品质。创业精神既是一种天赋，同时也是可以培养和塑造的。

我国政府清醒地认识到创新创业对国家民族的重要作用，因此对大学生创业教育高度重视。2012年，教育部为了推动高等院校创业教育的科学化、制度化和规范化建设，切实加强普通高等学校创业教育工作，颁布了《普通本科学校创业教育教学基本要求（试行）》，对创业教育的教学内容、培养目标、教学方法等进行了指导和建议。目前大学创业教育更重视创业的知识传授和创业的技能提升，在创业精神教育方面需要进一步强化。创业精神的培养是大学生创业教育的核心内容，体现了素质教育的内涵，对创业实践具有重要意义。其主旨是培养大学生树立创业理想、激发创业动机、调适创业心理、养成创业规范。

大学生在创新创业活动中，能够受到极大的锻炼、磨炼意志品质。首先，创业具有极大的不确定性，风险和挑战是与受益和机遇并存的，面对复杂的市场环境，没有实践创业经验的大学生创业者一定要有敢为人先、勇担风险的创业精神。第二，创业不仅仅是制订一份商业计划书或者是建立一个团队那么简单，需要根据市场情况抓住商机、分析问题、解决问题，在创业实践中，积极争取资源、整合资源，不断积累资金和经验，发扬勤于实践、艰苦奋斗的实干精神。第三，创业是理性行为，不仅要有胆识更要有谋略，大学生创业者要清醒地认识到理想不等于现实、设想不等于结果，所以在创业实践中，要善于学习、坚持学习，将思维和眼光与变化着的环境协调一致，树立终身学习的意识，主动适应环境，不断更新观念，注重理论联系实际，发扬追求卓越、虚心求教的学习精神。第四，创业是一个不断摸索曲折前进的艰难过程，大学生创业者在创业初期由于知识结构单一、创业技能不强、社会经验不足、各方资源缺乏，难免会遇到很多的困难和挫折，这就要求创业者具有坚定的创业信念以及顽强的创业意志，自信地面对挫折和失败，时刻保持创业的激情，并不断地增强接受失败和挫折的能力，发扬坚韧不拔、知难而上的坚定信念。

思考题

1. 创业的过程有哪些？
2. 创业精神是什么？

（二）创新与创新思维

创新是一个民族进步的灵魂，人类文明不断进步过程中所取得的丰硕成果来源于创新，人类社会的发展就是一个不断创新的过程。江泽民同志在十六大报告中指出："创新是一个民族进步的灵魂，是一个国家兴旺发达的不竭动力，创新就要不断解放思想、实事求是、与时俱进。"胡锦涛同志在全国人才工作会议上指出："要鼓励创新、爱护创新，使一切创新想法得到尊重，一切创新举措得到支持，一切创新才能得到发挥，一切创新成果得到肯定。"2014年6月9日，在中国科学院第十七次院士大会、中国工程院第十二次院士大会上，习近平同志引用《礼记·大学》中"苟日新，日日新，又日新"的名言，强调"坚定不移创新、创新、再创新，加快创新型国家建设步伐"。2015年3月5日，习近平同志在出席十二届全国人大三次会议期间指出："创新是引领发展的第一动力，抓创新就是抓发展，谋创新就是谋未来。"

从哲学角度来讲，创新是人类对发现的再创造，是人类对物质世界的探索和解放，人的实践是创新的根本所在，矛盾是物质的本质与形式的统一，是创新的核心。创新是对重复、简单方式的否定，是人超越自然达成自觉自我的基本路径，推动自我生命的发展。在经济学概念上，约瑟夫·熊彼特在其著作《经济发展概论》中提出了创新的概念："创新是指把一种新的生产要素和生产条件的'新结合'引入生产体系，它包括五种情况，即引入一种新产品、引入一种新的生产方法、开辟一个新的市场、获得原材料或半成品的一种新的供应来源、新的组织形式。"熊彼特的创新概念包含的范围很广，如涉及技术性变化的创新及非技术性变化的组织创新。在一般意义上，创新是人们为了发展的需要，以现有的思维模式提出有别于常规思路的见解为导向，运用已知的信息和资源，试图突破常规，发现或创造某种新颖、独特的有价值的新思想、新事物的活动。创新的本质是突破，即突破旧的思维定势、旧的常规惯例。

李克强总理对首届中国"互联网+"大学生创新创业大赛曾作批示："大学生是实施创新驱动发展战略和推进大众创业、万众创新的生力军，既要认真扎实学习、掌握更多知识，也要投身创新创业、提高实践能力。"大学生创新思维的重要性不言而喻。

创新思维是人类独有的高级心理活动，本质上是一种思维方式，人类社会的发展史就是一部创新思维的实践史。贺善侃在《创新思维概论》里阐述："创新思维，是指人类在探索未知领域的过程中，充分发挥认识的能动作用，突破固定的逻辑通道，以灵活、新颖的方式和多维的角度探求事物运动内部机理的思维活动。"陶国富等在《大学生创新心理》里阐述："创造性思维是一种不断开拓人类认识新领域、开创人类认识新成果的积极的思维活动，是人类思维的最高形式，它是人们在已有经验信息的基础上去掉偏见和成见，对新的情况和事物去粗取精、去伪存真、由此及彼、由表及里地进行加工、制作，作出新的判断，形成新的结论，产生新的有社会价值的思想、理论的思维活动。它不是模仿已有的办法，重复现成的结论，而是在原有的结论和方法上作出新的独创。"

综合来看，创新思维是一种积极主动运用新颖独特的方式去突破常规思维界限，用不同于常规的方式和视角去分析和思考问题，采取与众不同的方案去解决问题的思维活动，它的重点在于"新"。创新思维与其他日常思维有所不同，它具有明显的开创性，往往使人能够在分析和解决问题的时候另辟蹊径，发现新的解决办法，并且提出具有特色的新想法、新思路和新方案等。

在知识经济的大背景下，时代的发展需要创新，创新思维已成为衡量大学生成长成才的重要指标之一。所以无论是高校还是大学生，都需要重视对创新思维的培育。首先，要打破思维定势。人们在从事某种活动前的心理准备状态，会对之后所从事的活动产生影响，这种心理准备就叫作定势。所谓思维定势，就是按照人们所掌握的思维活动经验与教训和已有的思维活动规律，在反复运用中所形成的比较稳固的思维方式、路径和模式。消极的思维定势会对创造性思维的产生造成不利的影响。第二，促进思维发散。发散思维是沿着不同的方向探索问题答案的思维，又叫辐射思维、放射思维、扩散思维、求异思维等。不少心理学家认为，发散思维具有创造性，是对创造力进行测定的重要标志。当需要解决的问题没有过往的经验和方法可以参考和借鉴的时候，就可以进行思维的发散，去寻找不一样的解决方案。发散思维的主要类别有逆向思维、立体思维、横向思维、侧向思维、组合思维等。第三，注重思维迁移。思维迁移是指根据已经掌握了解的知识、技能和经验等，来获取新知识、新技能和新经验的思维能力，属于创造性的思维过程。思维迁移有两种类别：一种是正向的思维迁移，有助于对新问题的解决；另一种是负向的思维迁移，会干扰对新问题的处理。所以需要注重正向思维迁移的形成，避免负向思维迁移的消极影响。

思考题

创新思维有什么积极影响？

（三）创新与创业的关系

近年来，创新与创业一直是党和国家增强综合国力、提高社会生产力的重要战略方针，受到了广泛的关注和重视。创业和创新是一对既紧密联系又有所区别的概念。创新孕育着创业，创业包含着创新，创新与创业两者相辅相成，是辩证的正相关关系。

首先，创新是创业的基础。创业的本质是创新，创业的过程包含着不断创新的过程。创新是提出新方法，建立新理论，对现有的事物进行更新改造、进行再认识和再发现的过程。创业是在创新的基础之上，把创新成果应用于创建的企业，产生一定的经济效益。创新是创业的基础与前提，没有创新，就不会有真正意义上的创业。

第二，创业是创新的动力。创业就是让创造出来的新理念、新发明、新产品有实践的平台。创业能够创造或者满足市场的新需求，使创新的经济价值、社会价值得以实现，使创新行为和结果的发生有现实的催生动力和培育土壤。

第三，创新的价值实现在于创业。创新价值的实现就是依托创业过程将新创造出来的知识和技术转化为产品与服务，通过将创新成果进行商品化和产业化，实现社会财富的增值和人们生活水平的提升，实现科技创新的进一步深化，从而提高企业或国家的核心竞争力，推动经济的提升与发展。

第四，创新转化为创业需要过程。创业者进行创业，就是把创新的产品或服务创造渠道面向市场，让财富不断地增值，并承担一定的社会责任。大学生要想成功创业，必然要经历一个由创新到创业的过程。在创新中，要培养创新的意识、创新的思维和创新的能力，形成整体的创新素养；在创业中，要培养创业的意识、创业的精神、创业的能力，形成整体的创业素养；在从创新到创业的过程中，结合市场的需求，将整体的创新素养和整体的创业素养整合成创新创业的综合实力，整合资源，在创新与创业的内在螺旋式提升中实现创业的成功。

【拓展阅读】

拥有创新思维和创业精神的"白日梦"大学生

某大学大四学生小林，从大一开始就喜欢折腾和商业有关的事情。他曾在昌平区的北京化工大学、中国石油大学和中国政法大学区域内创办了"昌平三校学生服务联盟"，发起并制作过学生周边优惠卡累计达3.6万张；曾担任超级课程表在北京、天津、河北三个区域的校园市场推广主管；曾在小米MIUI部门的应用商店做编辑。毕业之前他就拥有了三年多的校园市场经验。

大二的时候，小林就创建了"北化Teeros"，这是当时某大学校园内影响力最大的创业团队！他们在校园里卖过各种团购券，以电影票业务最为出名，曾多次在影院包下能容纳百余人的影厅，组织校内同学观影；之后为扩大团队影响力，先后制作三季T卡（集合周边各类商家优惠信息的优惠卡，因与队名相关，故取名T卡）共6 000张，免费发放给学生，掌握了成熟的盈利模式之后，又针对昌平三校做了win卡（团队后期成立了昌平三校学生服务联盟，为方便同学记忆，取名win卡）30 000张，依旧免费发放给学生。当时还因此搭建了一个微信公众平台，在后期运营微信公众平台的过程中意识到微信不适合做社区，于是设计并开发了"校趣"APP！"校趣"的社交平台是整个校园，它提供了兼职交流、二手交易、失物招领、树洞秘密等在PC端BBS上比较常见的版块，同时也根据学生的需求，创建了校内活动、校内扎堆版块。他们的团队的名称叫"Daydream"，是白日梦的意思，象征着他们是一群敢与众不同的大学生。他们认为不被别人嘲笑为白日梦的梦想，是不值得去追寻的，所以起名为白日梦。

（来源：小林同学口述）

思考题

1. 通过这篇文章，我们从小林同学的身上发现了什么特质？
2. 创新的思维和创业的精神在小林身上是如何体现出来的？

二、掌握创业知识，明确创业价值

（一）创业的概念和内涵

1. 创业的概念

创业在《辞海》中被定义为"创立基业"，在《新华词典》里被定义为"开创事业"，意在强调开创事业和创造成就。

最初关于"创业"的界定多围绕"企业""利润""经济"等相关元素展开，也有一些学者认为"创业"的定义应侧重于"开创"、"创造"和"创新"等元素，另一些学者则围绕"机会"这一中心元素对"创业"展开定义。以上对创业的定义均为通俗意义上的自主创业，是指劳动者主要依靠自己的资本、资源、信息、技术、经验以及其他因素自己创办企业，不仅解决自己的就业问题，还可以雇佣他人，解决社会就业的问题；而广义的创业还包括了内创业或岗位创业，它是指在组织内部利用现有的资源寻求机会，通过创新精神和相关岗位所需专业特长技能的引导进行组织内的创业。

综上所述，创业可以定义为创业主体通过寻求机会，对拥有的资源有效优化整合，向社会提供产品或服务，创造价值的过程。

2. 创业的内涵

创业是一个跨学科的复杂现象，其研究学科涉及经济学、管理学、社会学、心理学、人类学和历史学等。创业既是一个机会识别的过程，又是一个企业相关要素的创新过程。因此，创业的内涵包含以下三方面的内容。

（1）创业主体的创业动机是推动创业者实施创业行为的主观意识和理念，可以说是创业活动发生的"启动阀"。

（2）创业是创业主体基于自身的优势发现或创造商业机会以及管理新创企业的过程。

（3）特定领域的创业行为必然伴随着创新，因而创业往往是一个创新的过程。

思 考 题

创业的主体是什么？

（二）创业的要素和类型

1. 创业的要素

创业的关键性要素通常包括创业主体、创业机会、创业组织和创业资源。

（1）创业主体。创业主体是创业的核心，在整个创业过程中，在承担财务及声誉风险的同时，领导整个团队创立企业、投资融资、获取资源、对资源进行整合配置、开拓市场以及最终获得利益。在这一过程中，创业主体影响着整个企业的方向，决定着是否能够抓住机会，是否能够获取足够的资源并有效整合，对创业的成败起着决定性的关键作用。

（2）创业机会。创业机会来源于市场的缺口，具有适时性和可利用性的特征。适时性说明机会转瞬即逝，可利用性是指创业者可利用机会实现企业价值。创业者只有通过识别机会并及时抓住机会才能进行创业。

（3）创业组织。创业组织是企业的载体，是以创业者为中心形成的一个关系网络。创业者在创业组织内协调各种活动，并实现创业企业的价值。离开组织，创业活动就无所依托。

（4）创业资源。创业资源是创业组织所拥有的企业内外的物质以及非物质财富，既包括有形资产也包括无形资产。创业企业通过投入各种各样的资源以生产产品或提供服务来实现创业价值。创业组织在创业的各阶段所拥有的资源禀赋各不相同，能够实现的财富也不同。因此，创业者在各阶段需要努力去获取资源并实现资源价值的最大化，以获取企业的发展。

创业者个人、创业机会和创业企业的资源整合能力在整个创业过程中会对创业产生影响。

2. 创业的类型

从以下几个不同的角度分别阐述创业的不同类型。

（1）创业动机。基于创业动机，可以将创业企业分为生存型和机会型两种。生存型企业的主要特征是为家庭提供收入，例如开夫妻店就是比较典型的生存型企业；机会型企业的特点则是企业规模大、市场广、成长快、前景好、利润高，但在中国这类企业相对较少。

（2）创业的初始条件。基于创业的初始条件可以将创业分为冒险型创业、与风险投资融合型创业和革命型创业。冒险型创业的机会成本较低，主要靠科技进步等因素增加创业机会，主要关注的市场机会具有较高的不确定性因素和较少的投资需求。与风险投资融合的创业具有高标准的管理团队、明确的目标市场和计划，关注的产品和技术具有高稳定性且发展快速等特点。革命性的创业是最优的创业计划，集财富和价值于一身，通过对生产技术或经营过程的革新，为顾客提供超额价值的产品或服务。

（3）创业效果。基于创业效果，可将创业企业分为四类：复制型企业（对个人和环境的改变、新价值创造均小）、模仿型企业（对个人的改变较大，但对环境的改变很小，新价值创造也小）、安定型企业（对个人的改变较小，但对环境的改变很大，新价值创造也大）和冒险型企业（对个人和环境的改变、新价值创造均大）；还可分为如下四类，分别为失败式创业（对组织和社会层面的产出都少）、催化剂式创业（组织层面的产出少，但社会层面的产出多）、重新分配式创业（社会层面的产出少，但组织层面的产出多）和成功式创业（对组织和社会层面的产出都多）。

（4）创业企业的规模和盈利水平。基于创业企业的规模和盈利水平，可以将创业企业分为"老鼠型企业"和"瞪羚型企业"两种。老鼠型企业的特点是规模小，灵活性好，能随时应对突发状况。瞪羚型企业是指前景好、发展姿态呈跳跃式的科技型企业。也可根据创业者对创业项目的预期，将创业项目分为小型生存型项目、高收益型项目和机会型项目三种。

思考题

1. 创业的关键要素是什么？
2. 创业有哪些类型？分别是从什么角度进行分类的？

(三)创业的过程与阶段

1. 创业的过程

广义的创业过程(Venture Creation Process)通常包括一项有市场价值的商业机会从最初的构思到形成新创企业以及新创企业的成长管理过程。狭义的创业过程往往只是指新企业的创建。

最初创业过程主要从各创业活动入手,通常是与组织这一要素紧密相连,而组织创建的四个必要条件是收集市场信息、进入壁垒、财务资源和联系供应商与消费者。创业过程包括一项商业计划成为一个现实中的企业组织这一过程中的所有事件。

在近期的研究中,研究者们实际上已经意识到创业过程不应当局限于单纯的组织创建,他们从不同的角度对创业过程加以理解和阐述,认为创业过程具有理性的、非线性的、反复修正等特征,包括了最初的机会识别、资源整合、组织创建、市场交易以及消费者的反馈等内容,同时,认为机会才是创业研究的中心问题,创业过程是围绕着机会的识别、开发、利用的一系列过程。

因此,创业过程是创业者、创业机会、组织和创业资源这几个创业要素相互作用、相互协调并最终创造价值的动态过程。

2. 创业的阶段

按创业进程划分,可将创业分为以下四个阶段:创业机会识别期、创业机会开发期、新企业成长期和企业稳定期。

第一阶段:创业机会识别期。这一阶段的主要任务是建立创业设想,进行市场调研和分析,制定初步的营销方案等。

第二阶段:创业机会开发期。这一阶段的主要任务是团队组建、财务融资和企业筹建等。

第三阶段:新企业成长期。这一阶段的主要任务是创业初期的市场营销、产品设计和规划、财务以及售后服务体系建立等。

第四阶段:企业稳定期。这一阶段也是企业成长发展的过程,主要任务包括市场拓展、制度完善、股权融资以及企业上市等。

创业机会识别、创业机会开发和新创业成长这三个阶段是创业发展的关键阶段。每一个企业的建立,从初创期来说,其过程可分成以下六个步骤(图1-1),每一部分又有各自的目标和要求。

图1-1 企业初创期的六个步骤

思 考 题

1. 创业的类型有哪几种?
2. 创业的过程和阶段是什么?

三、我国创业的浪潮

(一)创业中国的大背景

1840年对中国来说是重要的一年,鸦片战争是中国社会转型的开始。社会转型的一个重要方面就是经济。洋务运动是中国最早的一波创业浪潮,当时主要是官办企业,还没有诞生出真正的企业家;第一次世界大战到第二次世界大战期间,中国的民族资本主义得到迅速发展,有了一定程度的复兴;新中国成立之后,特别是1978年改革开放后,中国的创业浪潮一波又一波,形成了今天的创业新中国。

改革开放可以说是新中国创业征程的里程碑,1978年爆发的是创业的第一波浪潮,主要群体是处于社会中相对边缘的人。他们开始走上创业的道路,即"生存创业"。改革开放之初,我国社会经济短缺、生活资源匮乏,当部分地区放开商品贸易、允许小市场经营以弥补供给不足时,最早的民间创业者便应运而生。这一时期的创业者大部分都是在体制外孕育成长的,他们或用很少的资金在路边摆摊经营或者是利用小店铺进行商品的买卖,或靠自己的某种手艺承揽一些小商品的加工,还有部分创业者是在农村通过家庭承包的土地进行种植、养殖。当然还有少部分创业者则是在国有企业改革进程中,通过租赁、承包经营发展起来的,他们比前者起点稍高,但也较为艰辛。以这部分创业者为主,带动了乡镇企业的兴起,1984年,在农村领域,政府放宽了对个人私营企业经济发展的限制,所以可以说20世纪80年代非集体所有制乡镇企业的兴起是我国改革开放以来的第一次创业浪潮的标志。

创业的第二波浪潮集中在20世纪80年代中后期到20世纪90年代,主要是两种人群,一种是"转轨型创业者",这部分创业者的出现与国有企业改革密不可分,从20世纪80年代起,国有企业改革也随着整个经济体制改革目标的不断调整和变化经历了不同的发展阶段,从一开始的只是初步放权让利与经济责任制结合到后期承包制的发展、建立现代企业制度,而在这个过程中,一部分国有企业的中高层管理人员继续留在体制内,而一部分则"下海",这一浪潮到20世纪90年代达到一个高峰。根据中共中央统战部、全国工商联和中国民私企经济研究会调查,1993年私企创业前的职业构成中,企事业单位干部占34.73%。另一种人群则是"原创型创业者"。20世纪80年代中后期,经济体制改革由之前的农村渐渐转向了城市,由于生产资源成了商品,这一现象为流通领域创业增加了机会,而20世纪90年代初,市场经济体制建设的改革催生了几次创业的机遇,比如证券交易所的出现、房地产市场的繁荣等,这为在上一个阶段积累了一些财富和经验的人提供了迅速发展扩张的机会,所以民营企业成为创业第二次浪潮的主导者。

创业的第三波浪潮是20世纪90年代中后期到2010年之间,所表现出来的特征是智力创业与高科技创业特别明显,而且多与互联网有联系。20世纪90年代中后期,知识经济的浪潮席卷全球,一批智力创业行为应运而生,另一类是最具代表性的科技类企业,他们利用具有市场潜能的高科技发明加以开发,从而将其转变成产品进行市场推广;一类是文化型创业,用作品作为产品进行推广;另一类是策划性企业,他们用自己的智慧提供策划服务,从而进行经济收益。特别值得一提的是第三波浪潮离不开互联网,它通过风险投资和股票股权让整个公司参与到创业过程,这样的模式与之前两波创业浪潮有所不同,前者的传统企业是资本运作,获得的利润只是初期投资资本的5~10倍;而互联网行业则不同,最典型的例子就是百度或者腾讯，他们今天的价值是之前投入资本的上万倍。通过调研可以发现，近几年成绩显赫的创业公司，其中大部分都是计算机专业或者相关学科背景的人才，他们选择从计算机技术角度入手进行创业，可以说这个阶段最核心的创业竞争力其实是创业者的知识储备。

　　自党的十七大提出"实施扩大就业的发展战略，促进以创业带动就业"的方针后，创业就渐渐成了一种趋势。这一阶段的特点是社会各个阶层都加入到了创业的行列来，无论是海外留学归国人员，还是进城务工人员、下岗工人，还有一部分应届毕业生等都选择适合自己的行业，加入创业的大浪潮中。同时国家将创新创业教育提上日程，大力推进"大众创业、万众创新"的进程，可谓是创业的第四波浪潮。

　　从改革开放到今天，我国创业所经过的每一波浪潮都充满了挑战和艰辛，也具有不同的阶段特征和时代意义，也注定会成为明天的传奇。

思 考 题

1978年后创业的四次浪潮分别发生在什么时候？

（二）创业中国的新春天

　　在经济快速发展和社会转型加速的今天，我国迎来了新的创业春天，鼓励大众创业、万众创新成为宏观调控政策的必然选择。政府之所以对创业高度重视和大力扶持，是因为中国的经济和社会发展过程中带来了众多的创业机会，同时，政府的大力支持又促进更多创业机会的诞生。

1. 社会转型和经济快速发展带来众多创业机会

　　（1）超大城市群的出现。这里所说的城市群，是指相对独立的城市群落集合体，也就是这些城市城际关系的总和。城市群的规模有大有小，但是都有一个最为重要的核心城市，而城市群的核心城市一般为特大城市。可以看出，城市化是经济发展的必然趋势，而我国也正在经历着最大的城镇化进程，世界经济资源为了提高利用效率，一般会采取集中资源的办法，这就会促进一个又一个城市群的出现，特别是在人均经济资源相对稀缺的中国。截止到2014年年底，北京、上海、广州、深圳都是超大型城市，以其为核心城市出现了一个又一个的城市群，而城市群的出现一定会伴随着新的经济需求，比如水资源再利用、垃圾处理、供暖供热、餐厨垃圾和轨道交通等领域都需要新的技术和投资方式，这就催生出了新的创业机会。同时，人口城镇化也伴随着诸多领域的创业，比如餐饮、房产等服务行业的创业机会。

　　（2）新型区域经济。经济的快速发展也带动区域经济结构发生重新调整。以我国目前的经济发展水平，西部和偏远地区会依托区域经济结构调整缩小局域的整体经济规模，人口也会向自然条件好、经济相对发达的区域流动。所以政府会进行区域振兴政策，在这些政策的扶持下，不同区域的创业也呈现出不同的特点，这就需要创业者冷静客观分析区域经济政策，结合产业趋势、区域特点和自身创业能力确定创业项目和规模。

　　（3）大量新技术在中国得到应用。人口和资源是中国经济发展的两大基本要素。因为我国人口众多，生产能力和消费能力都日益扩大，所以一些在减少能源消耗的同时还能满足巨大需求的新型技术或者独特的创意就会在我国得到应用，比如高速铁路和杂交水稻，而依托这些技术，就会催生出许多新的商业模式。

（4）服务业仍有较大发展空间。2014年美国的服务业占经济总量的70%以上，而我国目前只有38%，这预示着服务业特别是中端的劳务服务，将拥有较大的发展空间，其中最主要的原因是服务业也是创业起点要求较低的产业。

2. 政府对创业的大力扶持

自党的十七大提出"实施扩大就业的发展战略，促进以创业带动就业"的方针后，党和国家领导人高度重视大学生、农民工、下岗再就业人员的自主创业和就业问题。从2008年政府工作报告开始，在2008年到2016年各种中央经济工作会议、政府工作报告等政府文件中都将创业问题列入其中，从国家层面的角度采取措施积极探索国家支持创业的方式方法，实施以创业带动就业的措施。

2013年11月，习近平总书记向2013年全球创业周中国站活动组委会专门致贺信，特别强调了青年学生在创新创业中的重要作用，并指出全社会应当给予高度的重视和全力支持青年创新创业。党的十八届三中全会对"健全促进就业创业体制机制"做出了专门部署，指出了明确方向。

李克强总理在2015年政府工作报告中，两次提出"大众创业、万众创新"。在"互联网+"背景与推动下，国家也在经济转型，推动并扶持创新型企业与第三产业的发展。2013年中关村新创办企业超过6 000家，2014年新创办企业超过1万家。

3. 高等学校对创新创业教育的重视

为了响应李克强总理提出的"大众创业，万众创新"的口号，建造中国经济新的发动机和新引擎，必须从多方面、多角度出发，创新创业的模式和创业者的人员组成。《国务院关于进一步做好普通高等学校毕业生就业工作的通知》等文件规定了多条高校毕业生自主创业优惠政策，在税收、小额担保贷款和贴息、有关行政事业性收费、培训补贴、创业服务、毕业生落户限制等诸多方面，都做出了不同程度鼓励高校毕业生创业的规定。

国务院办公厅印发的《关于深化高等学校创新创业教育改革的实施意见》特别规定了各高校要设置合理的创新创业学分，建立创新创业学分积累和转换制度。实施创业学生弹性化的学制要求，放宽学生修业年限，允许调整学业进程、保留学籍休学创新创业。可以发现，从2015年教育部就开始全面深化高校创新创业教育改革，全国各个高校都在不断建立健全创新创业教育，从课堂教育、自主学习、社会实践、创业技巧指导帮扶、创业文化引领、平台提供等多角度创建创新创业教育体系。

思 考 题

为什么说我们迎来了创业的春天？

四、大化工行业的机遇与挑战

未来几年是世界化工行业发展的关键时期，更是中国化工行业转型发展的机遇期，如何顺应全球化工产业发展的大趋势，走出一条具有中国特色的化工行业创新发展之路，培育新的竞争优势和产业特色,是中国化工行业面临的一系列机遇与挑战。

(一)大化工行业的挑战

经过几十年的发展,中国化工产业已经成为世界化工产业的重要组成部分,但是随着社会的转型和经济的快速发展,中国大化工行业面临着巨大的挑战。

(1)产业层次不高,大量基础产品过剩。在化工行业传统基础产品领域,我国烧碱、聚氯乙烯、电石、纯碱、甲醇、化肥、纯碱、硫酸、农药、染料等许多商品产能过剩矛盾严重,而高端化工产品则相对短缺,需要大量进口才能满足国内市场需求。

(2)创新能力有待提升。中国传统化工产品企业内部创新动力不足,激励机制不到位,相关创新的知识储备和创新意识都相对不足,缺少尖端的研发设备。

(3)化工行业依靠的自然资源约束进一步加大。可以发现,与其他行业的创业不同,化工行业的创业所依靠的生产要素主要是一些自然资源,而随着经济持续快速发展,我国的土地、能源、水、环境容量等化工行业所依靠的生产要素日益紧张,从而导致企业的发展成本快速增加。

(4)环保隐患压力增大,行业形象阻止行业发展。石化行业的废气、废水和固体废弃物等的排放量大,监控难度和实施全过程监控的阻力较大,而且近年来,化工安全事故频发,导致大众谈"化"色变,对化工企业排斥,严重影响和制约了化工行业的健康发展。

(5)我国化工行业的安全生产基础设施和意识还非常薄弱。从目前的数据来看,大多数的化工企业都还是20世纪60~80年代建成的,普遍存在着企业规模小、工艺相对落后和自动化控制水平较低的特点,安全生产的基础设施有待加强,安全生产的意识也有待加强。而近几年,随着国内大型化工企业的发展,特别是外企或者跨国化工企业在我国建立化工厂后,我国化工行业面临新建化工装置大型化、自动化、集成化和复杂化的挑战,这些大型化的生产运输装置一旦发生事故,其后果将相当严重。

(二)未来十年化工行业面临的新机遇

由于20世纪末的全球一体化,使得经济全球化的进程进一步加快,在经济全球化的影响下,化工行业也迎来了新的发展机遇。

近几年,中国经济持续增长,虽然增速由改革开放之后的高速增长转变为中速增长,但是中国的经济增速仍然很乐观,特别是中国正在由投资拉动型GDP增长转变为内需拉动型的GDP经济增长,无论从工业化、信息化、还是城镇化等多角度都在进一步深化改革,所以作为中国支柱型产业的化工行业发展的空间也很大。国民经济的持续发展,对化工行业的发展提供了更大的市场空间。"十一五"期间,我国石油和化工行业三项指标年均增速超过21%,年均利润达到13.2%,中国的石油化工行业在"十一五"期间取得较大的进展,行业的总产值成为世界第二。"十二五"期间,石油化工行业的年增长速度也一直稳定在10%以上,总体来说大化工行业发展前景良好,面临很多发展机遇。

(1)伴随着中国经济快速增长,我国人民生活水平和消费水平也在不断提高。作为世界上最多人口的国家,中国大中型城市的消费群体已经进入中产阶级的消费平台,消费升级现象明显,而消费升级所带来的新市场会吸引和引导化工行业进行更多的产品升级。

(2)中国正在经历最大的城镇化,拉动中国内需市场不断优化。中国正在经历最大的城乡发展一体化和新型城镇化,在未来的十年内,大批进入城市生活的务工农民一定会因为生活方式的改变而带来新的消费方式，从而促进包括化工行业在内的多种行业的快速发展。

（3）工业化的快速发展为化工行业创造了新的发展空间。汽车、电子信息等新兴产业长期处在较快的发展阶段，中国工业化的持续加快，为化工产业的产品升级提供了新的市场机遇。

（三）化工行业中的战略性新兴产业

1. 节能环保产业

节能环保产业是为应对全球气候变化和适应产业绿色发展的国际经济发展趋势而产生的产业，结合我国目前面临的自然和资源环境的压力，以先进适用技术应用为重点，大力发展新型高效节能、先进环保、资源循环利用技术和装备，发展节能环保服务业和再制造产业等是我国化工行业战略新兴产业中环保产业的新业态。

2. 新能源产业

为解决我国的能源危机、优化能源结构而产生的新能源产业，可以加快太阳能热利用技术推广应用，开拓多元化的太阳能光伏光热发电市场，可以研发新一代核能技术和先进反应堆，发展核能产业，可以因地制宜开发利用生物质能。

3. 新材料产业

新材料产业是长期制约我国制造业发展和节能减排目标实现的主要制约因素，要发展新材料产业要以发挥我国目前在纳米、超导体、稀土等材料科学技术研究方面的优势作为基础，大力发展新材料制备技术和装备。可以大力发展稀土功能材料、高性能膜材料、特种玻璃、功能陶瓷、半导体照明材料等功能性材料；可以积极研究新型合金材料、工程塑料等先进结构材料；可以提升碳纤维、超高分子量聚乙烯纤维等高性能纤维或者聚合材料的研究水平。

思 考 题

1. 化工行业有哪些挑战和机遇？
2. 化工专业学生如何抓住创业机遇？

五、创新创业精神与个人职业发展

（一）创新型人才的素质要求

古人云"革弊创新者，先皇之志也"，意指在制度方面的革新。如今经济型社会情况下，创新是将想法、感受、技术转变成为能够创造新市值、促进经济增长和提升生活标准的新要领、新服务、新产品和新过程。知识经济的核心就是创新。创新型人才是企业未来成功的关键。所以，如何识别创新型人才是企业急需解决的问题。

影响创新型人才的权变因素主要有个体基本素质因素、环境因素（包括工作岗位的性质，组织的性质，组织所处的产业、竞争环境，社会文化环境等）。其中对个体基本素质的分析是辨认创新型人才的根本。

人们广泛认为创新型人才的必要前提是高智力水平。然而，创造性才能作为创新型人才基本素质中的智力成分，是与创新能力有关的各类能力的质的联合。创造性才能是观察力、注意力、记忆力、想象力和思维力的合理组合。前三种是发现和捕捉机遇的重要因素，是创新的基础。三种能力的综合运用使个体能主动地摄取外界知识，形成主观理念。后两者构成了个体消化加工知识的能力。然而，智力的高水平并不能说明创造力强。有研究表明，在智力达到一定的水平后，创造力更加容易受到动机或具体能力的影响。因此，在创新型人才的个体基本素质中，还应包含其他方面（比如个性品质）的成分。

个性指的是个体具有的一定倾向性的各种心理特性的总和。对于创新型人才，其个性因素应包含下列几个方面的内容。

1. 自信心

自信是个体对于自己才智、力量和能力作出充分估计时的自我心理体验。创新的过程是一个艰苦的过程。一个人是否具有自信，具有何种程度的自信，将极大地影响创新的进程。从著名的"皮格马利翁效应（Pygmalion Effect）"可看出，自信心的激发，会对创新产生巨大的促进效应。

2. 气质

气质是指心理活动中的速度、强度、灵活性、指向性、平衡性等多方面的、典型的、稳定的心理特征。气质没有好坏之分，因此不能以偏概全地作出优劣的评价。任何一种气质类型都会有积极和消极的成分。不同的气质类型对创造性的影响也不同。同时，在创新过程中，个体与合作能力都发挥着重要作用。所以在不同类型气质的研究中，应注意考察上述两种能力的情况。

3. 创新意识

创新意识是对现实的态度，是一种大胆质疑和求知欲的组合。大胆质疑是一种重要的品质，对传统知识的大胆质疑，能够为创新打开一扇窗。求知欲说的是，对学习、理解新知识强烈的欲望，能使个体把心理活动集中到自己感兴趣的事物上。所以说，集中精神和注意力，机遇就容易把握。

4. 对待错误与失败的态度

潜意识里的消极态度是个体在进行创新时碰到的最大阻力。这是因为消极态度是由于个体在长期实践中对各类事物发展变化规律的错误和失败总结抽象而成。克服消极态度，敢于冒险，容忍错误等是具有创新潜力的人的特质。创造力高的人才最重要的特点之一，就是对自由的追求和对错误的容忍，因为自由和创新的联系密不可分，创新成就是自由和独立的思维产物。创新者不怕犯错，他们会把失误看作一个信息或教训，归纳总结到创新过程中去，成为自己进取的动力。而这往往又能促使一些新的成就产生。

以上是对个性因素的总结，紧接着我们再讨论其他方面。

创新是通过创造性思维实现的。创造性思维由始至终地被运用于创造过程之中，是创造力的核心组成部分。它对理解创造力，深入地了解创造性思维有很大的帮助。对此，目前学术界有以下几种不同观点。

第一种意见是从抽象逻辑思维结果来定义创造性思维的。这种观点广泛认为只要满足以下条件的思维就是创造性思维：①提出新概念；②作出新判断；③作出新假设；④进行逻辑证明；⑤进行检验。部分满足上述条件的叫"准创造性思维"；满足全部条件的叫"全创造性思维"。这一观点，缩小了创造性思维的外延。

第二种意见是从创造性活动的特点来界定创造性思维的。这种观点广泛认为创造性思维是在创造活动中进行的思维。因此，凡与创造有关的思维活动，无论其主次及形式，均能称为创造性思维。

第三种意见是将创造性思维基本等同于直觉、灵感和发散性思维，认为唯有这几种心理活动才具有创造性。

第四种意见是一种强调新颖独特的方式方法的观点，把创造性思维与再生思维相区分。

我们应该看到，创造性思维肯定不是一种基本的思维形式，也肯定不是某几种思维类型的简单叠加，创造性思维是各种类型的思维在创造活动过程中的有机结合。具有创造性思维能力的人，能够灵活地调整自己的思维，有效地实现直觉与非直觉或感性与理性的有机结合，破除固定思维，以渐进式和突变式两种程式对大脑中已有的各类信息进行重新匹配，然后拓展和升华，以产生出新事物。因此，我们可以得出结论：创造性思维是一种以直觉、想象、灵感三成分为基础，以发散性思维为核心的高级复杂的思维活动。

发散性思维，是对同一问题探求不同甚至是奇异答案的思维方法和思维过程。当用一种方法、从一个方面不能解决问题时，其会积极主动地向另一个方法、另一个方面跨越，体现了思维的发散性和创造性。发散性思维在整个创新过程中作为核心成分发挥主导作用，发散性思维能力的高低在很大程度上决定了创造性思维能力的高低。

创造性思维是一种多维性的、非程序性的思维。组合创造性思维的组成部分有很多，但我们普遍认为，最重要的部分是直觉、想象和灵感，这三者都属于非逻辑性部分，不否定理性部分在创造性思维中发挥的作用。三部分并不相互独立。在创新的过程中，三者交相辉映，共同引发创造性思维。

上述对于创新型人才的基本素质的要求是一种全面广泛的要求，它是一个全视图。在具体实践过程中，还需加上一些权变因数，使之成为可操作的实施方案。

从人类的发展史来看，我们人类之所以能够超越其他物种而成为万物之灵，因素固然很多，但创新无疑是一个重要因素。在创新过程中，是什么样的差异让一些人收获成功，一些人品尝痛苦？这里的因素也有很多。爱因斯坦著名的成功公式是：勤奋努力＋正确方法＋讲究效率＝成功。除此之外，创新过程中还应具备渊博的知识、辩证的思维、丰富的想象、忘我的境界。创新是人类走向文明和进步的阶梯，只有创新，才能迎来一个新的时代；创新是一个民族的灵魂。一个民族，只有创新，才能永葆活力；一个国家，只有创新，才能繁荣昌盛；一个企业，只有创新，才能立足市场；即使一个普通人，也只有创新，才能与时俱进。

思 考 题

1. 创新型人才有哪些特质？
2. 创新型人才权变的影响因素是什么？

（二）创新创业能力培养

21世纪的主题是创新，当前社会发展急需大量具有创新意识创业精神的复合型人才。

大学生作为接受高等教育的高素质人才，是社会发展强有力的后备军。对大学生实行切实有效的创新创业教育，培养创新意识和开展实践锻炼，让大学生能力素质能和当下急速发展的社会需要相匹配，避免脱钩，成为新一轮教育改革面临的重要任务。

1. 培养大学生创新创业能力的必要性和紧迫性

（1）培养大学生创新创业能力是缓解不断扩大的社会就业压力的需要。十多年来，我国高校毕业生人数逐年增加，从2001年的114万增加到2006年的413万，从2011年的660万增加到2016年的765万。同时，加之近几年全球经济不景气，就业形势更加严峻，造成每一年都是史上最难就业年。

（2）培养大学生创新创业能力是适应社会主义市场经济发展的需要。随着市场经济改革的进一步深入，经济结构进一步调整，劳动力的更新升级和新职业的大量产生，市场对于新技术、新工艺、新产品的需求越来越旺盛。大众创新、万众创业的新局面也是对高等教育体系的严峻考验。

（3）培养大学生创新创业能力是推动创新型国家建设的需要。创新是国家发展的源动力。随着全球一体化程度的不断加深，资本和人才的流动趋势决定国家未来的竞争力。一个拥有创新精神的民族会在发展中展现巨大的潜力，国家之间的竞争归根结底还是人才储备的竞争。培养大学生创新创业能力是建设创新型国家的关键环节。高校是培养人才的摇篮，必须建立完整的创新创业教育新体系，对建设创新型国家起到有力的支撑作用。

2. 提升大学生创新创业能力的途径

（1）以项目和社团为载体，增强创新意识和创业精神。首先让大学生体会创新创业的内涵，打通第一课堂和第二课堂。鼓励学生将所学知识和技能积极投入实战检验，如举办创业论坛讲座、开展社会实践、社会公益，以项目和社团为组织架构，多种实践形式平行展开，激发创新创业精神。

（2）加强创业教育师资队伍建设，培养创新创业品质。人才培养的质量和教师水平有直接关系。教师在教学过程中时刻灌输创新创造精神，能大力提升学生独立思考能力和创造力水平。组建一支具有创造力的教师队伍，必能培养出敢于挑战、打破常规的学生。创新创业品质内涵极其丰富，既要脚踏实地，求真务实，又要敢于仰望星空，具备冒险精神，同时还要具备极强的团队合作意识和强大的执行能力。创业的成功往往是一支发生美妙化学反应的团队综合能力的体现，既需要有专业的指导，树立明确的目标，同时也需要团队内部精诚团结，每个人扬长避短，使综合能力达到最优。

（3）构建创业教育课程体系，培养学生创业能力。

对于创新创业教育课程体系，高校应有别于传统教学模式，开辟新的教学体系。更多地采用案例进行教学，更真实地还原实战场景，使学生直观感受创业精神、创业过程，理解创业方法和创业规律，培养学生科学全面的创业意识，提高其水平，开拓其视野。

可以开设根据创业教育的具体目标专门设计的教育活动课程。在第二课堂活动中，开展一些根据创业教育的具体目标专门设计的教育活动。在课外开展创业计划大赛、创业交流，开设创业教育课讲座等丰富多彩的形式实施创业教育课程，包括"网络教学""实地考察""企业家论坛""创业计划（设计）"等环节，以拓宽学生学习范围和视野，使课程更具启发性和实践性。定期举办对话交流论坛，请创业成功人士直接与学生进行面对面的对话，解答其在课堂学习和实际创业中的疑难问题，帮助学生分析创业成功与失败的原因，为其提供创业借鉴与指导。

可以创设环境类课程。创业环境的改善有助于学生创业意识的熏陶,学校可在"软和硬"两方面着手。"硬环境"是指搭建创业园区、企业孵化器等,学生可自主提出项目,经审核通过后可以在校园内开办校内公司,或者在学校指导下开展创业项目。"软环境"是指成立专业指导小组的科学引导,避免异想天开的盲目操作。学校各部门之间也应相互协调,共同营造和谐的创业环境。

思 考 题

怎样提高大学生创新创业能力?

(三) 创新创业与职业生涯发展

1. 创新创业与职业生涯规划的关系

1908年,美国波士顿大学教授弗兰克·帕森斯在其著作《选择一个职业》中提出了"职业咨询"的概念,主张职业选择的关键是人与职业相匹配。1953年美国职业生涯规划大师舒伯提出职业生涯发展理论体系,将职业发展与年龄阶段相配合。职业生涯规划教育发展至今,形成了以根据自身性格特点为基础,结合性格爱好、环境机遇的内外因素,制定职业目标,选择职业道路并制订行动计划,从而实现职业生涯规划的完整理论体系。

创业的定义有很多,综合来讲,创业即创业者对自己拥有的资源或通过努力对能够拥有的资源进行优化整合,从而创造出更大经济或社会价值的过程。创业是一种劳动方式,是一种需要创业者运营、组织、运用服务、技术、器物作业的思考、推理和判断的行为。而创新则是创业的先决条件,反过来,创业又是创新的实践检验。所以,创新和创业密不可分,演化为如今新形势下的创新创业教育。创新创业教育是一种"探索+实践"的循环模式,创业者在此过程中接受相关创业知识理论,逐步形成创新意识,在其创业实践中得到应用与发展,使创新创业教育得到巩固和升华,从而可以在未来职业生涯发展过程中开辟新天地。

职业生涯规划教育与创新创业教育的契合之处在于:大学生职业生涯规划教育和大学生创新创业教育都是致力于解决大学生就业问题,他们在内容结构、教育方法方式上存在很多共性;职业生涯规划教育是引导学生对未来职业进行科学的定位,而创业教育着重培养大学生的创业意识、创造能力和创新精神;二者相互联系又相互作用,为大学生进入社会生存和发展提供了有效的帮助。

2. 职业生涯规划主要理论

几种职业生涯发展规划的主要理论基本都以年龄为标准,将职业生涯划分为几个阶段,再对各阶段逐个规划。由于每一阶段都有其显著特点,因此,对职业生涯阶段的认识和区分尤为重要。

较为系统的职业生涯发展阶段划分理论,主要有以下四种。

(1) 萨柏的职业生涯发展阶段理论。萨柏(Donald E Super)将职业生涯发展分为成长、探索、建立、维持和衰退五个阶段。从0岁到14岁为成长阶段,还可以更细致地划分为幻想期、兴趣期和能力期。这一阶段,个人受到环境和周围家人、老师、同学、朋友的影响,认同并建立起自我概念,对职业好奇占主导地位,并逐步有意识地培养职业能力。从15岁到24岁为探索阶段,也可细分为试验期、转变期和尝试期。这个阶段主要通过学校学习进行自我考察、角色鉴定和职业探索，完成择业及初步就业。从 25 岁到 44 岁为确立阶段，分为尝试期、稳定期和职业中期危机阶段。这个阶段的人获取了一个合适的工作机会，并谋求发展。这一阶段是大多数人职业生涯周期中的核心部分。职业中期危机阶段指职业中期可能会发现自己偏离职业目标或发现了新的目标，此时需重新评价自己的需求，处于转折期。从 45 岁到 64 岁为维持阶段，这段时间内开发新的技能，维护已获得的成就和社会地位，维持家庭和工作两者间的和谐关系，寻找接替人选。从 65 岁开始进入衰退阶段，随着工作能力渐渐衰退，健康问题逐步凸显，职业生涯走向终结。

（2）金斯伯格的职业生涯发展阶段理论。金斯伯格（Eli Ginzberg）将职业生涯分为幻想期、尝试期和现实期三个阶段。幻想期指 11 岁以前，儿童对职业充满好奇，不断幻想自己可能从事某种职业，并乐于模仿。但未顾及自身的条件和机遇，对职业认识具有相当大局限性。尝试期约指 11 岁到 17 岁，即少年向青年过渡的时期，可划分为兴趣阶段、能力阶段、价值观阶段和综合阶段，且相互交叉。此阶段为人生价值观形成的重要阶段，并伴随知识与能力迅速增长，开始对社会有一定了解。此阶段会根据自身兴趣爱好形成对职业的大致预期。现实期指 18 岁开始的成年阶段，分为试探期、具体化阶段和专业化阶段。此阶段会较为理性地将职业规划和环境机遇结合，有具体可操作的职业目标。

（3）格林豪斯的职业生涯发展阶段理论。格林豪斯从各个阶段的主要任务的角度，将职业生涯分为五个阶段，即：职业准备期、进入组织期、职业生涯初期、职业生涯中期和职业生涯后期。职业准备期为 18 岁前，这个阶段所面临的主要任务是根据自身性格选择职业，接受职业教育并掌握一定职业技能；进入组织期大致在 18~25 岁，主要任务是求职，得到一份较为理想的工作；职业生涯初期在 25~40 岁，主要任务是融入组织，提高工作能力；职业生涯中期在 40~55 岁，主要任务是学习理论知识，在事业上有一定成就，同时回头看，对初期职业生涯重新评估，慎重决定是否、能否重新择业；职业生涯后期指 55 岁之后至退休，这个时期主要任务是把重心从自己身上转移，扶持新人，准备退休。

（4）施恩的职业生涯发展阶段理论。施恩（Edgar H Schein）综合萨柏和格林豪斯的理论，根据不同年龄的特点和所面临的主要任务，以不同角色定位，将职业生涯划分为九个阶段（表 1-1）：成长、幻想、探索阶段，进入工作世界，基础培训，早期职业的正式成员资格，职业中期，职业中期危险阶段，职业后期，衰退和离职阶段，退休。

表 1-1 施恩的职业生涯发展阶段

阶段	年龄	角色定位
成长、幻想、探索阶段	0~21 岁	学生、职业工作的候选人
进入工作世界	16~25 岁	应聘者、新学员
基础培训	16~25 岁	实习生
早期职业的正式成员资格	17~30 岁	组织新的正式成员
职业中期	25~40 岁	正式成员、任职者、终生成员
职业中期危险阶段	35~45 岁	主管、经理等
职业后期	40 岁~退休	骨干成员、管理者、有效贡献者等
衰退和离职阶段	40 岁~退休	新手理论指导者
退休	—	发展新角色

虽然不同理论对职业生涯阶段划分的年龄和阶段有一定区别，但是规律内涵基本相同，都有从兴趣到实践、从参与到精通、再从巅峰到逐渐隐退的过程。所以在制订职业生涯规划时要认识其本质规律，遵循但不必被其束缚，以实践的脚步走出自己的职业道路。

3. 大学生职业生涯规划在创业教育中的作用

（1）认知自我，确立创业目标。教育是有目的、有计划、有组织地引导受教育者获得知识技能的活动，职业生涯规划教育则是促进其个体素质、理论水平和实践能力全方位发展的有效方式，确立正确的创业目标是职业发展的先行条件。创业教育中首先完成对自己性格能力的综合评价，确定职业理想和职业目标。前面中的几种职业生涯发展阶段理论都把高等教育阶段定义为准备阶段，此阶段主要靠学校实施职业生涯规划教育，根据学生自身的性格、兴趣爱好以及个人能力特长，帮助学生进行自主定位，明确创业奋斗目标，制订切实可行的创业计划。

（2）全面发展，完善创业准备。职业生涯规划主要是为了培养大学生创新精神和创业活力。通过职业生涯规划教育来了解创新型人才的发展环境，创业发展前景以及相关优惠政策的扶持等。通过对自我特征及所处环境进行评估与分析，明确自身优势和劣势、机会与挑战，根据前期制定的创业目标，全面提高自身理论水平、创新创业能力，为创新创业打好坚实的基础。

（3）发挥潜能，优化创业设计。教育强调"因材施教"，职业生涯规划教育更加重视个性化指导。在职业生涯规划和创新创业相结合的过程中，每个人都应该认识自身优势，深度挖掘自身潜能，扬长避短，从而勾画出合理展示自己能力的蓝图。

思考题

1. 如何提升创新创业的能力？
2. 创新创业能力与大学生个人职业发展有什么关系？

第二章
创业者与创业团队

【学习目标】
1. 了解创业者与创业团队的定义。
2. 了解和掌握创业者的必备素质和组建创业团队的条件。
3. 了解大学生创业者和创业团队的特点。
4. 认知创业者与创业团队之间的关系。

一、创业者

在中国，有许多成就辉煌的创业者——马云、俞敏洪、陶华碧、王健林、李彦宏、王传福等。

每个创业者都经历了漫长而艰辛的创业过程，他们身份背景不同，创业环境迥异。他们中有的是普通百姓，迫于生计，白手起家，一步一个脚印，最终取得了成功，例如"老干妈"辣酱的创始人陶华碧，她没有上过学，中年丧夫，为谋生计，从一家小作坊开始，创办了"老干妈"，如今"老干妈"已经成了有华人的地方就有"老干妈"的世界品牌；有的是国家公务员，放弃铁饭碗，辞职下海，开创自己的事业，例如"万达"创始人王健林，原为国家公务员，看准中国房地产的发展前景，励精图治，最终成为房地产大亨；有的是海归精英，放弃国外优厚条件，回国创业，例如"百度"创始人李彦宏，之前一直在美国知名 IT 企业工作，看到搜索引擎的巨大潜力后，毅然回国创业，最终打造了百度公司。

创业者，有不同的成长经历和创业历程，也有着共同的特点和素质，陶华碧、王健林、李彦宏等人的事业是经过一点一滴的积累，长年累月的坚持打拼出来的，他们的精神和品质是他们创业成功的基本条件。也只有那些勇于创新，不断拼搏，志在创业的人，才能创业成功。

（一）创业者的定义

创业者是那些能够自我发现创业的可行性，并且通过自己的能力，实现创业的个人或者团队。

在个人成就方面，创业者能够通过自己的创业，获取利润、实现理想，成就事业。

在社会贡献方面，创业者认识到自己的创业行动能够给予自己和他人创造价值，并且通过自己的准备，投入相应的时间和努力，最终满足社会需要。

【拓展阅读】▶▶▶

创业者概念由来

在欧美，很早就有创业者一词，"Entrepreneur"就可以定义为创业者，这个单词有一个重要的含义就是创办企业或者公司的人，这个词语可以理解为创业者。对于创业者的概念定义，许多学者都有不一样的观点，例如香港知名学者张世平是这样定义创业者的："创业者是一种主导劳动方式的领导，是一种需要具有使命、荣誉、责任能力的人，是一种组织、运用服务、技术、器物作业的人，是一种具有思考、推理、判断能力的人，是一种能使追随的人们获得利益的人，是一种具有权利能力和行为能力的人。"

（来源：李振杰，陈彦宏. 我的未来我做主——大学生就业与创业指导[M]. 厦门：厦门大学出版社，2014）

创业者的定义分为狭义和广义两种，其中区别在于创业人员是指核心人员还是所有人员。当然，在现在社会中，一般都使用狭义的定义来解释创业者，因为核心人员是创业的领导者、驱动者和直接实践者，是创业成功的关键。

创业者并不是特殊人群，创业者是具备一些出色的技能和素质的人，这些技能和素质使他们最终创业成功。创业者通过不断的努力，经历了许多挫折和失败，取得了创业的成功。每一位创业者都是凭借自己的辛苦付出，最终实现自己的创业理想。创业者中许多人拥有多年相关行业的经验积累，这也有助于创业风险的规避和有效进行投资运营。

【拓展阅读】▶▶▶

史玉柱和他的创业之路

史玉柱的创业之路大起大落。他从投资保健品行业创业成功，到投资巨人大厦，导致资金链断裂，公司破产，再通过"脑白金"东山再起，重回辉煌。他的经历印证了创业者并不是"超人"，也会经历惨痛的失败，史玉柱的公司在最困难的时期负债2.5亿。但是，创业者也有着不同于一般人的态度和精神，正如史玉柱百折不挠，终于东山再起一样，创业者要具有面对挫折不放弃的精神，也就是这种精神，使史玉柱能够重回巅峰。

（来源：百度文库——史玉柱的传奇）

大学生创业者是创业者中最有活力和激情的一群人，他们通过自己在大学中所学习的知识与本领，为自己的创业梦想开展创业项目并且实现自己就业。大学生创业者不通过传统的方式进行就业，而是通过自己的努力，为自己开辟的是一条新的就业之路，为自己和社会创造了更多的就业机会。

【拓展阅读】▶▶▶

大学生创业并不只是"钱"

大学生创业中，有的人只考虑自己的创业行动是否能够为自己赢得巨大的利益，从而忽视自己的创业项目在社会中的价值，单纯地追求利益，这容易造成创业失败，也可能会对社会和他人产生不良影响。大学生创业者在从事大化工行业的创业中，需要重视创业本身对于社会的影响，需要格外重视对人、自然和环境的保护，实现行业安全绿色的发展，这是对大化工行业创业者的一项更深层的要求和定义。

（来源：本校创业同学小张口述）

思 考 题

1. 什么样的人能够成为创业者？
2. 创业者是否具有异于常人的特质？

（二）创业者的特点

1. 创业者的特质

创业者具备多重特质，促使其创业成功。创业的特质，可以归纳总结为"三强"和"三个善于"。

（1）"三强"，即自主性强、主动性强和自控力强。创业成功源于创业者的自主性。对事物独立的、特别的看法，是创业的源泉，如果不具有很强的自主性，难以把创业变成现实。创业者对事情往往有强烈的自主权，自主性强是创业者的重要特质之一，他们往往不愿意受到约束，这也是促进创业者完成创业的重要推动力之一。

创业过程伴随着各种纷繁复杂的工作，一个创业项目的成功，源于创业者积极主动地开展各项工作。主动性强是创业成功的保证之一，创业过程中会遇到很多困难和挫折，需要积极主动的创业态度，才能实现创业的成功。

【拓展阅读】▶▶▶

创业是一项充满激情的活动

小王是一名大学生创业者，自从开始创业，原本安逸的生活发生了重大的变化。在同学们眼中，小王变得异常忙碌，每天早出晚归，虽然也有失落沮丧的时候，但是，更多时候，小王都是积极乐观地开展自己的创业项目。创业使小王越来越充满了激情和斗志，他和创业团队的小伙伴们一起为了自己的创业梦想不断奋斗。小王说："创业是一项充满激情的活动，别人不会督促你，需要你自己为了项目的成功，主动去思考、去实践、去奔波，只有这样才能取得成功。"

（来源：小王同学口述）

创业成功需要极强的自控力。强烈的求胜欲，高昂的斗志，有效的自我激励和自我管理，都是一个成功的创业者的必备条件，只有具备极强的自我控制能力，才能更好地驾驭创业团队和创业项目。

（2）"三个善于"包括善于发现、善于时间管理、善于创新思维。

善于发现是一个合格的创业者必须具备的特质，他需要善于发现商机，发现机会，发现问题，发现自己创业过程中需要的人才和技术，通过发现，促进自己创业成功。

创业是一项与时间赛跑的活动，很多创业项目没有成功，重要原因就是没有按时完成创业的进度，创业者必须善于管理时间，才能达成创业目标。

创业本身就是一项创新创意性的活动，善于创新思维是创业产生和完成的条件，没有创新思维的人无法进行创业，缺乏创新思维的人无法创业成功。

大学生年轻、有冲劲但缺乏经验，大学生创业者往往自主性强、主动性强，但自控力稍弱。大学生创业者善于创新思维，但是，由于年轻和经验不足，在时间管理和发现机会方面需要提升和注意。

2. 创业者的分类

按照分类方法的不同，可以把创业者进行多种分类，以创业目标为区分进行分类，可以将创业者分为三种类型：谋生型、投资型、事业型。

（1）谋生型创业者。顾名思义，谋生型创业者是因为生活的压力而进行创业，希望通过创业，改变自己的生活条件，例如"老干妈"的创始人陶华碧就属于谋生型创业者，她因为丈夫过世，要抚养子女，被生活所迫才开始创业。

（2）投资型创业者。投资型创业者一般产生于企业高管等具备一定的经济基础和行业经验的人群，他们利用自己的资金和经验，进行创业。

（3）事业型创业者。这一类创业者执着追求其人生梦想，希望通过自己的努力，通过创业，实现自己的愿望，他们把创业企业视为自己一生的事业，其中事业型创业者中很多是具备技术能力的科研人员，投身于创业之路，开创自己的事业，成为行业的领导者和领军人物，例如百度创始人李彦宏，持有"超链分析"技术专利，也把百度带入了搜索引擎巨头之路。

大学生创业者中多数属于事业型创业者，尤其是理工科大学生，多数是具备人生梦想，才投身于创业之中。在大化工行业中，像侯德榜和王传福一样，许多拥有技术知识产权的大学生为了实现自己的梦想，利用自己的专业技术，投身创业。

3. 创业者能力结构与专业技术知识

创业不是一件简单的事情，从开始创业项目，到企业营业盈利，创业者必须具备一定的能力和知识，才能使创业成功。创业者的能力和专业技术知识是创业成功的重要保证。

（1）创业者的能力结构。创业者具备多种能力，这些能力对于创业者起到不同程度的作用，构成了创业者能力结构，完整的能力结构能够促进创业者创业成功。其中包括创业者应该具备的基础素质和必备能力。

① 基本素质包括高尚的品德、强大的心灵、出众的能力和强健的身体。

高尚的品德。创业是一项需要付出巨大努力的工作，无论是基于自己、团队还是社会的原因，创业者都必须具备高尚的品德，尤其是本身创业带有一定的功利性，只有高尚的品德才能让创业者不被利益、分歧等蒙蔽双眼，能够领导创业团队克服困难，最后取得成功。

强大的心灵。所谓强大的心灵，是指创业者必须能自我认识，自我调整，在意识、性格、心态等方面都十分优秀和积极，能够克服创业所带来的巨大的压力，积极地面对各方面的挫折和困难并能积极解决相关问题。

出众的能力。创业者应该具备多方面的能力，这是创业成功的保障，其中包括创新能力、分析决策能力、协调能力、组织能力等。

强健的身体。"身体健康是革命的本钱"，身体是创业的重要基础，创业之路异常艰辛，所以必须要有健康的身体、充沛的体力、旺盛的精力。如果没有健康的身体，可能会力不从心，完成不了创业中繁重艰苦的工作。

② 必备能力包括创新能力、学习能力、合作能力、经验管理能力、分析决策能力、人际交往能力等多方面能力。创业能力是保证创业者创业活动顺利开展和最终创业项目成功的关键。

创新能力。作为一个创业者，创新能力是众多能力中最核心的一项能力，创业的开创性就决定了创新能力的重要性，是否具备创新能力是一个创业者最基本的条件。

学习能力。创业伴随着开创和探索，面临的是各种新事物、新情况，由创业引发的是对于未知行业或未知领域的探索，创业者必须通过学习，才能适应创业的需求。学习能力包括进行学习和计划的能力、阅读能力、分析能力、信息检索能力等自学能力。

合作能力。创业是互相合作的一项活动，通过合作可以实现创业者个人不能达到的目标，互相合作弥补不足需要创业者具备强大的合作能力。

经营管理能力。创业就是创业者建立企业并进行经营的过程，缺乏经营管理能力，必然导致企业破产和创业失败，所以经营管理能力是创业者必须具备的能力之一。

分析决策能力。对于市场、产品等进行准确的分析，并且做出决策，是创业者的必备能力之一。

人际交往能力。创业者需要通过自己的人际交往，实现自己和创业项目的拓展和发展，良好的人际交往可以促进人脉资源的拓展和项目的拓展与推进。

大学生创业者实现创业的成功，需要具备各种必备能力，尤其是需要经验和时间积累以及实践锻炼的能力，这些能力需要大学生创业者重点发展培养。例如经营管理能力，理工背景的大化工行业毕业生，既无理论学习也无实践经验，需要通过课外学习加上个人的不断实践，才能获得。

（2）创业者的专业技术知识。创业者需要具备很高的专业技术知识，主要包括两个方面：企业管理和创业行业的专业技术知识。

无论是创业者，还是一般的企业管理者，企业管理专业技术知识都是必备的，也是他们保证企业能够成功运转的知识基础。相对于企业管理者，创业者还需要具备专业的技术知识，甚至要达到专家级别。无论是产品还是服务，创业者必须是创业项目的技术核心之一，只有深刻地了解产品，才能把握整个创业的发展方向。例如新东方教育集团的创始人俞敏洪，本人就毕业于英语专业，也是出国英语教学的专家，俞敏洪所具备的出国英语教育的专业技术知识对新东方教育集团创业成功起到了重要的作用。

专业技术知识对创业成功起到了至关重要的作用，同时，也容易受到忽视，尤其是大学生创业者，本身学识和知识储备就不多，容易忽视和忽略专业技术知识。大学生创业者，需要对自己创业行业的专业技术知识进行学习，并且需要达到较高层次。

从事大化工行业创业的创业者，需要对生产产品从原料选择、生产工艺、设备购置、流程控制、产品成型、产品特性等有深入的了解和掌握。大化工行业是一个传统行业，也是一个新兴行业，新材料、新技术的产生推动着大化工行业的创新与创业，大化工行业每天都有新的项目和新的企业产生。从中国化工行业的创业先驱范旭东和侯德榜创建永利制碱厂，到如今如雨后春笋般产生的大化工创业企业都是创新与创业的典范。

【拓展阅读】▶▶▶

中国化工行业的创业先驱范旭东和侯德榜

"中国民族化学工业之父"范旭东，于1918年创建永利制碱公司。1921年，侯德榜接受范旭东的邀聘离美回国，承担起续建碱厂的技术重任，出任永利技师长，1926年8月在美国费城举办的万国博览会上，由永利制碱公司生产的中国"红三角"牌纯碱获最高荣誉金质奖章，实现了中国生产的化工产品的首次出口。范旭东和侯德榜是大化工行业创业者的榜样和楷模。

（来源：百度文库——化学史料）

如同范旭东和侯德榜一样，大化工行业的创业者需要掌握专业领域的知识和技术，尤其是发明和专利，这也是大化工行业创业与其他行业不同之处，作为实业行业，需要技术的投入，所以技术对大化工行业创业起到了至关重要的作用。一项新的化工技术的产生，往往就孕育了一个创业项目，甚至是一个行业，对于社会甚至人类文明的发展有着巨大的推动作用。

【拓展阅读】▶▶▶

王传福与他的电池帝国比亚迪

王传福，一个很多大学生可能不太熟悉的名字，但是他创建的比亚迪公司应该很多人都熟知。王传福，本科毕业于中南大学冶金物理化学专业，后就读北京金属研究院，毕业后留校工作，5年后辞职创办比亚迪公司。2000年，王传福毅然投入巨资进行锂电池研制，最终成为全国第一、世界第二的锂电池制造企业。

作为一个创业者，王传福十分重视核心技术的研究，通过核心技术的研究，王传福和他的比亚迪走向一个又一个成功，如今王传福已经成了中国知名的创业者，他的比亚迪成了全球知名的中国科技企业之一。

（来源：百度文库——全球华商名人堂——王传福）

思 考 题

1. 创业者的特点有哪些？
2. 创业者的能力结构和专业技术知识对创业有什么影响？

（三）创业动机

1. 创业动机的概念

从心理学的角度看，动机是一种要满足人类需要的特殊心理状态和意愿。创业动机是保持和诱发创业者开展创业活动，并使创业者向设定目标努力的内部动力，是鼓励和引导个体为实现创业成功而行动的内在力量。

2. 创业动机的分类

按照创业者的分类类型，创业动机具体可以分为三大类：就业驱动型、风险投资型以及事业实现型三大类。

就业驱动型的创业动机：源自于创业者生活的压力，力求通过创业改善生活条件和经济条件。随着大学生毕业人数的持续增加以及国家经济增速放缓的大环境，大学生毕业压力越来越大，加之国家大力推出鼓励毕业生创业的政策，大大促进了大学生为了解决自己的就业问题进行创业。

风险投资型的创业动机：主要源于创业者对行业和产品的深度了解及对市场的准确把握，通过自己的资金和技术而进行创业，主要目的和动机就是通过创业赚取更大的利润。风险投资型创业动机在大学生中并不常见，主要集中于企业高管等人群。

事业实现型的创业动机：很多创业者都希望把自己的爱好或者兴趣通过创业成为自己的事业，实现自己的价值。很多大学生的创业初衷都是自己的爱好，比如有的大学生喜欢制作手工饰品，通过合理规划，毕业后在网上开一家饰品销售的网店。大学生正处于朝气蓬勃的年龄阶段，对创新和创业充满了希望和梦想，每个人都希望通过自己的努力创造自己的事业。

3. 产生创业动机的驱动因素

产生创业动机的驱动因素可以分为内因和外因两个方面，内因是创业者通过自己的需求和需要进行创业，具有完全的自主性；外因是创业者受到外界的人或者事物的影响而产生的创业的意愿，包括鼓励性的和受迫性的外因，例如大学生的就业压力就是压迫性的外因，而国家鼓励大学生创业的政策是鼓励性的外因。

内因和外因都是产生创业动机的驱动因素，很多创业动机同时受到内因和外因的影响。在内因和外因同时影响创业动机时，一般内因起决定性作用。

■ 思 考 题 ■

1. 创业者的创业动机源于哪些方面？
2. 创业动机对创业者有哪些影响？

（四）领导力和团队建设

创业者需要具有极好的领导力，以便提升团队的工作效率。领导力是决定领导者领导行为的内在力量，是实现群体或组织目标、确保领导过程顺畅运行的动力。创业团队的领导者通过自己的领导，促进自己的团队建设，实现创业项目的开展。

以中国古代四大名著之一《水浒传》中宋江与梁山众兄弟为例，来谈一下领导力和团队建设的重要性。《水浒传》是一部描写梁山好汉的小说，其中记述了以宋江为主的梁山好汉，他们各自身怀绝技，聚义梁山，随后又通过自己的努力，最终实现了朝廷招安的故事。整个小说中，宋江作为梁山好汉的领头人，发挥了重大的作用，尤其是聚义108位英雄好汉，团结一心，屡挫朝廷镇压大军，最终实现朝廷招安这一目标，在团队中发挥了巨大的作用。小说中充分体现了宋江的领导能力，是团队建设的典范。

中国对生意有一个通俗的称呼："买卖"。经营企业是"买卖"，上山落草也是"买卖"，做"买卖"需要一个"掌柜的"，无论是企业组织还是梁山好汉都需要一个领导人物，这个领军人物的领导力使他处于团队的核心,是整个团队的领导者。而一个组织或者企业的成功与否,关键取决于这个领导者的见识、能力和水平。《水浒传》中梁山好汉的领导者就是宋江,梁山好汉的命运也是由宋江做出的决断决定的。

领导者在团队建设中的作用十分重要:创业团队领袖是团队组织的核心,是团队力量的协调者和整合者,对团队的发展起着至关重要的作用。

《水浒传》中宋江领导的创业型团队令人敬佩,他白手起家,把各色人群团结到一起,并且达到了自己企业设定的目标——招安。

【拓展阅读】▶▶▶

宋江为什么选择招安?

宋江为什么选择招安?这正体现了他作为领导者卓越的领导力。

通过类比的方法,我们可以把宋江的梁山和大宋王朝比作现在的创业公司和行业垄断企业,作为领导人,宋江是具备战略眼光的,首先,宋江清楚地了解自己的"创业公司"梁山水泊无法与"行业龙头"大宋王朝抗衡,最终的结果只能有两个结果,一个是自己公司经营失败,竞争失败,导致自己公司破产,也就是梁山水泊被朝廷剿灭;另一个是自己公司经营良好,具有强大的竞争力,最终"行业龙头"迫于压力高价收购自己的公司。需要阐明的是,当时的情况下,难以构成对等的竞争形势,大宋王朝过于强大,梁山水泊过于弱小,无论宋江团队取得多大的成就,都不足以对于大宋王朝构成威胁,相对现在的市场,多数的创业企业和行业龙头企业也都处于这种状态。所以,作为领导者,选择通过不断打击大宋王朝的军队,提升自己的价值,最终完成招安,是非常明智且具有远见的行为,这体现了宋江的领导力。

经历创业的各种阶段,宋江团队面临的困难和考验是极大的,能够取得这样的成就,是宋江和他的团队共同努力的结果。其中,宋江的领导力起到关键的作用,使得团队越发壮大和团结,不断推动团队建设。

(来源:本章作者参考《水浒传》撰写)

1. 从《水浒传》看创业者的领导力

宋江有什么过人之处?为什么能够成为团队领袖?

宋江团队在宋江的领导下,最终实现了招安。总结归纳起来,宋江作为领导者,体现了领导者最重要的两方面领导力。

(1)确定非常明确的团队目标,并且有力执行。

创业中,领导者需要坚定自己的团队定位和目标,不能随意改变。《水浒传》中宋江自始至终明确梁山创业的目标是招安,而且矢志不移,虽然,团队中许多人持反对意见,但是宋江对于该目标坚定不移,信心坚定,而且一直作为梁山团队创业的目的。作为一个领导者,宋江在一开始就为自己的团队提供了一个可实现的正确的愿景目标,同时,其属下兄弟(包括宋江自己)多出于宋朝政府,使得他的下属愿意跟随他这样一个有目标且坚定不移的领导者。

宋江遇到困难不放弃,取得成绩也不骄傲,一直明确自己的目标就是招安,无论取得多大的胜利,也不幻想改变目标。这也是领导者合理规划团队的重要组成部分。作为领导者,在进行规划和实施规划的时候,必须充分考虑自己的目标以及实现目标的困难,这样才能在遇到困难时坚持自我。

(2) 合理配置人员和资本，保证目标的实现。

在创业中，如何对自己的人员和资本进行规划非常重要，按照自己的人员和资本条件，进行合理的规划是创业领导者的重要工作，也是只有领导者才能完成的重要工作。《水浒传》中卢俊义的入伙就充分体现了宋江作为领导者对于人员的合理规划，为了实现自己团队的创业目标，想方设法招揽优秀人才，包括宋江让卢俊义出任领导也是希望通过这样的规划提升团队创业的目标和可行性。

2. 梁山好汉的团队建设给我们的启示

我们从宋江团队的成功中，能够得到什么经验？宋江团队中领导力和团队建设对创业成功的作用表现在以下几点。

(1) 义字当先，促进兄弟团结，建设团队信仰。

宋江从不高估自己的能力水平，宋江长相和武功都平平，但是他不用自己的不足应对自己团队建设，牢牢把住"义"字，积极通过自己的协调促进团队建设，把所有能人义士一点点地集结到自己手下。作为重要的领导力之一，宋江要具有把最优秀的人团结到自己手下的协调能力和领导力，让他们为自己所用。整个宋江团队团结一心，虽然很多人是从其他团队招降之人，但是到了宋江团队，108人中从未出现叛逆，许多人为团队出生入死，献出了生命，这就是团队对义字当先这个团队信仰的诠释。可见，宋江团队的团队建设非常成功，这也是宋江屡战屡胜的原因。大学生创业者作为领导者的时候，一定要重视团队信仰的建设，团队信仰是创业团队的立队之基，也是团队的动力源泉。

(2) 优化配置团队，因才用人，提升团队效率。

宋江团队中，各种奇人异士众多，他们的本领不同，如何把他们有效地结合到一起，需要出色的领导力，既要合理分配，又要下属服从。宋江非常好地发挥了自己107位兄弟的长处，每个人都有属于自己的位置和发挥余地，达到了人尽其才，物尽其用。创业者需要通过自己的领导力，充分发挥自己团队的作用。通过有机协调，有效地利用每个人的长处和特点，实现团队效率的最大化。

(3) 对下属宽容，但是恩威并施，强化团队凝集力。

利用宋江对于李逵的态度来诠释如何对下属宽容，但恩威并施。李逵对宋江忠心耿耿，但是经常犯错，宋江对于李逵的态度很好地体现了对下属宽容，但是又恩威并施的用人方法。在私交方面，宋江极为宽容，宋江借钱给李逵赌博是宽容大度。同时，当李逵的行为影响到团队利益的时候，比如反对招安，宋江对李逵是极其严厉的，几次要将其处斩。宋江团队的团队纪律强化，不是简单的通过条例的严格执行来实施的，其中也夹杂着各种感情在里面。所谓恩威并施，不光强调的是团队纪律，也在营造团队的人文气息，通过两个方面凝集团队力量，使得团队能够形成强大的战斗力。

领导力和组建团队是大学生创业者创业成功的基础，创业者必须具备出色的领导力，才能领导团队取得成功；"一个篱笆三个桩，一个好汉三个帮"，出色的团队建设，也是创业成功的保障。领导力和团队建设在创业者创业过程中发挥了重要的作用。

思考题

1. 从宋江的事例如何看出众领导力对于创业者创业的影响？

2. 创业者在组建团队方面需要注意哪些因素？

（五）领导者的合理规划

领导者的合理规划是促使创业成功的重要保证。通过合理的规划，能够促进领导者对创业的控制和把握，也能体现领导者的能力和水平。大化工创业项目中还要注意环保和安全的合理规划。

1. 从明朝建立看领导者的合理规划

通过领导者的合理规划，可以实现创业梦想。领导者的合理规划对创业的重要性，我们以中国最励志的创业故事——朱元璋创立明朝为例，分析领导者的合理规划对于创业的作用。

朱元璋团队如何进行自己的发展规划？众所周知，明朝的建立者朱元璋是中国出身最为传奇的一位开国皇帝，他出身贫苦农民，家中父母兄弟因饥饿而死，他要过饭，当过和尚，但是，最终凭借自己的努力，成了一代开国君主，开创了大明朝300年基业，他的创业过程可以说中国励志的典范。朱元璋的成功源自他自己卓越的领导才能以及他和他团队的合理规划——"高筑墙，广积粮，缓称王。"正是这一合理规划，最终指引着朱元璋团队在众多的元末农民起义中脱颖而出，最终建立了大明王朝。可见，领导者的合理规划对创业团队的成功起到了多么关键性的作用。

（1）领导者的合理规划要适应当时的环境和条件。

元朝末年，政府腐败，民不聊生，当时爆发了大规模的农民起义，一时间群雄并起，成为割据地方的诸侯。朱元璋作为当时最为弱小的一员，不断成长自我，尤其是在其占领了南京之后，面对元朝政府、陈友谅集团、张士诚集团仍然十分弱小，朱元璋夹在各方的势力集团之间，经过对当时环境和条件的分析，提出了"高筑墙，广积粮，缓称王"的方针。这个方针切实适合朱元璋当时的自身条件和环境，从地理位置上看，朱元璋处于强敌包围之下，任何一个敌人都能够轻易消灭他，所以这一阶段，朱元璋采取缓称王的策略，使得自己能够在险恶的条件下生存，并且逐渐壮大起来，最终取得了胜利。作为一个创业者，必须要清醒地认识到自己周围的环境和自己所拥有的条件，通过自己的合理规划，实现创业成功。

（2）领导者的合理规划要有可行的办法和措施。

朱元璋的合理规划能够取得成功，源于在规划中提出可行的办法和措施，"高筑墙，广积粮"就是有效的办法和措施，通过这些有效的办法和措施，使朱元璋的规划更加合理和可行。"高筑墙"，广泛建立起坚固的防御工事，因为处于弱小的一方，如果需要存在下去，必须要进行防守，而且是有效的防守。"广积粮"是通过积存战备物资，为了将来的决战做准备。提出可行的办法和措施，是规划能够合理实施的保证。作为领导人，需要在提出合理规划时，也能提出可行的方法和措施。

（3）领导者的合理规划要有明确的过程规划和过程目标。

朱元璋团队在规划过程中，对每一个细节和过程都有详细的规划和过程目标，这些细节和过程构成了其整体的规划。面对四周的强敌，朱元璋团队在足够强大之后，开始自己的发展，对元朝政府、陈友谅集团、张士诚集团的攻击选择也是经过详细规划的，把他们先后设定为过程中的目标，经过仔细分析每一个集团的特点，分别攻取了陈友谅集团、张士诚集团和元朝政府。在选取目标的过程中，朱元璋作为领导者充分分析了每个集团的特点，总结出陈友谅和张士诚两个人一个是"志骄"，一个是"器小"。虽然，陈友谅相对于张士诚更强大，但是因为领导人性格的原因，攻击张士诚必然引起陈友谅的攻击，而攻击陈友谅，张士诚则会袖手旁观，所以选择先攻击陈友谅，最终消灭了两股势力。作为领导人，朱元璋进行了详细、合理的规划，最终取得了成功。

朱元璋创建大明王朝的例子说明了领导人进行合理规划的重要性，同时，作为大学生创业者，更加需要充满信心地进行自己的创业规划。

领导力和团队建设是创业者必须具备的能力和工作，只有具备领导力、能够实现团队建设的创业者，才能成为领导者。而作为领导者，最重要的就是提出合理规划，并且按照规划实施创业项目。

2. 大化工创业项目环保和安全的规划

因为大化工行业本身在生产中会有污染和其他危害（如爆炸的可能），所以大化工项目创业者在进行规划时，一定要考虑项目的可靠性和安全性，对于工厂选址等工作进行充分的调研和宣传，邀请第三方对项目是否对环境有污染、是否危害周围居民的身体健康进行评估。大化工行业创业项目规划时必须做好安全性和环保性的评估报告，并且主动公开报告结果，以免给项目带来影响。

思 考 题

1. 如何从朱元璋的成功看创业领导者的合理规划？
2. 领导者规划是否合理的评价标准是什么？

二、创业团队

中国有一句俗语，"一个篱笆三个桩，一个好汉三个帮"，它强调了团队的重要性。在创业过程中，创业者本身可以是个人，也可以是团队，而随着竞争压力的增大和市场的需求，现在创业者越来越多的以团队的形式出现；以单人形式出现的创业者，也需要组建自己的团队，完成各项创业中的任务。创业团队的成立是创业项目成熟的一个标志，在成立创业团队之前，创业项目往往就已经在设计和构思中，一旦创业团队成立，也就标志着创业项目的正式启动。

（一）创业团队的内涵

1. 创业团队的概念

创业团队是为了达成创业目标而组建的，是能够相互配合、相互协调的一个有机团体，通过团体人员共同努力，互相支持，并充分发挥成员的个人价值从而实现创业的推进。

2. 创业团队的要素

创业团队需要具有团队组成要素，这些要素恰好都是以英文字母 P 开头的单词，所以称为5P要素，计划（Plan）、权限（Power）、创业团队的定位（Place）、人（People）、目标（Purpose）。

计划（Plan）：作为创业团队的组成要素，计划有着不同层面的含义。实现创业目标需要具体的行动方案，第一个层面的计划可以理解为达成目标的具体工作实施规程。没有计划，无法保证创业团队在某一时间段内工作进度的顺利完成，第二个层面的计划可以理解为团队整体需要达到的效果。整个团队，需要按照计划的规定，才能逐步实现目标，完成创业。

权限（Power）：创业团队中的分工、管理和协调都需要团队的领导人来确定，而团队领导人需要多大的权利对团队进行管理和协调也需要一定的规范，这就是领导人的权限。在创业初期，团队领导人的权限比较大，因为初期很多分工不明确，团队处于磨合期间，需要更多的管理，而随着团队的成熟和项目的进展，领导者的权限逐渐缩小，此时他们的工作更多的是协调各方。

创业团队的定位（Place）：创业团队的定位有两层含义，第一层含义是创业团队在整个企业或者公司的位置，创业团队是如何组成的，领导者是谁，最终的目标是什么。第二层含义是创业团队中个人的定义，每一个成员在团队中扮演什么角色，发挥怎样的作用。每一个创业者在团队中自我追求的定位和实际的定位对创业团队有着巨大的影响。例如新东方教育集团的三位主要创始人俞敏洪、王强、徐小平在他们的创业团队中就着不同的定位，同时也因为各自的定位而各奔东西。

人（People）：任何活动中，人都是重要的因素，创业团队中，人的因素处于核心地位。三个人可以形成一个群体，在一个群体中又有着共同的目标，就形成了团队。在创业团队中，人是最重要的资源，任何目标都是通过人的活动实现的，创业能不能成功，关键的问题是是否有合适的人在合适的团队位置，通过合理的人员分配，可以实现人力资源的最大化。在一个团队中，有的人负责计划的制订，有的人负责协调工作等，通过有机的结合，实现创业团队的成功。

目标（Purpose）：每个团队都是以目标而集结在一起的，这是团队区分团体的重要特征。创业团队需要也必须拥有一个共同的目标才能形成合力，共同构建团队，实施创业的团队任务和工作。没有了目标，创业团队也就没有存在的必要，所以目标是创业团队形成和存在的基础和关键。

3. 创业团队的种类

创业团队可以根据团队成员之间的关系分为两种类型，即领导型和互助型。

领导型创业团队是以一个人为领袖，开展创业项目的团队。对于创业团队来讲，这个创业者是创业团队的核心人物，推动着创业的开展和实现，主导创业项目的导向。领导力和团队建设以及领导者的合理规划对于领导型创业团队至关重要。

互助型创业团队是以共同的或者近似的创业目标，而结合到一起的团队。相对领导型创业团队，互助型创业团队强调的是互相帮助，构建平等的伙伴关系，最终实现创业的成功。

在现实中还有一类特殊的创业团队，它既属于领导型创业团队，也属于互助型团队，可以称为领导互助型团队。

【拓展阅读】▶▶▶

那些我们所熟知的创始人

大的创业企业介绍高层的时候，我们经常会听到一个名词"公司的创始人之一"。很多创业公司都是有一个核心的创业团队或者是创业领导层，《中国合伙人》是以新东方教育集团的创业故事为题材改编而成，其中三位主人公的原型就是有着新东方"三驾马车"之称的俞敏洪、徐小平、王强，他们属于领导互助型创业团队，以几个核心成员构成创业团队的核心领导层,其内部是合作伙伴关系,而对于外部是领导和管理的关系。但是这种管理模式和体制,会随着创业公司的扩大而改变,随着利益分配、认识、理想等原因,使得很多成功创业公司的领导层最终分手,新东方集团公司的"三驾马车"最终也各奔东西。

(来源:百度文库——新东方创始人)

4. 创业团队的优劣势分析

创业团队的优劣势主要体现在创业团队和个体创业者在创业中的优劣势。创业团队相对创业个人有着许多优势,凭借团队的互补性,创业者可以实现个体难以达到的目标和成就。同时,创业团队受到项目、环境以及团队成员等影响,需要结合创业项目、人员等,分析创业团队对创业的影响。

许多成功的创业项目都源于出色的创业团队的推动。中国有句俗话,"三个臭皮匠赛过诸葛亮",充分说明了团队合作能够发挥出个人难以匹敌的能力,更容易实现创业目标。当然也有"一个和尚挑水喝、两个和尚抬水喝,三个和尚没水喝"的俗语揭示团队合作失败,出现团队合作不如个人创业的情况。团队合作在创业团队中发挥了重要的作用,无法进行团队合作,就无法体现创业团队的优势,难以形成合力,甚至产生阻力。

大学生有自己的特点,充满激情,思维灵活,知识丰富,但是欠缺各方面经验,容易冲动,思想不成熟,创业团队能够很大程度地弥补大学生创业者的不足,最大程度发挥大学生创业者的优势。在开展创业教育中,大学生创业团队的组建和运转是重要的部分,创业团队的好坏直接影响创业项目是否能够成功运转。

大学生创业团队促进创业的成功,创业需要行业的专业技术知识、企业管理能力等多种能力和知识,作为大学生,很难具有这些能力,大学生创业团队很好地补充了个人创业能力的不足,通过团队的力量弥补个人的不足,最终实现创业成功。

大学生创业者在创业过程中,会经历各种失败、挫折、迷茫和失落,创业团队能够通过互相帮助和扶助,通过团队的鼓励和激励,帮助大学生创业者渡过创业难关。

5. 大学生创业团队的优劣势分析

(1)优势分析。团队相对于个人拥有资源和人力优势,能够通过团队的整合促进更好更快地实现创业的目标。团队成员优势互补,能够提升整个团队优势,同时,有些工作必须通过团队来完成和实现。中国有句话说:"一个好汉三个帮,一个篱笆三个桩。"创业也是一样的道理。

大学生创业更加需要成员间的优势互补,以便补足个人其他方面的劣势。在创建团队的时候,最重要的是实现成员之间的知识、资源、能力或技术上的互补,这种互补将有助于强化团队成员间彼此的合作。

(2)劣势分析。大学生创业团队缺乏社会经验,个性张扬,年轻容易冲动,同时创业团队本身对成员就有个性的压抑。当创业中面临巨大的压力和困难时,难免产生分歧和不满,创业领导者基于团队的考虑,通常希望团队保持团结一致,但如果领导者过于强势,强行要求队员服从,那么就容易压制创业成员的个性,其团队成员会本能地排斥,甚至还可能导致团队解散。

【拓展阅读】

史玉柱和他的企业军事化管理

巨人集团建立初期,史玉柱开始实行企业军事化管理,在员工和企业的经营中,按照军队的方式,把各个分公司按照军队进行编制分配,例如把一个分公司规划为一个师,进行管理和经营,虽然在短时间内取得了一定的成功,但是,随后出现了众多的问题,甚至影响到企业的生存,最终,不得不把军事化管理取消,实行人性化的管理。

(来源:百度文库史玉柱的传奇)

在大学生创业团队中,十分容易出现类似情况,导致创业团队的解散和创业的失败。

思 考 题

1. 创业团队的概念、要素以及种类是什么?
2. 大学生创业团队的优劣势主要体现在哪些方面?

(二)创业团队的组建

创业成功来之不易,据统计,只有五分之一的创业最终成功,新成立的企业存活率也只有五分之一。创业公司的生存异常艰难,很多创业胎死腹中,很多的企业生存不到一年就破产,能够最终经营10年以上的只有十分之一。艰难的生存环境,使创业团队的重要性更加凸显。团结一心,攻坚克难,建立一只高效、互补的创业团队,是创业成功的重要保证。

成功的创业团队能够提供极大的动力,使创业企业得到强大的生命力,形成企业的核心;失败的创业团队,会使创业项目胎死腹中,无法取得成功。

1. 组建原则

(1)目标明确、统一。团队目标是团队存在的意义,因为有目标,所以团队成员都会聚集起来。创业团队在创建之初需要明确的目标,团队成员需要明确的目标,才能规划自己努力的方向和方式,成员也可以对自己、团队、目标进行自我分析和评估,只有成员认为目标明确、可行,才能激励成员形成团队,为了目标不断努力。

(2)成员结构精细合理。成员结构精细合理可以从两个方面理解,一是在需要的方面都有能够胜任的成员在岗;二是岗位上的人员高效,没有造成资源的浪费。通过成员结构精细合理的原则,使得团队成员形成优势互补的模式,管理人才、营销人才、技术人才,在每个位置上安排最正确的人,同时,也是最合理的人。从大学生创业的规模和性质考虑,一个团队最佳人数是3~5人,这能够保证团队的解决问题的能力,也能减少出现问题的机会。

【拓展阅读】

如何进行创业团队的人员选择

大学生创业团队如何选择人员?什么样的人才适合自己的团队?评判的标准是什么?这些都是组建团队面临的问题。

> 为什么要加入创业团队——加入创业团队的目的：大学生在建立自己的创业团队时，要选择那些有远大理想和信念的伙伴，因为创业初期，一切都是艰苦的，只有追求创业梦想，愿意开创未来的人才适合团队。
>
> 兴趣相投——团队伙伴喜欢彼此：作为年轻的大学生创业者，在创业过程中，有很多时间要在一起，兴趣相投是化解团队矛盾的最好助力。
>
> 知识结构合理——实现优势互补：团队内部需要具备各方面能力和技能的人才，成员的结构越合理，创业的效率就越高。
>
> 价值理念相近——价值观相近的人才会走到一起，价值观不同的人难以形成团队。创业团队中出现分歧的最根本原因是成员中的价值观不同，只有相近或者相同的价值观才能使团队不断取得成功。
>
> （来源：百度文库相关文章）

（3）团队注重创新。创业过程一直在发展和变化，这种发展和变化发生在外界社会和团队内部。随着创业的开展，必定面对许多问题，如何解决问题，并且规避在团队发展中可能出现的问题，这就需要在组建创业团队的时候注重创新，尤其是根据前两个原则，根据实际情况进行创新，同时团队的人才结构和质量也处于变化中，人员也会因为各种原因离开团队，保证团队的效率和目标，需要团队在发展中注重创新。

2. 创建条件

创业团队的组建需要具备一定的条件。

（1）有核心带头人。如果把创业团队比作一艘船，那么核心带头人就是这艘船的舵手，他可以引领团队的发展方向。大学生创业团队必须有一个核心的创业者作为团队的领导者，他并不是单单依靠资金、技术、专利等因素决定的，他的领导地位往往来自于创业伙伴在同窗或共事过程中发自内心的认可。例如新东方教育集团中，俞敏洪就是核心带头人。核心带头人是在创业中开始提出创业机会，并且组织起团队的初始创业者。这个核心带头人不是一成不变的，随着创业活动的进一步深入，如果他的素质无法跟上创业活动的发展，有可能会被取代。

（2）有明确的团队理念。在创业过程中需要通过明确的团队理念，把不同能力素质的人进行整合，形成团队内部的共识，尤其是对于团队目标的理解和团队工作开展、团队成员的配合等，都需要明确的团队理念。理念不同的人很难进行合作，也会造成团队内部的分裂和解散。

（3）有明确统一的发展目标。团队目标是团队存在的基础和关键，团队组建必须拥有明确的发展目标，这个目标必须能够使团队成员愿意为这个目标而奋斗，也就是说，团队成员能在这个目标中实现自己的个人利益或者个人目标。团队目标明确，且与成员的目标一致，是实现团队发展和成功的必要条件，也是成立团队的必要条件之一。

（4）有高效的管理机制。"没有规矩，不成方圆。"很多创业团队都是由亲戚、同学以及同事构成的，很多时候，碍于情面影响了整个创业的开展，也难体现出创业团队的高效。大学生创业团队的组建，缺失的重要因素可能就是高效的管理体制，因为很多大学生创业团队都是以同学和朋友为基础，里面充斥着同学情、朋友义，使得整个团队运行艰难，同时容易出现各种分歧和不和。

3. 组建程序

（1）明确创业总目标。创业团队因为目标而组建和存在，所以组建创业团队的第一步就是确定总目标。通过总目标的确定，再将总目标按照时间阶段加以分解，设定若干可行的、阶段性的子目标。

（2）制订创业计划。目标确定之后，创业团队的工作进入到了实施阶段。在实施之前，首要任务是制订创业计划。制订创业计划是在充分考虑了创业目标的可行性，对创业目标进行具体分解的基础上，根据团队整体的设计，制定分阶段、分层次的目标，最终形成完整的创业计划，通过创业计划的形成，实现创业团队结构的设计。

（3）招募合适的创业成员。组建创业团队的过程中最关键的一步，就是招募到适合创业团队的成员。招募成员时可以从两方面进行考虑：一是要考虑成员的互补性，也就是成员的能力是否能够有机构成团队，具有互补性，既有助于提升团队成员间相互的合作，又能提升创业团队的凝聚力，最大限度地发挥创业团队的作用。从大学生创业的角度，创业团队至少需要管理、技术和营销三个方面的成员，这些成员是基础。通过有机结合，使三个方面的成员形成合力，创业团队才可能实现稳定高效；二是考虑适度规模，考虑大学生创业的规模和资源，成员过多造成资源浪费，人员过少使团队无法达到预期目的，人员一般在3~7人为佳。

（4）团队职责和权利划分。创业团队需要协作和管理，为了保证团队正常运行，形成有效的工作，必须预先在团队内部进行职权划分。创业团队的职权划分就是根据团队的需要，对每个成员的工作进行划分和分配。团队的职责和权利是相辅相成的，需要进行系统的划分，保证团队工作的开展和实施。

【拓展阅读】

如何看待刘备的创业之路

东汉末年，群雄并起，各路诸侯都计划开创一番事业，刘备虽名义上为皇亲，但是并无实权，凭借自己的努力，最终与魏、吴鼎足而立。

从创业条件上来讲，刘备团队具备核心领导人（刘备）、有明确团队理念（仁义）、有明确统一的发展目标（兴复汉室）、有高效的管理机制（赏罚分明）。

作为蜀汉的开国君主，刘备一直都是创业团队的核心人物，从历史的角度客观地分析，刘备一直是团队中毫无争议的领导人，在自己的创业团队中发挥了核心的作用。

刘备团队一直以仁义为团队理念，其中刘玄德仁德之名更是享誉四海，也成为刘备的团队理念，从桃园三结义到后来的建立蜀汉，一直以这样的团队理念从弱小走向强大，而且也是这样的团队理念，使得刘备团队一路走向成功。

明确统一的发展目标，刘备一直以皇叔自称，以兴复汉室为己任，带领自己的团队。

从创业团队的组建程序来讲，刘备团队也十分契合。

第一，明确创业的总目标——兴复汉室。刘备团队一直以来都以"兴复汉室"为创业的总目标。第二，制订创业计划——"隆中对"占领荆州、益州，然后攻取天下。第三，招募合适的创业成员——卧龙、凤雏、五虎上将。第四，团队职责和权利划分——文武分工，文臣主谋略和治理地方，武将主负责攻伐和守土。第五，构建创业团队管理条例——依法治军，赏罚分明。第六，团队的调整融合——荆州和益州成员的融合。

（来源：本章作者参考《三国演义》撰写）

思考题

1. 组建创业团队的过程中需要注意哪些方面?
2. 大学生创业团队的组建与其他创业团队的组建有什么不同?

(三)创业团队的管理策略

创业团队管理的关键是持续发挥团队的战斗力,形成团结一致的合力,解决多样复杂的团队问题。

1. 形成团队精神

团队精神是一个创业团队的灵魂,是支撑团队的基础,可以使团队形成合力。

(1)重视团队精神。创业者需要把团队精神放在一个很高的位置上,重视创业团队的团队精神。

【拓展阅读】

创业在开始的时候失败

小王是一名优秀的技术人员,大学毕业之后与同学开始从事创业项目,以小王为技术骨干。但是,在形成团队之后,虽然有分工,执行得却很差,很多工作都没有进展,而且人心思动,有些人对项目没有信心,开始抱怨其他的成员,自己的工作态度越来越差,慢慢地有人开始离开团队,团队越来越像一盘散沙,最终创业项目因为团队无法推动,在刚刚开始的时候就宣告失败。小王创业团队一直没有重视团队精神,也没有形成自己的团队精神,最终这支没有精神的团队,在创业开始的时候就注定了失败。

(来源:小王同学口述)

(2)形成团队精神。对于创业团队的管理来说,形成团队精神是十分重要的一个基础,形成团队精神需要一个过程,这个过程也是团队成员彼此互相熟悉、更加了解的一个过程,在这个过程中可以形成共同的团队精神。在创业团队的管理策略方面,需要通过各种方法,包括突出爱岗敬业的精神、加强团队学习氛围、促进良性竞争,促使良好团队精神的形成。主要在以下三个方面开展工作,形成团队精神。

① 提倡爱岗敬业。在形成团队精神时,一定程度上要突出爱岗敬业,在创业之初,面临着各个方面的困难,资金短缺、工资低、工作量大等问题都是最普遍的,团队中的人员如果没有爱岗敬业的精神,很难为团队做出贡献,而且还会影响到其他人的积极性。

② 团队互相学习。在形成团队精神中,一定要注意学习型团队的建设,创业本身就是一项具有开创性的工作,需要团队成员互相学习,提升团队的整体素质,同时,互相学习也是团队建设的重要方面,是创业团队突破创新的一种基础,在团队中互相学习的氛围下,才能形成一种创新创业的精神动力,推动整个创业活动向前发展。

③ 促进良性竞争。团队内部的良性竞争是提升团队成员素质的一种巨大推动力,创业中,更需要激发团队成员的这种斗志,才能实现团队的成功。有人在的地方就会有竞争,而创业团队里面追求的竞争不是此消彼长,而是一种互相激励和促进的进取精神,使团队的水平不断提升。

（3）塑造团队文化。团队文化是团队中形成的一种特有的信念和认知，是体现团队特点的重要特征之一，也代表了团队建设的理念。在塑造团队文化过程中，需要注重良好团队文化的建设，进行正向的、积极的团队文化建设，构建良好的团队文化。

【拓展阅读】

创业企业文化

创业团队文化深深地影响了创业企业的文化，而很多企业尤其大型企业把企业文化都视为企业的软实力之一，这也是在宣传企业时着重强调的一个方面。创业企业的企业文化源于创业团队的团队文化，具有高度的契合度和传承性，因为创业团队的成员基本上构成了创业企业的高管层，他们的团队文化也就构成了企业文化，深深地影响着企业未来的发展，所以需要重视塑造团队文化，突出团队文化的特有性，实现创业企业的长足发展。

（来源：百度文库——创业企业文化）

2. 构建合理组织

团队管理策略方面，按照典型的企业管理方式，其中不涉及利益尤其是物质利益的分配，单纯的目的是通过人尽其才，实现创业团队的利益最大化，其策略可以归纳为三个方面。

（1）权利义务明确、清楚。创业团队有多种类型，根据类型的不同，成员的分工方式也有区别，但是，无论哪种类型的团队，都需要对权责进行划分，保证权利明确和责任清楚，权利明确可以保证团队成员发挥自己的最大能力，其中需要重视团队成员对各种决策进行质疑和提出意见的权利，这项权利是保证成员能够参与团队项目推进的依据，包括所有成员对项目的知情权等，都需要根据情况进行设定，对于每个成员的义务也需要明确，尤其是大学生本身就是比较独立的个体，进行团队配合时容易产生矛盾。所以在大学生创业团队管理方面需要重视明确权利义务，包括创业初期的工资待遇、企业环境等方面。

（2）分工合理、配置得当。创业团队的分工一直是十分重要的工作。创业团队需要根据团队成员的能力和意愿，合理分工，尤其是在创业团队中，很多人需要同时负责几个方面的工作时，分工都是按照事件或者大方向进行的，对人员的要求也比普通企业员工要求更高，因此需要慎重考虑，合理配备，尤其是对团队成员能力和意愿的考量，团队成员是否愿意去做且有能力完成分配的工作，是分工的重要原则之一。大学生创业团队进行分工的时候，需要考虑团队成员的意愿，因为大学生的学习和适应能力很强，只要愿意都能够承担一定的分工和工作，相反，如果不愿意完成分配工作，即便有能力完成，也容易出现懈怠情绪，完成了工作也会对工作甚至团队产生不满。

（3）有机组合、适时联动。对于一个团队，尤其是组织各种活动和会议，需要进行有机组合，包括创业团队内部的分享会、开展的一些交流活动。对于项目的分析和分享，几个方向的部门和人员进行联动协商，促进对课程的认识和了解。

3. 优化运作机制

（1）建立良好的决策体系。创业团队需要建立良好的决策体系，保证管理分明，包括团队的每一项决定的提出、讨论和决定，都需要有一定的管理要求，按照明确的流程，避免决策过于武断,通过建立良好的决策体系,可以最大程度上降低管理的难度,提升工作效率和团队的战斗力。

(2)制定成员激励办法。创业是一项充满挑战和困难的活动,成员需要一定的激励才能适应不断变化的工作环境和逐渐加强的工作压力,创业初期的创业团队很多时候因资金和资源限制在改善成员生活和物质条件方面比较困难,这时就需要进行有效的激励,包括团队口号、团队文化的建设,对团队成员寄予各方面的支持和规划的帮扶等,最终形成团队激励体系,促进创业团队时时焕发强大的战斗力。大学生创业团队更需要重视成员的激励,处于成长阶段的大学生对新鲜事物充满了激情,但也缺乏持之以恒的耐性和坚持不懈的恒心,通过有效的团队激励能够提升大学生创业团队成员的耐心和恒心,帮助他们焕发激情。

(3)建立业绩评估体系。业绩评估是体现成员对团队贡献的重要依据,是通过业绩完成的质量对于成员表现的一种考核方法。通过建立业绩评估体系,能够实现团队对成员工作的客观评估,帮助成员了解自己的工作。

思考题

1. 创业团队的管理策略的核心原则是什么?
2. 大学生创业团队的管理策略有哪些?

(四)创业团队的股权设计

创业本身就是一场"权利的游戏",创业最原始的利益就是创建公司,追求利润和利益,创业团队的股权是涉及利益分配最直接的体现。

创业团队的股权设计与创业团队人员组成、创业项目、团队发展愿景和规划等有着密切的关系,在设计时候,需要充分考虑各方面因素,保证创业团队利益和创业项目的推进。

1. 端正股权设计的目的

股权设计的目的在于保证创业成功的前提下,通过股权设计,实现企业股东之间的利益分配,使股东能够获得应有的利益并且保证公司良性发展。

设计股权时一定要在保证创业成功的前提下进行,而不是因股权设计,最终导致团队解散,企业分崩离析。

在团队股权设计方面,要平衡核心创始人与合作伙伴的关系、要能够通过股权设计促进公司发展、要能够顾及团队成员和员工的利益、能够促进新的资金的注入。

(1)平衡核心创始人和合作伙伴的关系。对于创业团队,创始人的股权控制是有益的,它是公司拥有最终统一的决定权的保障。一般在股权设计方面,创始人都会占有51%以上的股权,创业人用控制权树立创始人在团队内部的影响力和话语权,同时,对于核心的合作伙伴的股权设计也需要慎重考虑,需要充分考虑核心圈合作伙伴的话语权和利益,达到创业核心圈的平衡,促进公司良性发展。

(2)让成员和员工分享公司财富效应。创始人和合伙人对创业团队十分重要,同时,成员和员工对创业也有着重要的作用,通过分享公司财富,能够促进公司成员积极完成创业的使命。例如阿里巴巴公司的童文红,她2000年进入阿里巴巴公司的第一个职位是公司前台，公司给了她0.2%的股权，一直的坚持换来今天的成功，今天这位前台已是阿里巴巴上市后马云背后9位亿万富豪的女性合伙人之一。

（3）促进投资者进入。现在的创业创新，很大一个特点就是有资本的助力，所以股权架构设计要考虑资本如何进入，因为投资人投出的巨额资金、通过各种方式的融资都是对创业和公司的一种助力。

2. 完善股权分配的方法

对于股权如何分配，在设计角度需要一套完整的体系进行支撑，当然创业团队需要在保证创业项目已经达到一定预期的前提下，进行股权设计和分配。

如果创业项目没有成功，股权的分配就无从谈起。

从创业公司的角度，股权分配得越合理，越有利于公司的发展和经营，反之则会导致企业受损或者破产倒闭。例如"千夜"旅游创始人冯钰在反思自己市值已经达到五千万的公司为何倒闭时，他认为问题的核心还是股权结构不合理。

股权设计是一项复杂的工作，绝对不能简单视之。有的大学生创业者喜欢平均分配，但是，在股权设计中，平均分配会严重影响公司的发展尤其是远期战略的发展。没有绝对的控股权，公司很难形成连贯性的发展思路，中国的古话说过"一个和尚挑水喝，两个和尚抬水喝，三个和尚没水喝"，过多权利平均分配引发的是混乱和争执。

股权的分配主要针对三个方面：创始人的股权、员工的股权以及其他股权。

（1）创始人的股权设计。

① 创始人的股权确定。在进行创始人的股权设计之前，首先需要确定创始人，创始人是在创业初期进行了企业的创建并且贡献最大的人。很多公司的创始人确定都比较简单，因为在创业之初对公司的贡献很容易区分。同时，在确定创始人的时候，也需要在创业团队中明确创始人的身份，并且达成一致，避免因身份确定而产生股权纠纷。

在创始人的股权设计中，采取的办法是，首先进行初始分配，假定每位创始人的贡献都一致，进行原始平均分配，然后根据共同认定的原则，对于特殊贡献的创始人进行股权的增持设计，最终按照百分比进行计算。

创始人进行股权增持的情况：创始人为创业的召集人，或者是发起人；进行了项目的创业初探并成功；拥有创业需要的技术产品或者服务产品或其原型；作为公司的管理者、总经理或者CEO；创始人为全职创业；创业人有成功创业经验；创始人进行了资金的投入；其他认为要进行创始人投资增持的情况。

【拓展阅读】▶▶▶

创业股权分配

小王、小李和小张是一家创业公司的创始人，按照原则三个人进行最初的分配，每个人分得初始相同股权（假设每人均分100份股权）。一开始他们的股权分别为100、100、100。

小王是创业的召集人，把小李和小张召集到一起进行创业。作为召集人，他召集了大家一起来创业，经过协商多获得5%股权，现在的股权结构为105、100、100。同时小王作为创始人提供了最初的创业想法，经过协商，他的股权又增加5%（小王之前是105，那增加5%之后就是110.25）。

小张对于创业项目已经开始申请专利,他可以额外得到5%的股权,现在的结构为110.25、100、105。

小李是企业管理专业出身,公司创建之后,作为公司的总经理,对公司进行管理,并且卓有成效,因此股权增持5%,现在的结构为110.25、105、105。

小李作为创始人是全职工作,小王、小张联合创始人兼职工作,小李作为全职创始人更有价值,因为全职创始人工作量更大,而且项目失败的情况下冒的风险也更大,所以小李提升100%的股权,现在的结构为110.25、210、105。

小王曾经参与过风险投资成功了的项目,他有投资价值,并且赢得天使投资,所以小王的股权增加50%,现在的结构为165.375、210、105。

小张最终在公司创业中投入自己的资金20万,根据资金等评价,股份提升50%,现在的结构为165.375、210、157.5。

最后进行计算。现在,如果最后计算的三个创始人的股份是为165.375、210、157.5,那么将他们的股份数相加(即为532.875份)作为总数,再计算他们每个人的持股比例:31.0%、39.4%、29.6%。

本案例的股权结构方案中,考虑了股权分配的先后顺序对于股权结构的影响,先进行的股权分配作为基数对后面的增持有影响。在股权分配中,既要考虑"质",通过优先分配体现,也要考虑"量",通过百分率体现。

(来源:百度文库——创业股权分配)

② 创始人股权的退出机制。股权的退出机制,需要进行合理设计。中国有句古话"好聚好散",在保证公司长远发展和保护创始人权益的需要下,需要设立创始人股权退出机制。

相关股权与分红权的分离等需要根据公司情况进行制定和规划。对于一些创始人在后期进行一些损害公司利益的情况,泄密或者携带知识产权另立门户等,需要制定股权协议进行约束和规范。

(2)员工的股权设计。本着促进公司发展,尤其是人才和福利结构设计,对于员工进行股权设计,针对的是对公司自创业初期就有贡献的员工和自身对公司发展有着巨大提升作用的员工。利用股权的分配,提升员工的积极性和归属感,让员工更加积极地为企业发展出力,同时,享受企业发展的权益。

(3)其他股权设计。通过其他方式吸引社会的资金,从而支持公司的发展,方式比较广泛,比如上市公司可以通过发行股票,对于股票的分配,从而对于股权进行设计。因为大学生创业中涉及不多,在这里不过多讨论。

思考题

1. 创业团队的股权分配的原则有哪些?
2. 创业团队的股权设计需要注意哪些方面?

第三章 创业市场

【学习目标】
1. 了解创业市场的划分和选择。
2. 了解和掌握创业市场竞争。
3. 了解创业市场营销的机制。
4. 掌握创业市场调查的内容和方法。

一、创业市场确定

（一）市场细分

市场细分就是根据消费者的需求差异来划分市场，把一个大市场划分为若干个相似的小市场。因为人们的喜好、个性、经济状况、生活方式以及对商品的品种、数量、价格、样式、规格、色彩的需求都不同，因此需要对市场细分。

市场细分的概念是由美国市场学家温德尔·史密斯（Wendell R Smith）于1956年提出来的。这一概念的提出，对企业的发展具有重要的促进作用。

营销的核心是市场细分、确定目标市场、明确定位。在竞争激烈的市场现实中，一个企业的资源是有限的，不可能在每一个市场上完全拥有优势，获取所有企业经营的理想利润。因此企业需要用自己合适的资源做适合企业赚钱的市场，获取利润。这也是差异化营销的一种战略方法，即关注于某种消费者的价值进行差异化营销。企业进行市场细分的作用主要有以下几点。

1. 市场细分是制定市场营销战略的关键环节

市场营销战略包括选定目标市场和决定适当的营销组合两个基本观念。在实际应用上，有以下两种途径。

（1）从市场细分到营销组合，即先将一个异质市场细分为若干个"子市场"，然后从若干子市场中选定目标市场，采取与企业内部条件和外部环境相适应的目标市场策略，并针对目标市场设计有效的市场营销组合。

（2）从营销组合到市场细分，即在建立了营销组合后，对产品组合、分销、促销及价格等作出多种安排,将产品投入市场试销,再依据市场反馈的信息,研究消费者对不同营销组合的反应有何差异,进行市场细分,选定目标市场,再按照目标市场的需求特点,调整营销组合。

2. 市场细分有利于发现市场营销机会

市场营销机会是已在市场出现但尚未满足的需求。这种需求往往是潜在的,一般不易发现。市场细分便于发现这类需求,并从中寻找适合本企业开发的商机,从而抓住市场机会,使企业赢得市场主动权。例如,香港香皂市场竞争一直很激烈,但我国外贸部门通过市场细分发现,香港香皂市场竞争激烈的主要是高中档产品,低档香皂却是一个"空档"。于是,大陆香皂业利用人工成本低的优势,顺利地进入了香港低档香皂市场。又如,我国服装市场竞争较激烈,通过市场细分可以看出,竞争激烈的主要是青年服装市场和儿童服装市场,老年服装市场却很冷清。于是有些服装企业把目标市场放在老年服装市场上,生产出各式各样的老年服装,大获成功。这些"空档"市场,都是企业的市场机会。

3. 市场细分能有效与竞争对手相抗衡

在企业之间竞争日益激烈的情况下,通过市场细分,有利于发现目标消费者群的需求特性,从而调整产品结构,增加产品特色,提高企业的市场竞争能力,有效地与竞争对手相抗衡。例如,日本有两家最大的糖果公司,以前生产的巧克力都是满足儿童消费市场的,森永公司为增强其竞争能力,经过市场调查与充分论证,研制出一种"高王冠"的大块巧克力,定价 70 日元,推向成人市场。明治公司也不甘示弱,通过市场细分,选择了 3 个子市场:初中学生市场、高中学生市场和成人市场。该公司生产出两种大块巧克力,一种每块定价 40 日元,用于满足十二三岁的初中学生;一种每块定价 60 日元,用于满足十七八岁的高中学生;两块合包在一起,定价 100 日元,适宜于满足成人市场。明治公司的市场细分策略,比森永公司高出一筹。

4. 市场细分能有效地拓展新市场,扩大市场占有率

企业对市场的占有不是轻易就能拓展开来的,必须从小到大,逐步进行。通过市场细分,企业可先选择最适合自己占领的某些子市场作为目标市场。当占领这些子市场后再逐渐向外推进、拓展,从而扩大市场占有率。

5. 市场细分有利于企业扬长避短,发挥优势

每一个企业的营销能力对整体市场来说,都是有限的。所以,企业必须将整体市场细分,确定自己的目标市场,把自己的优势集中到目标市场上。否则,企业就会丧失优势,从而在激烈的市场竞争中遭受失败。特别是有些小企业,更应该注意利用市场细分原理,选择自己的市场。

(1)有效的细分市场具备的特征。企业进行市场细分的目的是通过对顾客需求差异予以定位,来取得较大的经济效益。众所周知,产品的差异化必然导致生产成本和推销费用的相应增长,所以,企业必须在市场细分所得收益与市场细分所增成本之间做出权衡。由此,我们得出有效的细分市场必须具备以下特征。

① 可衡量性:即市场特性的可衡量性,指各个细分市场的购买力和规模能被衡量的程度。如果细分变数很难衡量的话,就无法界定市场。

② 可赢利性或市场开发的效益性:指企业新选定的细分市场容量足以使企业获利。

③ 可进入性或可实现性:指所选定的细分市场必须与企业自身状况相匹配,企业有优势占领这一市场。可进入性,具体包括信息进入、产品进入和竞争进入。考虑市场的可进

入性，实际上是研究其营销活动的可行性。

④ 差异性或可区分性：指细分市场在观念上能被区别并对不同的营销组合因素和方案有不同的反应。

（2）市场细分的意义主要有以下几点。

① 有利于选择目标市场和制定市场营销策略。市场细分后的子市场比较具体，企业更容易了解消费者的需求。企业可以根据自己的经营思想、方针及生产技术和营销力量，确定自己的服务对象，即目标市场。针对较小的目标市场，企业便于制定特殊的营销策略。同时，在细分的市场上，信息容易了解和反馈，一旦消费者的需求发生变化，企业可迅速改变营销策略，制定相应的对策，以适应市场需求的变化，提高企业的应变能力和竞争力。

正是基于产品的明确区分，联想打破了传统的"一揽子"促销方案，围绕"锋行""天骄""家悦"三个品牌面向不同用户群需求，推出不同的"细分"促销方案：

a. 选择"天骄"的用户，可优惠购买让数据随身移动的魔盘、可精彩打印数码照片的3110打印机、SOHO好伴侣的M700多功能机以及让人尽享数码音乐的MP3；

b. 选择"锋行"的用户，可以优惠购买"数据特区"双启动魔盘、性格鲜明的打印机以及"新歌任我选"MP3播放器；

c. 钟情于"家悦"的用户，则可以优惠购买"电子小书包"魔盘、完成学习打印的打印机、名师导学的网校卡以及成就电脑高手的XP电脑教程。

② 有利于发掘市场机会，开拓新市场。通过市场细分，企业可以对每一个细分市场的购买潜力、满足程度、竞争情况等进行分析对比，探索出有利于本企业的市场机会，使企业及时做出投产、异地销售决策或根据本企业的生产技术条件编制新产品开拓计划，进行必要的产品技术储备，掌握产品更新换代的主动权，开拓新市场，以更好适应市场的需要。

③ 有利于集中人力、物力投入目标市场。任何一个企业的资源、人力、物力、资金都是有限的。通过细分市场，选择了适合自己的目标市场，企业可以集中人、财、物及资源，去争取局部市场上的优势，然后再占领自己的目标市场。

④ 有利于企业提高经济效益。前面三个方面的作用都能使企业提高经济效益。除此之外，通过市场细分后，企业可以面对自己的目标市场，生产出适销对路的产品，既能满足市场需要，又可增加企业的收入；产品适销对路可以加速商品流转，加大生产批量，降低企业的生产销售成本，提高生产工人的劳动熟练程度，提高产品质量，全面提高企业的经济效益。

当前细分市场主要包括以下步骤。

第一步，确定细分变量和细分市场。比如根据消费者的需求进行归集，如洗发水让头发飘柔，用这一变量作为市场细分的条件。

第二步，对于细分的市场进行描述。比如成功的人士追求能够提供身份象征的驾驶工具为高档自驾车市场进行的描述。

根据国际著名管理咨询集团和一些机构的资料总结，大致有八种细分市场的类型。

① 地理位置：按一级市场、二级市场、三级市场、四级市场等进行细分（省会城市、地级城市、县市级城市、乡镇和农村市场等）。

② 人口特征：按照性别、年龄、收入、教育程度等方面进行细分。

③ 使用行为：按照使用量、费用支出、购买渠道、决策过程等方面进行细分。

④ 利润潜力：按照收入、获取成本、服务成本等方面进行细分。

⑤ 价值观/生活态度：按照宏观的价值取向和态度进行细分。
⑥ 需求/动机/购买因素：按照价格、品牌、服务、质量、功能/设计等因素进行细分。
⑦ 态度：按照针对产品类别和沟通渠道的态度进行细分。
⑧ 产品/服务使用场合：按照使用地方、使用时间、如何使用进行细分。

对于大学生创新创业来说，随着行业领域的扩大，各行各业也越来越精细化，大学生创业的领域以及大学生创业模式也变得多样化。大学生创业者越来越多，随着创意以及新想法的层出不穷，在大学生创业模式中也有了不少新花样。下面主要介绍几类大学生创业模式。

① 科技引领型。科技引领型模式是指掌握核心技术、专利或其他智力成果的大学生，通过创业活动将科技成果产品化、市场化。由于产品科技含量高，市场前景好，比较容易获得创业投资和风险投资机构的青睐，得到资金支持。

② 网络实体型。近几年随着电子商务的普及和发展以及各类电子商务形式雨后春笋般出现，使网络实体型创业成了时下的热门趋势。网络实体型模式是指大学生充分利用电子商务的比较优势，依托电子商务平台，通过"线上+线下"相结合的商业运营模式进行创业活动的创业组织模式。

③ 创意驱动型。在创业过程中，创意是必不可少的。创意驱动型模式是指大学生利用个人的智慧、创造力、技能和天分获取发展动力以及通过对知识产权的开发创造潜在财富和就业机会的创业组织模式，主要集中于广告、艺术、设计、动漫、软件及计算机服务等行业。

④ 团队合作型。创业团队是在创业过程中必不可少的因素，单打独斗已经不是创业所需要的形式，那么团队合作就显得尤为重要了。团队合作型模式主要是大学生通过组建团队，发挥团队的集体智慧来实现共同创业目标而从事创业活动。

⑤ 导师帮带型。大学生创业时大多处于没有经验和阅历的初级阶段，自身条件的限制以及各方面的约束，使得他们在创业面前屡屡受挫。导师帮带型模式是指由创业导师利用自己的经验、技术、资金、专利和社会关系等各种资源直接或者间接参与大学生创业活动。

⑥ 市场拓展型。市场拓展型模式是指大学生通过分析市场潜力，深入挖掘市场以扩大市场份额为目标的创业组织模式。

⑦ 村官创业型。近几年来大学生村官大受欢迎，不少大学生为了磨炼自己选择了大学生村官这个职位，借以锻炼自己的能力，增长阅历。村官创业型模式充分发挥大学生"村官"的积极性，通过制定优惠政策，提供帮扶措施，营造良好环境，推进大学生"村官"扎根基层、创业富民。

思考题

1. 企业为什么要进行市场细分？
2. 市场细分的步骤是什么？

（二）目标市场选择

目标市场选择是指根据每个细分市场的吸引力程度，选择进入一个或多个细分市场。

企业在划分好细分市场之后，可以进入既定市场中的一个或多个细分市场。在综合评价的基础上，酌情选择一个、若干个、甚至所有的细分市场，确定为企业的目标市场。

目标市场就是企业决定要进入的市场。企业在对整体市场进行细分之后，要对各细分市场进行评估，然后根据细分市场的市场潜力、竞争状况、本企业资源条件等多种因素决定把哪一个或哪几个细分市场作为目标市场。一般而言，企业考虑进入的目标市场，应符合以下标准或条件。

1. 有一定的规模和发展潜力

企业进入某一市场是期望能够有利可图，如果市场规模狭小或者趋于萎缩，企业进入后难以获得发展，此时，应审慎考虑，不宜轻易进入。当然，企业也不宜以市场吸引力作为唯一取舍，特别是应力求避免"多数谬误"，即与竞争企业遵循同一思维逻辑，将规模最大、吸引力最大的市场作为目标市场。大家共同争夺同一个顾客群的结果是，过度竞争和社会资源的无端浪费，同时使消费者的一些本应得到满足的需求遭受冷落和忽视。现在国内很多企业动辄将城市尤其是大中城市作为其首选市场，而对小城镇和农村市场不屑一顾，很可能就会步入"多数谬误"的误区，如果转换一下思维角度，一些目前经营尚不理想的企业说不定会出现"柳暗花明"的局面。

2. 细分市场结构的吸引力

细分市场可能具备理想的规模和发展特征，然而从赢利的观点来看，它未必有吸引力。波特认为有5种力量决定整个市场或其中任何一个细分市场的长期的内在吸引力。这5个群体是：同行业竞争者、潜在的新参加的竞争者、替代产品、购买者和供应商。他们具有如下5种威胁性。

（1）细分市场内激烈竞争的威胁。如果某个细分市场已经有了众多的、强大的或者竞争意识强烈的竞争者，那么该细分市场就会失去吸引力。如果该细分市场处于稳定或者衰退，生产能力不断大幅度扩大，固定成本过高，撤出市场的壁垒过高，竞争者投资很大，那么情况就会更糟。这些情况常常会导致价格战、广告争夺战、新产品推出战，并且公司要参与竞争就必须付出高昂的代价。

（2）新竞争者的威胁。如果某个细分市场能够吸引那些愿意提高生产能力、增加大量资源并争夺市场份额的新的竞争者，那么该细分市场就没有吸引力了。问题的关键是新的竞争者能否轻易地进入这个细分市场。如果新的竞争者进入这个细分市场时遇到森严的壁垒，并且遭受到细分市场内原来的公司的强烈报复，他们便很难进入。保护细分市场的壁垒越低，原来占领细分市场的公司的报复心理越弱，这个细分市场就越缺乏吸引力。某个细分市场的吸引力随其进退的难易程度而有所区别。根据行业利润的观点，最有吸引力的细分市场应该是进入的壁垒高、退出的壁垒低。在这样的细分市场里，新的公司很难打入，但经营不善的公司可以安然撤退。如果细分市场进入和退出的壁垒都高，那里的利润潜量就大，但也往往伴随较大的风险，因为经营不善的公司难以撤退，必须坚持到底。如果细分市场进入和退出的壁垒都较低，公司便可以进退自如，然而获得的报酬虽然稳定，但不高。最坏的情况是进入细分市场的壁垒较低，而退出的壁垒却很高。于是在经济良好时，大家蜂拥而入，但在经济萧条时，却很难退出。其结果是生产能力过剩，收入下降。

（3）替代产品的威胁。如果某个细分市场存在着替代产品或者有潜在替代产品，那么该细分市场就失去吸引力。替代产品会限制细分市场内价格和利润的增长。公司应密切注意替代产品的价格趋向。如果在这些替代产品行业中技术有所发展，或者竞争日趋激烈，这个细分市场的价格和利润就可能会下降。

（4）购买者讨价还价能力加强的威胁。如果某个细分市场中购买者的讨价还价能力很强或正在加强，该细分市场就没有吸引力。购买者便会设法压低价格，对产品质量和服务提出更高的要求，并且使竞争者互相斗争，所有这些都会使销售商的利润受到损失。如果购买者比较集中或者有组织，或者该产品在购买者的成本中占较大比重、产品无法实行差别化、顾客的转换成本较低、由于购买者的利益较低而对价格敏感、顾客能够向后实行联合等，购买者的讨价还价能力就会加强。销售商为了保护自己，可选择议价能力最弱或者转换销售商能力最弱的购买者。较好的防卫方法是提供顾客无法拒绝或替代的优质产品。

（5）供应商讨价还价能力加强的威胁。如果公司的供应商——原材料和设备供应商、公用事业、银行、公会等，能够提价或者降低产品和服务的质量，或减少供应数量，那么该公司所在的细分市场就会没有吸引力。如果供应商集中或有组织，或者替代产品少，或者供应的产品是重要的投入要素，或转换成本高，或者供应商可以向前实行联合，那么供应商的讨价还价能力就会较强大。因此，与供应商建立良好关系和开拓多种供应渠道是防御上策。

3. 符合企业目标和能力

某些细分市场虽然有较大吸引力，但不能推动企业实现发展目标，甚至分散企业的精力，使之无法完成其主要目标，这样的市场应考虑放弃。另外，还应考虑企业的资源条件是否适合在某一细分市场经营。只有选择那些企业有条件进入、能充分发挥其资源优势的市场作为目标市场，企业才会立于不败之地。

企业在选择目标市场时有五种可供参考的市场覆盖模式。

（1）市场集中化。密集单一市场，亦称产品单一市场。最简单的模式，只选择一个细分市场，只生产一类产品，只供应某一单一的顾客群，进行集中营销，即企业的目标市场无论是从产品还是从市场角度，都集中在一个细分市场。例如某服装厂只生产儿童服装。

（2）选择性专业化。有选择地进入几个不同的细分市场，即选择若干客观上都有吸引力并符合企业目标和资源的细分市场，为不同的顾客群提供不同类型的产品。其中每个细分市场与其他细分市场之间较少联系。其优点是可以有效地分散经营风险，即使某个细分市场盈利情况不佳，仍可在其他细分市场取得盈利。

（3）产品专业化。同时向几个细分市场销售一种产品，即企业生产一种产品，向各类消费者同时销售这种产品。但产品在档次、质量、功能以及促销上有所不同。如饮水器厂只生产一个品种，同时向家庭、机关、学校、银行、餐厅、招待所等各类用户销售。再如黑龙布力滑雪场、龙门温泉度假区。优点是企业专注于某一种或某一类产品的生产，有利于形成和发展生产和技术上的优势，在该领域树立形象。其局限性是当该领域被一种全新的技术和产品所代替时，产品销售量有大幅度下降的危险。

（4）市场专业化。集中满足某一特定顾客群的各种需求，即企业向同一消费群提供性能有所区别的同类产品，企业专门为这个顾客群体服务而获得良好声誉。如某工程机械公司向建筑业用户供应推土机、打桩机、起重机、水泥搅拌机等建筑工程中所需要的机械设备。如专门为老年人设计一系列适合其年龄、心理特征的康复保健和休闲度假产品。如出境游：欧洲游、美国游、澳大利亚游等。市场专业化经营的产品类型众多，能有效地分散经营风险。但由于集中于某一类顾客，当这类顾客的需求下降时，企业也会遇到收益下降的风险。

（5）市场全面化。意图为所有顾客群提供他们所需要的所有产品，即企业决定全方位进入各个细分市场，为所有顾客提供他们所需要的性能不同的系列产品。这种企业一般为大型企业。如美国 IBM 公司在全球的计算机市场，丰田汽车公司在全球汽车市场等都采取市场全面化的战略。

① 无差异性营销。只推出一种产品，设计一种市场营销方案，来吸引尽可能多的购买者。

② 差异性营销。同时在几个细分市场上经营业务，并分别为每一细分市场制订不同的营销计划。

思考题

1. 企业考虑进入的目标市场需要符合什么标准？
2. 细分市场时可能会有哪些威胁？

二、创业市场竞争

（一）市场竞争分析

党的十八届五中全会公报强调指出，实现"十三五"时期发展目标，破解发展难题，厚植发展优势，必须牢固树立并切实贯彻创新、协调、绿色、开放、共享的发展理念，并称这是关系我国发展全局的一场深刻变革。"创新""协调""绿色""开放""共享"这五个关键词中，创新放在首位。不仅如此，公报全文提及"创新"达27次之多。会议再一次重申，要坚持创新发展，把创新摆在发展全局的核心位置；要以创新为驱动力，促进产业迈向中高端水平。对于石油和化工行业而言，创新无疑将成为"十三五"乃至今后更长时期的中心工作，行业要转型升级、要建设石化强国，都有赖于创新的进步和突破。

创新是新旧模式转换的动力之源。放眼未来，中国经济发展将进入一个中速增长的新常态，新常态包含的内容十分丰富，行业面临着不同于以往的重大挑战与机遇。严重的产能过剩和无序竞争，日趋加大的环保压力，加上宏观经济放缓和激烈的国际竞争，我国石化行业的转型升级和洗牌重构已迫在眉睫。由旧模式向新格局、旧业态向新业态、中低层次向中高水平转换，其动力之源只能是创新。

"十二五"期间，石油和化工行业坚持创新发展，推动了行业的快速增长。但仍需指出的是，行业中还有不少企业创新"喊得多、调门高"，但却是"雷声大、雨点小"。其具体表现是，一些企业对落后产能依然抱残守缺，对新思维不愿接纳，对新技术不愿投入，对新业态不敢尝试，对人才培养不够重视。今年以来，全行业产能过剩问题仍未见根本性好转，产品结构性矛盾依然突出，这其中当然有宏观经济增速趋缓的原因，但创新驱动力不强劲也是关键因素之一。

长期以来，很多石化企业对创新的理解狭隘甚至有偏差，比如多侧重于技术创新，而忽略了管理、制度、文化等其他层面的创新，导致创新驱动企业发展的基础不稳、后劲不足。其实，技术创新仅是创新驱动的一个方面，企业没有形成以创新为导向的制度架构和文化氛围，技术创新就成了无源之水、无本之木，企业陈旧的面貌就难以得到扭转，员工的积极性和创造性就难以激发。

基于此,"十三五"时期,全行业的创新工作必须加快从点向面拓展,从零散单片化向系统多层次演化,从注重理论探索向自觉实践行动转变,努力在全行业内形成一种崇尚创新的潮流和风尚,让创新的潜能充分释放出来。必须构筑全方位、多层次、大视角的创新机制,加快形成有利于创新发展的企业环境、产权制度、投融资体制、分配制度、人才培养引进使用机制,深化企业管理体制改革,创新群众工作体制机制和方式方法,最大限度地凝聚企业推进改革发展的共识和力量。

思考题

企业创新目前的外部环境怎么样?

(二)市场竞争策略

当下的产业互联网革命号角已经吹响,根据中国石油和化工联合会的数据,2015年中国石油和化工行业总营收达13.14万亿,中国整个化工的表观消费量约15万亿人民币,如果按照交易量来计算,则达到45万亿的交易量市场。中国的化工市场占全球市场的30%,从体量上来讲是世界第一。面对如此规模的一个大市场,各种化工行业的产业互联网产品和项目层出不穷,有效利用网络平台,整合资源优势将成为化工行业创业市场中重要的竞争优势。

在中国经济已经从短缺经济转入到相对过剩经济的新形势下,石化产业出现一系列问题的根本原因是创新技术供给不足。中国石化产业转型升级根本上要依靠技术创新,通过创新驱动加快转型升级,推进原料多元化进程,最终实现高端发展、差异化发展、绿色发展和可持续发展。因此,立足于化工行业的创新创业要遵循四大策略。

1. 积极推进技术创新体系建设,提高企业的技术创新能力

(1)建立科学高效的技术创新组织体系。企业要结合长远发展战略,针对满足市场和客户需求,建立不同层次、分工科学、责任明确、相互衔接、运转高效的内部创新组织架构。

(2)加强与跨国公司的创新合作。通过中外企业之间、企业与科研院所之间的研发项目合作,形成产、学、研共同参与的高效运作的创新机制,突破一批关键技术,实现技术创新上的互利共赢。

(3)进一步营造良好宽松的创新环境。政府要加强创新政策研究,把在华外资企业的研发中心纳入石化行业技术创新体系中,构建鼓励创新、宽容失败的创新文化,为行业技术进步营造良好宽松的创新环境。

2. 推进大宗石化产品产业优化升级,进一步提高产业竞争优势

(1)促进技术装备升级,提高产品竞争力。中国石化产业要适应原料多元化趋势,发展环保绿色清洁生产工艺,通过技术提升和设立更高的技术门槛,对传统石化产业进行优化调整,不断提升大宗石化产品的质量档次。

(2)明确不同产品转型升级重点,培育新的竞争优势。炼油企业要加快装置改造,积极推进油品质量升级;乙烯生产企业要大力优化原料结构,提高规模化和炼化一体化水平;

合成材料企业要充分重视细分市场开发，增加差别化品种，提高专用料比例；化肥生产企业要增加化肥品种，提高肥效水平；农药生产企业要通过新产品开发、工艺改造，重点发展高效、安全、环保农药品种；氯碱生产企业要调整优化产品结构和技术结构，优化产品结构。

3. 大力培育新兴产业，努力推进石化产业的高端化、差异化和绿色发展

（1）优先发展化工新材料产业。

① 重点发展的化工新材料主要包括高性能材料、高性能纤维、高性能复合材料、新型无机非金属材料和功能材料等，争取在聚氨酯、特种合成橡胶、有机硅、有机氟、碳纤维、芳纶、稀土化工材料等领域取得新的突破。

② 突破关键工程技术，提升生产技术水平和规模。针对重点品种的关键工程技术，组织开发、完善和系列化生产各种规格的产品。加快配套辅助材料的开发，实现新材料产业链的一体化生产。

③ 加强下游应用研究开发及技术服务。与汽车、高铁、航空航天、电子信息等高技术用户更加紧密合作，对应用升发做更多投入，逐渐建立起更加密切的技术服务体系。

（2）加快发展生物化工产业。

① 加快推进科技成果产业化。重点开发新型生物基新材料、生物基化学品，通过基础研究与科研成果转化并举，加快发展生物化工。在实现对化学工业的工艺路线替代和对石油化工的原料路线替代方面，取得产业化成果。

② 科学选择重点发展领域。中国大规模发展生物质能源的条件不十分充分，只能适度保持生物乙醇能力，利用废生物质油发展生物柴油。发展重点应放在生物塑料、生物医药、氨基酸等领域。

③ 提高产业竞争力。利用已有的生物化工产业基础，以节能降耗为目标，保持传统生物化工产品的竞争优势。

（3）推动现代煤化工产业可持续发展。

① 促进煤炭清洁高效利用。对煤炭加工转化多种单项技术进行耦合、集成，联合生产多种清洁燃料、化工原材料以及热能、电力等产品，提高煤炭转化效率。

② 创造以节能和发展低碳经济为目标的生产体系。在提高经济性和能源效率等方面采用大量的先进技术和理念，通过集成创新和系统优化，创造以节能和发展低碳经济为目标的生产体系。

③ 推进基地化建设。在煤炭资源富集的地区，集中建设大型现代煤化工基地，形成煤、电、油、运一体化、企业集群化的基本格局。

（4）大力发展节能环保产业。

① 加大技术研发与应用力度。建设以市场为导向、以企业为主体、跨行业产学研相结合的创新平台，大力开发新兴适用技术，推进环保产业高新技术成果的转化。

② 创建新型的运营模式。充分发挥市场机制的作用，实现投资主体多元化，提高投资、建设、运营和管理体系效率。重点建设一批环保产业园区以及集散与处理区域中心，提高环保产业集聚度。

4. 着眼于前沿技术开展研发，做好石化产业可持续发展的技术储备

（1）过程节能技术。重点包括开发新的廉价原料、高效和高选择性的催化剂、新的分离技术和新的反应/分离过程、超临界流体的反应技术等。通过化工单元技术的提升和系统优化，提高石化生产工艺水平。

（2）未来能源技术。包括非常规油气勘探开发技术、煤气化整体联合循环多联产技术、生物能源技术储备、储能技术和氢能技术、碳捕获及封存技术等。

（3）生命科学。在医药、农药、食品添加剂、饲料添加剂、基因工程等领域，加大研发投入，追赶全球走向生命科学的步伐。

（4）纳米技术。重点突破的领域包括纳米催化剂、纳米合成、纳米复合材料以及纳米应用技术等。

思 考 题

1. 立足于化工行业的创新创业需要注意哪些方面？
2. 石化产业有哪些前沿技术储备？

（三）以大化工行业为例的竞争案例

新形势下，产业互联已成为各行业转型的重要立足点，利用互联网平台展开创业竞争也是化工领域热点。

产业互联网热首先从B2B电商平台热开始进入公众视野，"找钢网"的红火让"找×网"模式被广泛效仿和复制，并且已经不再局限于钢铁领域，在围绕各种工业品产业的每一个领域，几乎都出现了类似的B2B平台，以B2B交易撮合为基础功能，开始进行以所在产业的上下游流通结构优化、生产效能提升等为标志的互联网化改造。而近期，在第二产业的机械制造领域和化工领域，分别对应物理和化学两大基础学科所延伸出来的产业的互联网化平台层出不穷，一方面原因是这两大领域资深的特点以及对于国民经济的深度影响地位；另一方面原因是国家的鼓励和支持，包括"中国制造2025"计划的提出，为制造领域的变革提升提供了坚实的保障，而材料科学发展的长远战略规划，也为化工行业的变革提升吹响了号角。

各种化工行业的B2B平台层出不穷，目前行业已经出现像中国化工网、易派客、化塑汇、奇化网、有料网、摩贝网、找化工网、七彩云、陌贝网、找化客等化工电商企业，也出现了像找塑料网、快塑网、我的塑料网、中塑在线、环球塑化网、大易有塑、塑米城、买塑网、易塑家、易塑网、东方易塑等塑料电商。各类化工电商利用互联网平台在有效的竞争机制下也谋得了平衡发展。

目前的化工行业产业互联网化进程正处在百家争鸣阶段，一个15万亿的市场在体量上完全拥有萌生一家BAT级别公司的潜质，成为产业互联网的龙头企业，然而，当下各种通过B2B电商平台创业的项目，正在不断探索各种模式和变革路径，各有特色的平台，或是出身不同，或是概念定位不同，或是盈利模式探索进度不同，共同组成了大化工行业互联网化变革的丰富多彩，但形式多样化的背后，所有的化工行业创业竞争平台也有一些相同的生存元素。

1. 参与主体比较多元

众多化工行业的B2B平台，吸引了众多具有传统化工产业背景的优秀分子进行产业互联网化改造的"+互联网"，同样也吸引了一批拥有丰富互联网产品运营经验的创业精英加入到"互联网+"浪潮中，而在从业者资历方面既有拥有传统产业从业经验的专业人士，也拥有第一代互联网 B2B 信息平台诸如阿里巴巴、慧聪网等的背景人士，更有一批从事互联网产品和运营研发的纯正的互联网技术人员。

其中易派客前身是建成于 2000 年的中国石化电子化采购系统，2010 年被国务院国资委列入中央企业信息化示范工程，其运营经验和成果在 114 家中央企业中推广，所谓资源背景深厚。而奇化网依托广东化工交易中心，产业背景雄厚，因为其拥有全球产业链参与的经历，也提出了进行全球化工产业链整合的更为宏大的愿景。

而买塑网是富士康旗下塑料 B2B 电商平台，是由富士康发起并投资成立的项目，也是富士康科技集团作为一个塑料行业重要下游产品制造厂商身份，介入产业链条进行战略转型的重要标志，一出生就风华正茂。

而摩贝网创始人拥有较为资深的行业背景，曾担任中科院嘉兴应用化学工程中心主任，为国家和浙江省"千人计划"入选者，他提出的进行化工行业数据库建设的概念理念拥有较为独创性的一面，一面世就吸引了包括创新工场、德沃基金、复星昆仲资本等众多风险资本的关注和投资，也成为行业内的新锐明星企业，成为特别受资本市场宠爱的企业。

2. 塑化行业成为聚焦热点

在众多的化工行业的 B2B 平台中，既有综合化工产品的 B2B 电商平台，也有单品类或者单一综合品类产品的 B2B 电商平台，尤其以塑料这样一个品类产品的 B2B 电商平台受关注程度高，更多的资本和资源都选择进入此领域。

一方面由于行业自身特性确定的，新材料被国家列为"十二五"重点发展的行业，直接催生了这个行业的创业热潮；另一方面，互联网平台对产品标准化的客观要求，也促使塑料这一个相对标准品受到更多的关注。另外，上游厂商相对集中、产品相对价格稳定、操作风险相对较低等特点，也促成其成为行业聚焦点。

正是因为这样的特点，当下在化工行业 B2B 电商平台商业模式探索的过程中，诸多的塑化行业的平台走出了诸多的特色道路，例如改性塑料、自营交易、供应链金融产品开发、SAAS 行业平台研发、交易自动撮合系统算法等细分领域和技术难点，都在塑化行业的 B2B 电商平台的创新尝试中得到实践和验证，关注塑化行业的 B2B 电商平台脉动成为整个行业获得最新动态信息的重要工作方式。

3. 地域性和垂直特色化明显

当下的众多化工 B2B 平台，无论其交易规模的大小多少，都呈现明显的地域性特征。由于化工产品物流体系的局限性，诸如危险品、仓储力量的匹配限制等，导致各地萌生的各种 B2B 平台都具有鲜明的地域性特征。依托当地存量的化工交易而成为各种 B2B 平台的基本特性。

而另一方面，诸多的 B2B 平台几乎都拥有自身的特色产品类或者核心优势，诸如单品产品的交易量、供应链金融服务提供、交易撮合产品体验等，综合实力较强的平台还暂时未出现，产业正处在野蛮生长的阶段，行业的优化整合事件还未发生。

而在宏观地域特征上，拥有产业支撑背景的长三角和珠三角，因为其化工行业自身的积累以及海港地域优势的存在，催生了诸多的化工 B2B 平台在这一区域诞生，以上海和广州两个城市的平台数量居多。

15 万亿的市场规模带来诸多资源和资本争相涌入，也带来产业互联网化的大热。然而，诸多的化工行业 B2B 平台的出现、鲜明的地域性特征和垂直特色化，也决定了平台的规模体量无法在短时间内被显著提升,而拥有如此大市场规模的行业,距离真正的行业生态平台的建设,要走的路还很长。

互联网大热的时代,化工行业如何利用互联网+顺时应运地发展企业,如何在逆境中扭转困局,是每一个创业者都要思考的问题。

思 考 题

1. 目前的化工产业互联网化正处于什么进程?
2. 化工产业互联网化有哪些保障?

三、创业市场营销

(一)产品导向的营销

产品导向(Product Orientation)是指企业业务范围限定为经营某种定型产品,在不从事或很少从事产品更新的前提下设法寻找和扩大该产品的市场。实行产品导向的企业仅仅把生产同一品种或规格产品的企业视为竞争对手。

产品导向观念是生产导向观念的进一步发展,主要源于生产质量控制手段的改进与完善。对于经营者来讲,其经营的大方向就是:加强质量管理,建立质量竞争优势。这一时期,消费者在购买商品时可以从价格和质量两个方面进行选择,从而形成了不完全的买方市场,买方市场的出现加速了产品导向观念的形成和运用。由于产品导向的观念开始注重长期性的经营行为,克服短期性的经营行为,这一观念被市场的消费者和经营者广泛接受。然而在产品导向观念中,生产者的质量观与消费者的质量观并不完全一致,这种生产者供给与消费者需求之间的矛盾,导致了大量的产品积压,使企业面临新的生产经营问题。

推销观念:当市场竞争不断加剧时,生产企业开始面临一个严重的经营问题:如何将企业的产品推销给消费者?当许多企业开始将营销的精力集中到解决这一问题时,经营成本开始向销售渠道倾斜,销售部门的力量得以加强,培训推销人员、加强广告宣传、增加销售网络、采用灵活多样的短期促销措施等成了这一时期营销工作的重点。经营者都相信,加强对消费者的刺激,就能激起消费者的购买欲望。推销观念重视解决企业短期的销售目标和销售问题,缓解了生产企业产品积压的负担,促进了销售渠道的发展,但并没有从根本上解决生产者与消费者之间的供求矛盾。

以顾客需要为起点的营销观念:以顾客需要为起点,所有的生产经营活动都围绕顾客需要而展开,顾客成为企业所有营销活动的中心。这是以顾客需要为起点的营销观念的基本轮廓,是对商品经济繁荣、市场竞争充分的买方市场时期经营指导思想的总结。这一指导思想已成为现代市场营销观念的核心,而且在市场营销实践中得到不断的调整与修正。

整体营销观念是指经营者通过对消费者需求的分析,确定产品开发的方向,从而保证产品适销对路的经营观念。对于经营者来讲,其经营的大方向是:加强顾客需求分析,制定整体营销战略,重视企业长远利益。也就是说,整体营销观念以市场作为起点和终点,将影响企业经营活动的诸要素作为一个系统进行分析和研究,在此基础上制定市场营销方案。这种营销观念已成为大中型集团企业的基本经营理念。

与推销观念相比，市场营销观念在以下几个方面做出了重要的变化。

第一是出发点不同。推销观念以企业为中心，推销已经生产出来的产品，而市场营销观念以市场为中心，经营的起点是顾客的需要。

第二是市场导向不同。推销观念仍然以产品为导向，而市场营销观念以顾客需要为导向。

第三是营销手段不同。推销观念强调业务人员的推销，而市场营销观念强调整体协调营销。

第四是目标不同。推销观念以赢利为唯一目的，而市场营销观念的目标包括短期利润目标与长期发展目标。

生态营销观念是指企业营销过程如同物种进化过程，遵循"自然竞争，适者生存""优胜劣汰"的基本规律。对于经营者来讲，其经营的大方向是重视企业内部资源与外部环境的分析，结合自身的优势，确定企业的营销策略。

根据生态营销观念，企业在经营过程中要善于集中优势资源，发挥自己的优势和特长，在市场营销中要避虚就实，不要盲目发展自己的弱项。

思考题

1. 产品导向的经营方向是什么？
2. 市场营销和推销有什么区别？

（二）顾客导向的营销

所谓顾客导向，是指企业以满足顾客需求、增加顾客价值为企业经营出发点，在经营过程中，特别注意顾客的消费能力、消费偏好以及消费行为的调查分析，重视新产品开发和营销手段的创新，以动态地适应顾客需求。它强调的是要避免脱离顾客实际需求的产品生产或对市场的主观臆断。戴维·奥斯本和特德·盖普勒认为，顾客导向的积极作用如下：

① 顾客导向的组织可促使服务提供者对顾客真正负起应有的责任；
② 顾客导向的组织使组织成员在决策时，能减少政治因素的不当干预；
③ 顾客导向的组织可激发出组织成员更多的创新行为；
④ 顾客导向的组织可对民众提供更广泛的选择；
⑤ 顾客导向的组织其产出较能符合大众的需求，不容易造成浪费；
⑥ 顾客导向的组织能培养顾客的选择能力，并协助其了解本身应有的地位和权益；
⑦ 顾客导向的组织可创造出更多公平的机会。

顾客导向源于生产企业以产品为导向，过于投入对产品的研发，而忽视了顾客的需求，往往造成产品的价值与顾客的现实需要不匹配。以产品为导向导致企业患上了"营销近视症"，从而偏离了市场，企业的营销就失去了市场，在竞争中处不利地位，最终被市场淘汰。为了避免这样的后果，企业采取了以顾客需求为导向的营销方式，以顾客满意为目标，提高当前市场的占有率。导向的营销方式利于提高顾客满意度。顾客导向的营销方式的核心目标是提高顾客满意度。企业营销的基本目标就是要使企业持续出售产品获得利润，其前提条件是顾客能够不断地购买这种产品。为此，企业通常采取营销策略使顾客重复购买该产品。这样顾客的重复购买与企业可持续发展是一致的。而能够让顾客重复购买该产品的决定因素是顾客对产品感到满意，也就是顾客的满意度。产品的质量直接影响顾客是否重复购买产品，优质的产品可使顾客增加对产品的认可程度；同时，企业的优质服务还能增加顾客对产品的信任感，弥补产品的缺陷，优质服务也是顾客重复购买的因素。

顾客导向的营销方式抑制企业的创新能力。顾客导向的这种营销方式可以贯穿企业营销过程中，但是，在企业发展的各个阶段应有不同的侧重点，不应当都把顾客导向作为唯一的营销方式。企业在其自身的生命周期或产品生命周期的不同阶段，应采取与之相对应的营销模式。在产品生命周期的早期或研发阶段，消费者对产品的认知还很缺乏，还没有培育出成熟的消费者，因此，消费者对产品的需求还不稳定，而此阶段以产品为中心就很有必要，企业以新产品来应对行业竞争者，来夺取垄断的优势地位。顾客导向的这种营销方式的理论基础是消费者主权论，企业生产经营产品的主权在于消费者当前的需求，企业依据消费者的意愿和偏好来生产产品。然而，如果企业一味地迎合消费者当前的需求，就会丧失生产经营的自主权，且毫无远见。

思考题

1. 顾客导向有哪些积极作用？
2. 如何处理产品价值和顾客需求之间的关系？

四、创业市场调查

（一）市场调查的含义和作用

市场调查就是指运用科学的方法，有目的地、有系统地搜集、记录、整理有关市场营销的信息和资料，分析市场情况，了解市场现状及其发展趋势，为市场预测和营销决策提供客观的、正确的资料。市场调查的意义在于，商品和服务是由生产者转移到消费者而形成市场行销活动的链接方式，或投资者对自己确立的项目存有疑惑，而委请专业的调查人员或第三方，有系统地、客观地、广泛地且持续地搜集相关资料，加以记录、分析、衡量与评估，并提供相关分析、结论与建议，以供企业经营者决策参考的行为。

市场调查的作用主要有以下几点。

1. 有助于更好地吸收国内外先进经验和最新技术，改进企业的生产技术，提高管理水平。

当今世界，科技发展迅速，新发明、新创造、新技术和新产品层出不穷，日新月异。这种技术的进步自然会在商品市场上以产品的形式反映出来。通过市场调查，可以帮助我们及时地了解市场经济动态和科技信息，为企业提供最新的市场情报和技术生产情报，以便更好地学习和吸取同行业的先进经验和最新技术，改进企业的生产技术，提高人员的技术水平和企业的管理水平，从而提高产品的质量，加速产品的更新换代，增强产品和企业的竞争力，保障企业的生存和发展。

2. 为企业管理部门和有关负责人提供决策依据

任何一个企业都只有在对市场情况有了实际了解的情况下，才能有针对性地制定市场营销策略和企业经营发展策略。企业管理部门和有关人员要针对某些问题进行决策时，如进行产品策略、价格策略、分销策略、广告和促销策略的制定，通常要了解的情况和考虑的问题是多方面的，主要有：本企业产品在什么市场上销售较好，有发展潜力；在哪个具体的市场上预期可销售数量是多少；如何才能扩大企业产品的销售量；如何掌握产品的销售价格；如何制定产品价格，才能保证销售量和利润都最高；怎样组织产品推销，销售费用又将是多少，等等。这些问题都只有通过具体的市场调查，才可以得到具体的答复，而且只有通过市场调查得来的具体答案才能作为企业决策的依据。否则，就会形成盲目的和脱离实际的决策，而盲目则往往意味着失败和损失。

3. 增强企业的竞争力和生存能力

商品市场的竞争由于现代化社会大生产的发展和技术水平的进步，而变得日益激烈。市场情况在不断地发生变化，而促使市场发生变化的原因，不外乎产品、价格、分销、广告、推销等市场因素和有关政治、经济、文化、地理条件等市场环境因素。这两种因素往往又是相互联系和相互影响的，而且不断地发生变化。因此，企业为适应这种变化，就只有通过广泛的市场调查，及时地了解各种市场因素和市场环境因素的变化，从而有针对性地采取措施，通过对市场因素，如价格、产品结构、广告等的调整，去应对市场竞争。对于企业来说，能否及时了解市场变化情况，并适时适当地采取应变措施，是企业能否取胜的关键。

思 考 题

为什么要进行市场调查？

（二）市场调查的内容

市场调查是市场营销活动的起点，通过一定的科学方法对市场的了解和把握，在调查活动中收集、整理、分析市场信息，掌握市场发展变化的规律和趋势，为企业进行市场预测和决策提供可靠的数据和资料，从而帮助企业确立正确的发展战略。市场调查的内容很多，有市场环境调查，包括政策环境、经济环境、社会文化环境的调查；有市场基本状况的调查，主要包括市场规范，总体需求量，市场的动向，同行业的市场分布占有率等；有销售可能性调查，包括现有和潜在用户的人数及需求量，市场需求变化趋势，本企业竞争对手的产品在市场上的占有率，扩大销售的可能性和具体途径等；还可对消费者及消费需求、企业产品、产品价格、影响销售的社会和自然因素、销售渠道等开展调查。

市场调查的内容涉及市场营销活动的整个过程，主要包括以下几个方面。

1. 市场环境的调查

市场环境调查主要包括经济环境、政治环境、社会文化环境、科学环境和自然地理环境等。具体的调查内容可以是市场的购买力水平，经济结构，国家的方针、政策和法律法规，风俗习惯，科学发展动态，气候等各种影响市场营销的因素。

2. 市场需求调查

市场需求调查主要包括消费者需求量调查、消费者收入调查、消费结构调查、消费者行为调查，包括消费者为什么购买、购买什么、购买数量、购买频率、购买时间、购买方式、购买习惯、购买偏好和购买后的评价等。

3. 市场供给调查

市场供给调查主要包括产品生产能力调查、产品实体调查等。具体为某一产品市场可以提供的产品数量、质量、功能、型号、品牌等，生产供应企业的情况等。

4. 市场营销因素调查

市场营销因素调查主要包括产品、价格、渠道和促销的调查。产品的调查主要有了解市场上新产品开发的情况、设计的情况、消费者使用的情况、消费者的评价、产品生命周期阶段、产品的组合情况等。产品的价格调查主要有了解消费者对价格的接受情况、对价格策略的反应等。渠道调查主要包括了解渠道的结构、中间商的情况、消费者对中间商的满意情况等。促销活动调查主要包括各种促销活动的效果，如广告实施的效果、人员推销的效果、营业推广的效果和对外宣传的市场反应等。

5. 市场竞争情况调查

市场竞争情况调查主要包括对竞争企业的调查和分析，了解同类企业的产品、价格等方面的情况，知晓对方采取了什么竞争手段和策略，做到知己知彼，通过调查帮助企业确定企业的竞争策略。

思考题

市场调查包含哪些内容？

（三）市场调查的步骤

市场调查是企业制订营销计划和策略的基础工作。没有市场调查，营销计划和策略的制订就没有依据，也就制订不出切实可行的营销计划和营销策略。市场调查步骤具体有以下几点。

1. 确定市场调查目标

市场调查的目的在于帮助企业准确地做出经营战略和营销决策，在市场调查之前，必须先针对企业所面临的市场现状和亟待解决的问题，如产品销量、产品寿命、广告效果等，确定市场调研的目标和范围。

2. 确定所需信息资料

市场信息浩如烟海，企业进行市场调研必须根据已确定目标和范围收集与之密切相关的资料，而没有必要面面俱到。纵使资料堆积如山，如果没有确定的目标，也只会事倍功半。

3. 确定资料搜集方式

企业在进行市场调研时，收集资料必不可少。而收集资料的方法多样，企业必须根据所需资料的性质选择合适的方法，如实验法、观察法、调查法等。

4. 搜集现成资料

为有效地利用企业内外现有资料和信息，首先应该利用室内调研方法，集中搜集与既定目标有关的信息，这包括对企业内部经营资料、各级政府统计数据、行业调查报告和学术研究成果的搜集和整理。

5. 设计调查方案

在尽可能充分地占有现成资料和信息的基础上，再根据既定目标的要求，采用实地调查方法，以获取有针对性的市场情报。市场调查几乎都是抽样调查，抽样调查最核心的问题是抽样对象的选取和问卷的设计。如何抽样，须视调查目的和准确性要求而定。而问卷的设计，更需要有的放矢，完全依据要了解的内容拟定问句。

6. 组织实地调查

实地调查需要调研人员直接参与，调研人员的素质影响着调查结果的正确性，因而首先必须对调研人员进行适当的技术和理论训练，其次还应该加强对调查活动的规划和监控，针对调查中出现的问题及时调整和补救。

7. 进行观察试验

在调查结果不足以揭示既定目标要求、信息广度和深度时，还要采用实地观察和试验方法，组织有经验的市场调研人员对调查对象进行公开和秘密跟踪观察，或是进行对比试验，以获得更具有针对性的信息。

8. 统计分析结果

对获得的信息和资料进行进一步统计分析，提出相应的建议和对策是市场调研的根本目的。市场调研人员须以客观的态度和科学的方法进行细致的统计计算，以获得高度概括性的市场动向指标，并对这些指标进行横向和纵向的比较、分析和预测，以揭示市场发展的现状和趋势。

9. 准备研究报告

市场调研的最后阶段是根据比较、分析和预测结果写出书面调研报告，一般分专题报告和全面报告，阐明针对既定目标所获结果以及建立在这种结果基础上的经营思路、可供选择的行动方案和今后进一步探索的重点。特别要注意的是，对调研结果进行统计、分析和预测后所获得的信息，要达到如下要求。

（1）准确性：对于市场的调查必须坚持科学的态度、求实的精神，客观地反映事实。要认真鉴别信息的真实性和可信度，要求做到信息的根据充分、推理严谨、准确可靠。

（2）及时性：任何市场信息，重要的情报，都有极为严格的时间规定。所以市场调研必须适时提出，迅速实施，按时完成，其所得信息情报要及时利用。

（3）针对性：市场信息多如牛毛，不应该也不可能处处张网，所以市场调研首先要明确目的。根据目的的要求，有的放矢，以免劳民伤财，事倍功半。

（4）系统性：市场信息在时间上应有连贯性，在空间上应有关联性，随着时、空的推移和改变，市场将发生日新月异的变化，信息也将不断扩充。企业对市场调研的资料加以统计、分类和整理，并提炼为符合事物内在本质联系的情报，而不是一个"杂烩"。

（5）规划性：市场信息面广量大，包罗万象，因此，要做好信息管理工作，就得加强计划性。既要广辟信息来源，又要分清主次，突出重点；既要持之以恒，又要注意经济效益；既要充分利用各方面的力量，又要有专业化的组织和统一管理。

（6）预见性：市场信息的搜集和整理，既要满足当前经营决策的需要，又要分析变化的未来趋势，预见今后的发展。

思 考 题

1. 市场调查的流程是什么？
2. 市场调查过程中需要注意哪些问题？

（四）调研数据的分析与整理

市场调查资料的整理是根据市场分析研究的需要，对市场调查获得的大量的原始资料进行审核、分组、汇总、列表，或对二手资料进行再加工的工作过程。其任务在于使市场调查资料综合化、系列化、层次化，为揭示和描述调查现象的特征、问题和原因提供初步加工的信息，为进一步的分析研究准备数据。

市场调查资料的整理是从信息获取过渡到分析研究的承上启下的重要环节，是从个体量导向总体量的必由之路。一般来说，数据获取提供原材料，资料整理提供初级产品，分析研究提供最终产品。

1. 市场调查资料整理的基本内容

市场调查资料整理的基本内容包括以下三个方面。

（1）数据确认。数据确认是指对调查问卷或调查表提供的原始数据进行审核，确保数据质量。

（2）数据处理。数据处理就是对确认无误的问卷或调查表进行加工处理，其任务在于使原始数据和二手数据综合化、系列化和层次化，为分析研究准备有使用价值的数据。

（3）数据陈示。数据陈示是指对加工整理后的数据用一定的形式表现出来，以便调研者阅读和使用。

2. 市场调查资料整理的原则

市场调查资料整理要使加工开发的语法信息具有价值，应遵循以下原则。

① 目的性原则：有针对性的加工开发。
② 核查性原则：注意事前、事中和事后的核查。
③ 系统化原则：实行多方向、多层次的加工开发。
④ 时效性原则：提高加工整理的效率，及时加工处理、传输和反馈。

3. 市场调查资料整理的一般程序

（1）设计整理方案。市场调查资料整理方案一般包括整理的目的要求、资料审核、整理内容、整理表式、汇总办法、整理时间、人员安排、数据管理等方面的设计和要求。

（2）审核、订正调查资料。主要是审核调查问卷或调查表的完备性、完整性和填答的准确性，以便发现问题进行纠正、补充或删除，防止有问题的问卷或调查表进入处理的流程；或者是对二手资料的可靠性、准确性、时效性、可比性等进行评估，以决定其取舍。

（3）分组处理。主要有以下几个方面。

① 分组标志的选择。a.应根据研究目的选择分组标志；b.选择能反映现象本质或主要特征的标志；c.应考虑现象所处的具体方便条件和经济条件，应从多角度选择分组标志。

② 简单分组与复合分组。根据统计分组时采用标志的多少，有简单分组和复合分组两种分组方法。a.简单分组：是对所研究的现象只采用一个标志进行的单一分组，如对总人口按性别进行分组，或将所有产品市场分为消费性产品市场和工业性产品市场。b.复合分

组：是对所研究的现象用两个或两个以上的标志进行连续性分组，如对某地区消费者总体，可以先用收入标志，然后再按照职业进行分组，还可以进一步根据文化程度、性别等标志进行第三次、第四次分组。

③ 常见调查资料分组的类型。a. 按品质标志分组，品质标志反映的是被研究市场现象的属性或特性。按品质标志分组就是选择反映事物属性差异的品质标志作为分组标志。如消费者按性别、文化程度、职业、民族等标志所进行的分组。b. 按数量标志分组，数量标志直接反映所研究的市场现象的数量特征。按数量标志分组，就是选择事物数量差异的标志作为分组的标志，如按消费者在一定时间内购买某种商品的次数进行分组。c. 按地区标志分组，按地区标志分组即是选择事物发生的地区差别的标志作为分组的标志。如按经济区、省、市，或按城市市场、农村市场进行分组。

④ 统计汇总。统计汇总是在分组处理的基础上，利用手工汇总或计算机汇总技术求出各种分组的各组单位数、总体单位数、各组指标、总体综合指标等。其中手工汇总技术主要有过录法、折叠法、卡片法、问卷分类汇总法，等等。计算机汇总一般包括编程、编码、数据录入、逻辑检查、汇总指标等工作程序，它具有速度快、精度高和便于存储数据等特点，特别适合于大批量的数据处理。

⑤ 数据陈示。市场调查资料整理的最终结果要借助于一定的形式表现出来，以供调研者和用户阅读、使用和分析研究。数据陈示的形式主要有统计表、统计图、数据库、数据报告等。

4. 调研分析

调研数据分析是指对市场调查和预测过程中收集到的各种原始数据进行适当的处理，使其显示一定的含义，进而反映不同数据之间以及新数据与原数据之间的联系，并通过分析得出某些结论。数据分析主要采用以下统计分析技术。

（1）交叉列表分析技术。交叉列表分析技术是同时将两个或两个以上具有有限类目数据和确切值的变量按一定顺序排列在一张表中，从中分析变量之间的相关关系，得出科学结论的技术。变量之间的分类必须交叉对应，从而使交叉表中每一个节点的值反映不同变量的某一特征。交叉列表分析简便易行，其技术与结果易为一般调查人员接受。交叉列表的变量取决于客户的要求和调研人员的分析判断。变量因素的确定应在资料之前。因为只有掌握足够的数据资料，相依的交叉列表分析才能实际操作。

（2）概括技术。概括技术是一种十分常用的数据资料的分析技术。它用于对单个变量的数据资料进行概括，属单变量分析。单变量总体中的所有单位的资料分布有集中趋势和离中趋势之分，数据概括技术也包括这两方面。

（3）综合指标分析法。综合指标分析法是根据一定时期的资料和数字，从静态关系上对总体的各种数量特征进行分析的方法。综合指标可以说明总体的规模、水平、速度、结构、效益、比例关系等综合数量特征。

思考题

1. 市场调查资料整理的内容是什么？
2. 数据分析有哪些方法？

第四章
发现创业机会

【学习目标】
1. 了解创业机会的来源和作用。
2. 掌握创业机会识别的关键要素。
3. 了解创业机会评估的策略和标准。
4. 掌握创业项目前景分析的方法。

一、创业机会识别

创意只是人们认识创业机会的阶段成果或创业机会的雏形，如果没有需求，创意就是没有现实意义的想法，或者说是不能创造价值的想法。当然，如果有需求，而不能提供满足需求的方式，或者说满足需求的方式受主客观条件的约束，不能开发出来，创意同样没有实际意义和价值。所以，我们必须进行机会识别。根据美国纽约大学教授柯兹纳（Kirzner）给出的定义，创业机会是未明确市场需求或未充分使用的资源或能力，它不同于有利可图的商业机会，其特点是发现甚至创造新的手段——目的（Means-end）关系来实现创业收益，对于"产品、服务、原材料或组织方式"有极大的革新和效率的提高作用，且具有创造超额经济利益或者价值的潜力。创业机会识别是对创意进行筛选从而形成商业概念的过程，同时，也是创业机会评价的基础和前提。本章从创业机会与商业机会、创业机会的来源与作用、创业机会识别的关键要素、有助于创业机会识别的因素、大化工行业的机遇识别等方面研究创业机会的识别。

（一）创业机会与商业机会

商业机会不一定就是创业机会。时下一些人往往认为商业机会就是创业机会，实际情况并不尽然，创业机会仅仅是适于创业的商业机会。要说清这个问题，我们先来了解一下三个概念，即机会、商业机会、创业机会。机会是指实现某种目的的可行的突破口、切入点、环境、条件等。商业机会是指有吸引力的、能实现某种商业盈利目的、适时的商务活动空间。商业机会分为两类：一类是昙花一现的商机，这是一般性商机；另一类是会持续一段时间，且不需要较多起始投入的商机。而第二类商业机会恰恰是适于创业的商业机会，即创业机会。所以,创业机会,是指具有某种吸引力的、较为持久和适时的商业机会。创业机会有三个重要特点:会持续一段时间、市场会成长、创业者有条件可以利用。

与商业机会相比,创业机会主要有以下三个特点。

(1)创业机会能经由重新组合资源来创造一种新的手段——目的关系,而商业机会的范畴更广,代表着所有优化现有手段——目的关系的潜力和可能性。

(2)创业机会完全是一种独特的商业机会,它往往会表现为超越现有手段——目的关系链的全盘变化甚至颠覆性变化,而商业机会只是蕴含于手段——目的关系的局部或全盘变化之中。

(3)创业机会具有持续创造超额经济利润或者价值的潜力,而其他商业机会只可能改善现有利润水平,这也是创业机会和商业机会的根本区别所在。

有的创业者认为自己有很好的想法和点子,对创业充满信心。有想法有点子固然非常重要,但并不是每个大胆的想法和新异的点子都能转化为创业机会。许多创业者因为仅仅凭借想法去创业而失败。那么如何判断一个创业机会是好的创业机会呢?《21世纪创业》的作者杰夫里·A·第莫斯教授提出,好的商业机会有以下四个特征:第一,它很能吸引顾客;第二,它能在你的商业环境中行得通;第三,它必须在机会之窗存在的期间被实施(注:机会之窗是指商业想法推广到市场上去所花的时间,若竞争者已经有了同样的思想,并已把产品推向市场,那么机会之窗也就关闭了。)第四,你必须有资源(人、财、物、信息、时间)和技能才能创立相应业务。

顾客需求是客观存在的,因此商业机会也是客观存在的,而产生机会的根本源泉是事物的变化(包括产品、服务、市场等),创业者可以通过其本身特有的素质并结合环境的变化发现顾客需求,从而识别创业机会。机会的存在观决定了机会是可以识别的,机会识别的主体应当发挥主观能动性,密切关注环境的变化,深入发现、了解和分析客户需求,从而更好地识别创业机会。

在创业过程中,无须刻意去区分创业机会和商业机会,也并非只有把握创业机会才能创业,如果能把握好有利可图的商业机会也同样可以创业,并给社会创造财富,况且很多创业机会往往源于某个或某些具有巨大价值创造潜力的商业机会。

思 考 题

创业机会等同于商业机会吗?二者有什么区别?

(二)创业机会的来源与作用

机不可失,时不再来。创业路上,我们一定要珍惜每一次稍纵即逝的机会,那么,每一个针对性的创业机会又是如何诞生的呢?

1. 来源于环境变化

著名管理大师彼得·德鲁克(Peter F Drucker)曾将创业者定义为"寻找变化,并积极反应,把它当做机会充分利用起来的人"。变化就是机会,环境变化是创业机会的重要来源,尤其是在今天这个"唯一能够确定的就是不确定性"的复杂动态环境中,蕴藏着各种良机,例如产业结构调整带来的新产业发展契机、顾客消费观念转变带来的新商机等。其变化主要包括宏观经济政策和制度变化、产业经济结构变化、社会和人口结构变化、价值观和生活理念变化、竞争环境变化、技术变革等。

2. 来源于顾客需求

公司存在的根本目的就是为顾客创造价值，无论环境是否变化，创业机会源于顾客需求都是永恒的真理。因此，创业机会必定来源于顾客正想要解决的问题、顾客生活中感到非常头疼的问题、顾客新增的需求……而这一切，或许是顾客明确的需求问题催生出的新的创业机会，或许是被人忽略的"蓝海"市场引发的创业机会，又或许是创业者挖掘出顾客的潜在需求而产生的创业机会。

3. 来源于创新变革

每一个发明创造，每一次技术革命，通常都会带来具有变革性、超额价值的新产品和新服务，能更好地满足顾客的需求，伴随而来的则是无处不在的创业机会。一方面，创新变革者本身凭借长期积累的技术优势、创新实力，自然会产生来之不易的创业机会；另一方面，即使你不是变革者，只要善于发现机会，同样可以抓住对你来说"得来容易"的创业机会，成为受益者。例如，互联网技术革命时代，你无须进军互联网技术变革领域成为时代的弄潮者，而是完全可以通过掌握基本的互联网知识与技能、利用互联网平台，开设一个网店，成为互联网大潮中的一名普通创业者。

4. 来源于市场竞争

在分析竞争对手时，我们通常都会对自己与竞争对手之间的优势与劣势进行比较分析，目的是采取扬长避短或者差异化的策略，进而更好地满足顾客需求，拓展市场。因此，在市场竞争过程中，如果能够针对竞争对手的不足，将自己的优势充分发挥出来或者采取差异化的产品或者服务方案，为顾客提供更具价值的产品或者服务，那么，就找到了在竞争夹缝中的绝佳创业机会。

根据以上环境变化、顾客需求、创新变革、市场竞争等各类创业机会来源，可以将创业机会分为以下三种类型。

① 问题型创业机会，指的是基于顾客现有需求，尚未解决的问题而产生的着眼于实际的创业机会。

② 趋势型创业机会，指的是基于环境动态变化、对顾客潜在需求预测而产生的着眼于未来的创业机会。

③ 组合型创业机会，指的是基于环境变化、顾客需求、创新变革、市场竞争等多种因素，为创造顾客新价值而产生的，且通常是由多项技术、产品或者服务组合而成的创业机会。

根据手段——目的理论中二者关系的明确程度，我们又可以将创业机会分为另外三类，具体如下。

① 识别型创业机会，指的是创业者可直接通过手段——目的链轻松辨识出的创业机会，其前提条件是市场中的手段——目的关系相当明显。

② 发现型创业机会，指的是需要创业者去发掘，较难辨识的创业机会，其背景条件是手段或目的中任一方的状况处于未知状态。

③ 创造型创业机会，指的是完全要靠创业者新创作，几乎无法辨识的创业机会，其根本原因在于手段和目的皆处于不明朗的状态。不过，在这种情况下，对创业者的机会识别能力要求也特别高。

思考题

1. 创业机会是如何诞生的？
2. 创业机会有哪些分类？

（三）创业机会识别的关键要素

机会经常被称为一个"窗口"，它是真实存在的，但不是永远都敞开的。随着时间的推移，市场以不同的速度在增长，市场变得更大，确定市场的难度就更大。机会窗口并不是永远打开的，有的机会窗口打开时间很长，有的则非常短。从美国的一项对创业投资的研究调查发现，当机会窗口的打开时间短于三年，新事业投资失败率会高达80%以上；如果机会窗口的打开时间超过七年，则几乎所有投资的新事业都能获得丰厚的回收。

创业者要学会分析创业环境，包括宏观环境、行业环境和微观环境。宏观环境包括政治、经济、社会、科技、自然、法律环境。行业环境的分析包括行业发展阶段、产品生命周期、行业进入壁垒和行业退出壁垒方面。行业环境分析目的在于了解行业基本竞争情况及潜在利润和机会，以便于创业者做出正确的创业决策。行业市场前景分析包括行业内竞争对手分析、潜在进入者分析、替代品分析、供应方分析以及购买方的议价能力和需求大小分析。

创业机会识别是创业领域的关键问题之一。从创业过程角度来说，它是创业的起点。创业过程就是围绕着机会进行识别、开发、利用的过程。成功的创业者能及时捕捉创业机会，并在众多的机会中选择适合自己的创业机会进行创业。面对具有相同期望的创业机会，并非所有潜在创业者都能把握。成功的机会识别是创业愿望、创业能力和创业环境等多因素综合作用的结果。

首先，创业愿望是机会识别的前提，创业者要有改变现行生活方式的愿望和自主创业的意愿。

其次，创业能力是机会识别的基础，创业者应该具有财务管理经验与能力、远见与洞察能力、模仿与创新能力、信息获取能力、技术发展趋势预测能力以及建立各种关系的能力。

最后，创业环境的支持是机会识别的关键。创业环境是创业过程中多种因素的组合，包括政府政策、社会经济条件、创业和管理技能、创业资金和非资金支持等方面。一般来说，如果社会对创业失败比较宽容，有浓厚的创业氛围；国家对个人财富创造比较推崇，有各种渠道的金融支持和完善的创业服务体系；产业有公平、公正的竞争环境，那就会鼓励更多的人创业。

创业需要机会，机会要靠发现，所以创业者要学会创业机会识别。

1. 全面市场机会与局部市场机会

全面市场机会是指在大范围市场未被满足的需求，如国际市场或全国市场出现的市场空缺，需要着重于拓展市场的宽度和广度。而局部市场机会则是在市场细分时出现的未被满足的需求。寻找到需求未被满足的市场，见缝插针，拾遗补阙，创业者就可以集中优势资源投入目标市场，有利于增强主动性，减少盲目性，增加成功的可能。

2. 现有市场机会和潜在市场机会

现有市场机会是市场机会中那些明显未被满足的市场需求，往往发现者多，进入者也多，竞争势必激烈；而潜在市场机会是那些隐藏在现有需求背后的未被满足的市场需求，不易被发现，识别难度大，往往蕴藏着极大的商机。

3. 行业市场机会与边缘市场机会

行业市场机会是指在某一个行业内的市场机会，发现和识别的难度系数较小，但竞争激烈，成功的概率低。边缘市场机会是在不同行业之间的交叉结合部分出现的市场机会，处于行业与行业之间出现夹缝的真空地带，难以发现，需要有丰富的想象力和大胆的开拓精神，一旦开发，成功的概率也较高。

4. 目前市场机会和未来市场机会

目前市场机会是那些在目前环境变化中出现的机会，未来市场机会是通过市场研究和预测分析它将在未来某一时期内实现的市场机会。若创业者以前预测某种机会会出现，就可以在这种市场机会到来前早做准备，从而获得领先优势。

思 考 题

创业者应如何分析创业环境？

（四）有助于创业机会识别的因素

综合上述创业机会的内涵及其来源，我们认为：创业机会的识别过程是指基于创业者特征以及环境变化等因素，创业者从现有的产品、服务、原材料和组织方式等层面进行差距分析和判断，找出改进或者创造手段—目的关系的可能性，最终形成新的产品、新的服务、新的原材料以及新的组织方式。

其中的创业者特征是指创业愿望、认知能力与创业技能、先前经验、社会关系网络、创造性；环境变化主要是指宏观经济政策和制度变化、产业经济结构变化、社会和人口结构变化、价值观和生活理念变化、竞争环境变化、技术变革。

创业者特征及环境变化构成了影响创业机会识别的关键因素，具体内容如下。

1. 创业愿望

阿里巴巴创始人马云说过："我觉得创业者首先要有一个梦想，这很重要。你没有梦想的话，为做而做，别人让你做是做不好的。"创业愿望是创业的原动力，只有拥有强烈的创业愿望，创业者才有可能更多、更有效地发现和识别市场机会。反之，再好的创业机会也会与创业者失之交臂。

2. 认知能力与创业技能

很多人认为，多数创业者有"第六感"，比别人更灵敏，这种敏感能够帮助他们看到别人错过的机会。事实上，这种优越能力最终取决于个人或者团队的认知能力与创业技能，其中包括创业者所积累的行业知识、创业经验等。一般来说，在某个领域经验丰富的人士，相对于外围人士来说，更加具有商业敏感度，而并非"当局者迷，旁观者清"。据国外机构的研究和调查显示，与创业机会识别相关的能力主要有远见与洞察能力、信息获取与分析能力、环境变化及技术发展趋势预测能力、模仿与创新能力、社会关系建立与维护能力、行业或者创业领域知识与经验储备能力等。

3. 先前经验

严格地讲,先前经验也是决定个人认知能力、创业技能的重要因素之一,因为大多数创业者的创业能力都是基于先前经验而不断成长的。但是,考虑到该因素对创业机会识别的影响程度较高,故单独提出作为影响创业机会识别的关键因素之一。而且,该因素还涉及一个非常重要的概念,即走廊原理:创业者一旦创建企业,就开始了一段旅程,在这段旅程中,通向创业机会的"走廊"将变得清晰可见,也就会说,特定产业中的先前经验有助于创业者识别出创业机会。走廊原理强调经验和知识对个体发现和把握创业机会的重要性,个体在特定领域的经验和知识存量越多,就越容易看到并把握住该领域内的创业机会,从而实施创业活动。

4. 创业资本

创业者的社会资本是指与创业者个人及组织所建立的各类社会关系连接在一起形成的一系列资源,实际上是创业者各类社会关系资源价值的集中体现。创业者的社会关系网络包括政府、金融机构、高校、专业支持机构、商业合作伙伴、朋友、家庭、同事等。社会资本通常与人力资本、财务资本相提并论,对创业活动产生的影响也越来越大,备受创业研究与实践者关注。有关研究发现,社会关系网络是个体识别创业机会的主要来源,其中的"强联系"与"弱联系"相比较,前者的信息转化率相对较高;但是相对于前者而言,后者更有助于个体识别出更多的创业机会。

5. 创新思维

创业的本质就是创造。而创业机会的识别过程也要求创造新的手段—目的关系,最终形成新的产品、新的服务、新的原材料以及新的组织方式,其本身就是一个不断反复的创造性思维过程。可见,创新思维对于创业机会识别及其后续创业活动十分重要。例如,从纷繁复杂的信息中,有没有可能挖掘出客户的需求,并提出具有创意性、产生新价值的产品或者服务解决方案,取决于每个人的创新思维能力。如果缺乏一定的创新思维能力,即使获取了高价值信息甚至明确了客户的新需求,恐怕也难以识别出蕴藏其中的创业机会。

6. 创业环境

环境的变化是创业机会的重要来源,因此创业环境必定会对创业机会的识别产生巨大影响。创业环境是创业过程中多种因素的组合,包括宏观经济政策与制度、产业结构、人口环境、技术环境、自然环境、市场环境、创业价值观等。例如,创业型经济发展的政策倾向、人们生活方式的改变、市场竞争环境的公平性,都会对创业机会的识别产生较大程度的影响,甚至影响创业者的创业积极性。

(五)大化工行业的机遇识别

经过几十年的快速发展,中国石化产业已经成为世界石化产业的重要组成部分。但是,一系列新矛盾和新问题,对中国石化产业发展形成了严峻挑战。

① 产业层次不高,大宗基础性产品过剩矛盾突出。

② 创新体系不完善,技术创新能力亟待提升。与跨国公司相比,中国石化企业的内部技术创新组织体系简单松散,人员配备不合理,激励机制不到位,缺少尖端的研发设备,远不能满足企业在激烈的国际市场竞争中的需求,企业作为技术创新的主体作用还远远没有到位。

③ 资源约束进一步加大,生产要素成本攀升。随着经济持续高速发展,中国的劳动

力、土地、能源、水、环境容量等生产要素日趋紧张，价格不断上涨，导致企业成本快速增加。

④ 安全环保压力持续增大，行业形象亟须改进。石化行业废水、废气和固体废物排放量均位于工业行业前列。安全环保问题已成为石化行业未来生存与发展的重要制约因素。

⑤ 市场体制机制还不完善，政府宏观管理存在越位、缺位、不到位现象。市场优胜劣汰的机制得不到有效发挥，资源无法实现合理配置，严重影响产业的可持续发展能力。

未来十年，中国经济将持续增长，尽管增速由过去高速增长转向中速增长，但仍将是世界经济增长最快的国家之一，中国石化产业发展的空间仍然很大，中国仍将是全球石化产品最大的市场之一，影响的因素及体现主要有以下几个方面。

① 中国人口持续增长，消费水平不断提高。中国拥有世界上最多的人口，人均年收入已超过 6 000 美元，中国大中型城市的部分消费人群已经进入中产阶级的消费平台，消费升级带来的新需求和新市场将会吸引石化行业更多的产品升级。

② 城镇化深入推进，拉动中国内需市场持续优化升级。城乡发展一体化和新型城镇化是中国经济发展的重要动力和扩大内需的最大潜力。未来十年，大批进入城市生活的中国农民将会在生活方式上发生很大的转变，带来不可估量的市场新需求，为中国石化产业创造出新的更大的市场需求。

③ 工业化进程加快，为化工材料和产品创造了新的更大发展空间。汽车、高铁、电子信息、大飞机、节能环保等新兴产业正处在较快发展时期。中国工业化进程持续加快，特别是高端装备制造业等新兴产业发展，为石化产业产品升级带来了全新的发展机会和市场机遇。

④ 农业现代化推动农业发展方式转变，为农药、化肥等化工产业创造了新的发展空间。

⑤ 全面深化经济体制改革，为石化产业发展注入了新的动力和活力。让市场在资源配置中起决定性作用，会加快推进主要由市场决定价格的机制，在水、石油、天然气等领域进行价格改革。深化改革还鼓励发展混合所有制经济，有利于吸引具有活力的中国民营资本进入石化产业，提高产业的创新能力和市场竞争力。

⑥ 全球经济一体化深入推进，为中国石化产业提供了更加广阔的国际发展空间。中国正在加快同世界各国签订自由贸易协定，预计未来十年，自贸区的区域范围会不断扩大，区域贸易一体化进程也将加速，这对石化产业来说，意味着更多的全球性机遇。

当下的产业互联网革命号角已经吹响，根据中国石油和化工联合会的数据，2015 年中国石油和化工行业总营收达 13.14 万亿，中国整个化工的表观消费量约 15 万亿人民币，如果按照交易量来计算，则达到 45 万亿的交易量市场。中国的化工市场占全球市场的 30%，从规模上来讲是世界第一。

面对如此规模的一个大市场，各方神通都将淘金的目光聚焦于此，各种化工行业的产业互联网产品和项目也层出不穷，开始掘进这一未来或能诞生 BAT 级别公司的领域。

目前的化工行业产业互联网化进程正处在百家争鸣阶段，一个 15 万亿的市场在规模上完全拥有萌生一家 BAT 级别公司的潜质，成为产业互联网的龙头企业。然而，当下各种通过 B2B 电商平台切入的项目，正在不断探索各种模式和变革路径，各有特色的平台，或是出身不同，或是概念定位不同，或是盈利模式探索进度不同，共同组成了大化工行业互联网化变革丰富多彩的景象。

未来，随着产业互联网发展的深入，在大化工行业的互联网化项目中，整合和融合将在所难免，真正的生态平台路径模式会随着时间的推移逐渐清晰，而在这样一场事关互联网下一代生态平台搭建者之争的角逐中，是拥有政府背景的"官派"还是市场背景的"商派"还是互联网出身的"草根派"最终傲立潮头，还未有定论，但十分值得期待。

思 考 题

影响创业机会识别的关键因素有哪些？

二、创业机会评价

（一）创业机会评价的策略

股市上有一句大家耳熟能详的话，"股市有风险，入市需谨慎"。创业需要机会，但同样伴随着风险，因此选择合适的切入点，抓住难得的创业机会就显得尤为重要。

那么对于创业机会的评价有哪些策略，如何去认识创业机会，将展开如下几点论述。

1. 提取问题关键点，抓住主线

创业成功的要素并不单一，创业机会的来源众多，理念创新，市场变动，盈利模式革新等都可以作为创业机会的来源。但核心的竞争点是单一的，如何化繁为简，找出核心竞争力是创业机会评价中首先要解决的问题。

2. 以当前机会为出发点，向后推理

"向后推理"的英文解释是：Think forward, reason backward。因此要在当下的机会实现中发现需要的条件和可能潜在的问题。

3. 多角度分析

从以下五个方面，可以全方位透视创业项目：Why（为何做）、What（做什么）、Who（谁去做）、How（如何做）、How much（盈利模式）。在每一个角度中，继续纵向剖析，我们以 Who 为例，如果将 Who 理解为团队，则可以继续衍生出如下问题：初始团队的构成情况，创始人，市场应变的能力，管理能力等问题。这样形成一个树状的思维图，尽量覆盖可能的问题。

4. 回到原点、重构问题

好的思考者一定善于从原点开始思考。例如：这个创业条件是如何产生的？是否基于对现实的客观观察？它隐含了哪些前提假设？放到一个更大的背景下看，它属于什么性质的创业机会，是否稳定？为什么它是一个创业机会？

思 考 题

如何认识创业机会？

（二）创业机会评估的方法

创业机会的评价事实上是一种前瞻性的评价，就是对在创业过程中可能遇到的问题进行一个预期，常见的方法有定性分析与定量分析。

1. 定性评价方法研究

霍华德·史蒂文森（Howard H Stevenson）等人认为评价创业机会需要从以下几个方面考虑：①机会的大小，存在的时间跨度和随时间成长的速度；②潜在的利润是否足够弥补相关成本的投资而带来满意的收益；③机会是否开辟了额外的扩张、多样化或综合的商业机会选择；④在障碍面前，收益能否持久；⑤产品或服务是否满足了用户真正的需求。

著名的创业学家蒂蒙斯（Timmons）总结概括了一个评价创业机会的框架，其中涉及多项指标。通过一种量化的方式，创业者可以利用这个体系模型做出判断，评价一个创业企业的投资价值和机会。见表4-1。

表4-1 Timmons 的创业机会评价指标框架

评价要素	评价指标
经济因素	达到盈亏平衡点所需要的时间在 1.5~2 年以内； 盈亏平衡点不会逐渐提高； 投资回报率在 25% 以上； 项目对资金的要求不是很大，能够获得融资； 销售额的年增长率高于 15%； 有良好的现金流量，能占到销售额的 20%~30% 以上； 能获得持久的毛利，毛利率要达到 40% 以上； 能获得持久的税后利润，税后利润率要超过 10%； 资产集中程度低； 运营资金不多，需求量是逐渐增加的； 研究开发工作对资金的要求不高
行业与市场	市场容易识别，可以带来持续收入； 顾客可以接受产品或服务，愿意为此付费； 产品的附加价值高； 产品对市场的影响力高； 将要开发的产品生命长久； 项目所在的行业是新兴行业，竞争不完善； 市场规模大，销售潜力达到 1000 万到 10 亿； 市场成长率在 30%~50% 甚至更高； 现有厂商的生产能力几乎完全饱和； 在五年内能占据市场的领导地位，达到 20% 以上； 拥有低成本的供货商，具有成本优势
竞争优势	固定成本和可变成本低； 对成本、价格和销售的控制较高； 已经获得或可以获得专利所有权的保护； 竞争对手尚未觉醒，竞争较弱； 拥有专利或具有某种独占性； 拥有发展良好的网络关系，容易获得合同； 拥有杰出的关键人员和管理团队
收获条件	项目带来的附加价值具有较高的战略意义； 存在现有的或可预料的退出方式； 资本市场环境有利，可以实现资本的流动

续表

评价要素	评价指标
致命缺陷	不存在任何致命缺陷
创业家的个人标准	个人目标与创业活动相符合； 创业家可以做到在有限的风险下实现成功； 创业家能接受薪水减少等损失； 创业家渴望进行创业这种生活方式，而不只是为了赚大钱； 创业家可以承受适当的风险； 创业家在压力下状态依然良好
理想与现实的战略性差异	理想与现实情况相吻合； 管理团队已经是最好的； 在客户服务管理方面有很好的服务理念； 所创办的事业顺应时代潮流； 所采取的技术具有突破性，不存在许多替代品或竞争对手； 具备灵活的适应能力，能快速地进行取舍； 始终在寻找新的机会； 定价与市场领先者几乎持平； 能够获得销售渠道，或已经拥有现成的网络； 能够允许失败
管理团队	创业者团队是一个优秀管理者的组合； 行业和技术经验达到了本行业内的最高水平； 管理团队的正直廉洁程度能达到最高水准； 管理团队知道自己缺乏哪方面的知识

2. 定量评价方法研究

定量评价的方法主要有优先级评分法、贝蒂选择因素法和标准打分矩阵法。

（1）优先级评分法。该方法是通过计算商业成功概率、投资生命周期收入、技术成功概率和单位产品毛收入四个因素的乘积最后除以总成本，得到该创业机会的优先级别。公式如下：

$$机会优先级 = \frac{技术成功概率 \times 商业成功概率 \times (价格-成本) \times 投资生命周期收入}{成本}$$

公式中技术成功概率和商业成功概率用百分比表示（0%~100%），投资生命周期是指可以预期的所有收入，总成本是指预期的所有投入。优先级越高，创业越有可能成功。

（2）贝蒂选择因素法。该法是指通过 11 个选择因素来对创业机会进行判断。如果某个创业机会至少符合其中 7 个因素，那么认为这个创业机会有很大成功的希望，否则该创业机会不可取。

其中这 11 个因素为：这个创业机会在现阶段是否只有你一个人发现了；产品是否具有高利润回报的潜力；潜在的市场是否巨大；金融界是否能够理解你的产品和顾客对它的需求；是否可以预期产品的开发成本和开发周期；产品是否是一个高速成长的产品家族中的第一个成员；是否是一个处于成长中的行业；初始的产品生产成本是否可以接受；是否可以预期产品投放市场和达到盈亏平衡点的时间；是否拥有一些现存的初始用户。

（3）标准打分矩阵法。该方法是先选择一些对创业机会成功有重要影响的因素，然后专家小组对这些因素进行打分,分为最好(3分)、好(2分)、一般(1分)三个等级,最后求出每个因素在该创业机会下的加权平均分,从而可以进行比较。常见的主要评价因素有以下几个方面:易操作性;市场接受度;成长潜力;广告潜力;质量和易维护性;增加资本的能力;市场大小;制造的简单性;专利权状况和投资回报。

思考题

如何分析创业过程中可能遇到的问题?

(三)创业机会评价的标准

创业是一个识别、开发和利用创业机会的过程,创业机会评价和选择合适的机会是创业的重要基础。创业机会是通过把资源创造性地结合起来,迎合市场的需求并传递价值的可能性。一般而言,创业机会就是创业者可以利用的创业机会。创业机会评价的标准是人们通过长期的选择与分析,总结经验而得出的适合于大众的标准。

随着时间的推移以及创业人群的增加,提出了很多关于创业机会评价的标准,其中比较常用且常见的标准是由蒂蒙斯(Timmons)所提出的,即8个一级指标、55个二级指标所形成的评价标准体系,被称为是最全面的创业机会评价标准体系。该标准主要包括:行业和市场、经济性、收获、竞争优势、管理团队、致命缺陷问题、个人标准、战略差异。

然而,由于上述评价标准的局限性:评价主体要求较高;蒂蒙斯指标体系维度有交叉重复问题;指标体系缺乏主次,定性定量混合,影响效度。基于这些局限性,形成了比较简化的评价标准体系(表4-2)。

表4-2 创业机会评价标准

指标类型	具体指标
管理团队	创业者团队是一群优秀管理者的结合
竞争优势	拥有优秀的员工和管理团队
行业与市场	顾客愿意接受该产品或服务
致命缺陷	不存在任何致命缺陷
个人标准	创业家在承担压力的状态下心态良好
收获条件	机会带来的附加价值具有较高的战略意义
管理团队	行业和技术经验达到了本行业的最高水平
经济因素	能获得持久的税后利润,税后利润率要超过10%
竞争优势	固定成本和可变成本低
个人标准	个人目标与创业活动相符

在上述标准的基础上,中创教育通过大学生创业指导的实践研究,提出了一套简单易操作且效度比较高的评价标准(表4-3)。

表 4-3 中创教育大学生创业机会评价体系

指标类别	具体指标
致命缺陷	不存在任何致命缺陷
行业与市场	1. 顾客可以接受产品或服务，愿意为此付费 2. 市场容易识别，可以带来持续收入
管理团队	创业者团队是一群优秀的管理者的结合
竞争优势	固定成本和可变成本低
战略性差异	在客户服务管理方面有先进的服务或运行理念
经济因素	1. 项目对资金的要求不是很大，能够获得融资 2. 能获得持久的税后利润，税后利润率要超过10% 3. 有良好的现金流，现金流能占到销售额的20%~30%以上
个人标准	个人目标与创业活动相符合

以蒂蒙斯创业机会评价指标标准为指标库，在实证和理论分析的基础上，借鉴平衡记分卡原理，从财务、顾客、内部因素、创新与成长四个维度，构建了新的创业机会评价指标标准，如表4-4所示。

表 4-4 创业机会评价新标准

财务	顾客	内部因素	创新与成长
预期内部回报率	市场接受性	创业者素质	创业者潜力
预期投资回报率	市场规模	管理层素质	创业团队的潜力
投资回收周期	市场结构	创业者的资源	机会的持续性
销售增长	成本	致命缺陷	环境适应能力
销售净利率	价格	—	抗风险能力

创业机会评价至关重要，受到创业者个人和社会整体价值观念的影响；不管创业机会如何定义，都不可否认创业机会评价标准是创业中的关键之一；掌握创业机会评价的标准，意在探明在创业时如何寻找创业机会、识别并把握创业机会。

思 考 题

简述创业机会评价标准的重要性。

三、创业项目前景分析

（一）创业项目前景与商机的关系

在技术快速进步和信息化快速发展带来激烈竞争的时代，创业活动已经成为创新的动力。2016年年初，由清华大学中国创业研究中心与清华大学启迪创新研究院联合主办的全球创业观察（GEM）中国报告发布会在北京清华科技园举办，该报告根据2014年数据调查得出结论，中国创业活动指数（15.53）高于美国（13.81）、英国（10.66）、德国（5.27）、日本（3.83）等发达国家。与此同时，机会型创业（即为追求某个商业机会而从事的创业活动）比重也在增加。全球创业观察（GEM）中国负责人、清华大学经管学院党委书记、清华大学中国创业研究中心主任高建说："这表明我国创业者的创业贡献预期会增加。因为机会型创业相对于生存型创业能带来更多的就业机会、新市场机会、创新机会和企业增长机会。"与此同时，机会型创业比重也在增加。但是新创企业存活率很低，根据调查，中国创业者创办的企业，能够存活1年的有15%。能够持续存活5年的仅有5%~10%。如何能够在如此高失败率的创业背景下成功创业？这就需要理解创业项目前景与商机的关系。

创业项目前景是指创业项目在发展过程中将会出现的景象。即根据现有的发展水平和环境，对未来的方向、水平、规模等的预测和推论，简单来说就是项目是否有潜力，潜力如何，是否能长期发展。有前景的项目最起码可以生存，立足于社会，不会被社会淘汰。项目是否盈利、盈利多少是衡量创业项目前景的指标之一，绝大多数创业者一般利用创业项目未来的盈利趋势判断创业项目前景。也就是说，能持续发展，长期盈利的项目就是有前景的项目。创业者应时刻保持"不忘初心，方得始终"的心态。"初心"是指有前景的创业项目是要盈利，但盈利的目的不是为了自己的生活更好，而是为了帮助更多的客户，为社会创造更多的价值，服务别人，帮助别人。"始终"是一种绵长的延续，创业者应使自己的创业项目青山常在、绿水长流。

商机是影响创业项目前景的关键因素之一。"给我一个支点，我可以撬动整个地球。"商机就像这个支点，如果缺乏商机，就无法寻找到项目的突破口。创业不仅要有足够的能力，更需要商机，譬如演员要有施展自己才能的舞台，才能展示自己、绽放光彩。如果没有商机，渊博的知识、精明的头脑都将无用武之地，也就无法获得一个令人满意的前景；如果没有商机，高超的能力、充足的条件，也只是"万事俱备、只欠东风"。遇见伯乐是千里马一生最大的商机，如果没有伯乐，千里马便只是一只普通的"家畜"。如果没有互联网和电子商务带来的商机，曾经作为英语老师的阿里巴巴创始人马云很难有机会让全世界人记住他的名字。正因为如此，当商机来临时，只有快速有力地抓住它，创业者才有更大的把握，进而赢得成功。

商机在很大程度上影响着创业项目的前景。商机并不是决定创业项目前景的唯一因素。从一个企业的发展状况来看，严格的管理制度、合理的项目计划、协调的团队配合和专业的人员配置等都在不同情况下对创业项目的前景起着不同的影响和作用。但是，错失商机，美好的发展前景只能是空谈。在大化工行业，我们不仅可以留意化工产品的商机，预测商品的价值和潜力，同时还可以留意化工制备过程中相关技术是否值得研究发展。化工行业有着巨大的产业链，抓住其中的商机，光明广阔的发展前景一定会到来。

【拓展阅读】▶▶▶

成都中医药大学施超靠卖书赚200万

施超是成都中医药大学临床医学院2011级的学生，2015年，大四的他才24岁，凭借自主创业成了名副其实的百万富翁。

> 施超是江苏人,他的父母爱给他买书,他也从小就爱看书,"爸妈都很朴实,从不给我讲什么大道理,只是培养了我读书的爱好,从书里学知识、学道理。我从小学认字开始到高中毕业那段时间读了超过1 000本书,中外名著、人文百科、各类杂志我都读。"他认为,那1 000本书,不仅让自己拓宽了知识面,也为他的创业打下了基础。"因为读了比较多的书,所以我对自己要销售的图书,选择起来比较得心应手,懂得如何判断一本书是不是好书,也清楚什么书适合什么样的读者。"于是,施超将自己的创业项目初步选定在了图书销售上。高考完那个暑假,施超开始在家附近的广场上摆地摊卖书,新的、旧的都有,但都是他认为的好书。两三百本书不到一个星期就可以卖完,大约每天能挣70元,施超赚到了人生中的第一桶金。2011年来到成都上大学后,施超也没放弃自己的图书销售,趁周末时在学校里摆摊儿卖书,规模虽小,但在大二时已经攒下了近10万元。腰包渐渐鼓起来的施超利用学校的创业政策在学校开了一个实体书店——超然书斋。可是实体书店并不赚钱。为了维持书店的运营,施超开始去成都的高中销售课外读物。"我当时是跟出版社合作,拿着我选出来的书单,找高中学校的老师谈,然后再让同学们从书单中选出书,我再反馈给出版社,然后备货、送货。这样就没有中间商一层层赚,我拿到的货源比一些大型连锁书店都便宜,所以最后书送到同学们手上时,价格也要比定价低。而且为了让学校老师、同学解除后顾之忧,我都是先向出版社垫付货款,同学们拿到书了,再把钱付给我。"后来,感觉到自己忙不过来的施超找来10个自己的中学同学,将图书销售业务扩展到了上海、江西、湖北等地方。业务渐渐扩展后,他又筹建了自己的文化公司——江苏超然文化发展有限公司,24岁的他,赚到了人生中的第二个100万元。
>
> 现在,施超的书斋每年会拿出一部分的收益资助学校的一个创业者联盟,帮助有想法的同学启动计划。每年学校的同学们去支教时,他也会给那些山区的学生带去课外书,每年都会捐出2 000本。
>
> (来源:搜狐网)

思考题

1. 商机是影响创业项目前景的唯一因素吗?
2. 施超的成功说明了什么?

(二)创业项目前景分析的作用

创业项目的前景分析是对项目的全方面评估,包括了项目的可控制性、现有和潜在市场的规模、经营者的数量、销售规模、竞争程度、购买者数量、购买者偏好、购买者对价格变化的敏感程度、产品的成本因素、分销渠道等。狭义地说,如果从技术经济学的角度来看,可以将项目前景分析视为项目可行性研究。

项目可行性研究是在对项目投资决策前进行技术经济学上的论证的一门综合性学科。它是保证投资项目以最小的投入取得一定经济效益的科学方法,也是对拟建项目在技术上是否可能、在经济上是否有利、在建设上是否可行进行的综合分析和全面论证的技术经济研究活动。或者说是对拟投资项目在做出决策之前，全面论证项目的必要性、可能性、有效性和合理性。可行性研究的目的是为了避免和减少项目决策失误，提高投资的综合效果。

可行性研究的核心是经济学问题。"可行"虽然包含着可以做到，但可以做到的事却并不一定可行。因此，可行性研究应该同时考虑必要性、可能性、有效性和合理性，即要回答是否"应该做""什么时间做""如何去做"的问题。以科技公司的创业项目为例，在新兴科技公司创业失败的案例中，有约70%是因为在不成熟的时机扩大规模而导致的，不合时宜的创新是新兴科技公司创业失败的首要原因。

具体地说，项目可行性研究是在投资决策前，对项目有关的社会、经济和技术等各方面情况进行深入细致的调查研究；对各种可能拟订的建设方案和技术方案进行认真的技术经济分析与比较论证；对项目建成后的经济效益进行科学的预测和评价。在此基础上，综合研究建设项目的技术先进性和适用性、经济合理性和有效性、建设可能性和可行性，由此确定项目是否投资和如何投资，或就此终止投资，还是继续投资，使之进入项目开发建设和下一阶段等结论性意见。它为项目决策部门对项目投资的最终决策提供了科学依据，并作为开展下一步工作的基础。

随着社会经济和科技的不断发展，技术更新速度加快、拟建项目增多、市场竞争加剧，项目规模越来越大，投资金额也越来越多，项目可行性研究日益受到社会各部门、各行业的重视并得到广泛应用。

为什么在创业之前需要完成创业项目前景分析报告或者说是项目可行性研究？很简单，这是由创业项目前景分析报告的重要性决定的，以下分为四点进行简要叙述。

1. 为规避盲目创业风险

正如现代管理学之父、著名管理大师——彼得·德鲁克在其书中所言："管理是一门艺术"。能名留青史的艺术家很少，同样，成为一名优秀的管理者的道路也充满荆棘。但是对于创业者，成为一名合格的企业管理者是绕不过去的一道难关。

当前，大量的创业者不断涌现，特别是青涩的大学生和一些职场新人，只凭勇气和理想的支撑进行盲目创业，而自身却受到职场经验积累、识人驭人以及与人沟通的能力、宠辱不惊的胸怀等创业者素质的限制，创业往往早早夭折。根据调查，中国创业者创办的企业，1年期的生存率约为15%，5年期的生存率则仅有5%~10%。

正是因为创业者的原始身份各种各样，素质参差不齐，大多数都不能很好地完成从学生身份、企业员工向公司创始人角色的过渡，创业项目没有目标性和创业者自身条件不契合。所以制作这样一份分析报告能够帮助创业者认清眼前的现实，减少创业者决策的盲目性并尽量规避因创业者素质参差不齐而带来的潜在风险。

事实上，即使是有多年职场经验的人，有着丰富的知识和行业积累，也不一定就能成为一名卓越的管理者。管理学家劳伦斯·彼得从大量失败案例中总结出一条规律："在一个等级制度中，每个雇员都倾向于上升到不能称职的地位。"每个人都会有自己不能胜任的层级和职位，创业者也没有必要妄自菲薄，应振作精神，不断提升自身素质，增强风险意识，避免自己的项目走上歧途。

2. 为项目管理运行准备

如果是进行过创业项目的同学，或者有过工作经验的人士都应该了解，一个项目的展开实施往往需要多方面的合作，人力、物力、财力的投入，各方分工明确而又沟通顺畅才能使项目合理运转。创业也一样，并且在项目运行起来之后出现的问题难度系数会成倍增

加,这时候我们对创业项目的准备工作做得是否充足就很重要了。以下是一些我们在创业之前需要考虑的工作:

  团队建设结构是否合理高效?
  启动资金是否充足?
  盈利模式是否清晰明确?
  项目运行多久才能开始盈利?
  每个阶段计划是否都有可量化的衡量指标?
  总体目标以及阶段性目标又是什么?
  ……

以上问题都是在创业之前需要解决的实际问题,并直接关系到创业项目能否持续健康运行下去。需要确认的问题不止以上几项,我们需要冷静地认识客观情况,解决好相应的问题,防止项目开始之后因为缺乏必要条件而流产。完成创业项目前景分析的过程就是一个帮助创业者理清思路,判断项目运行方向的过程。

3. 为定位市场发展需求

现在这一代人还对二十世纪八九十年代的"下海潮"有一些印象,多个行业空白、竞争压力小、创业成本低等原因让一些"下海人"尝到甜头。而在经济飞速发展的今天,机会就像闪电,稍纵即逝,只有在千变万化的市场环境中善于发现商业机会并且立即采取行动的人才能成功。形势不断变化,但是创业需要紧跟市场需求这一点是永远不变的,这就需要创业者具有灵敏的商业嗅觉。

有时候我们从一些市场中的细微现象发掘到了商业的机会,但是这仅仅是第一步。下一步是确定这是一个个别的商业现象还是可以形成刚性需求或者弹性需求的创业机会。在初期我们需要通过各种方式去验证这种需求是否真实靠谱,也就是我们说的一个好的创业是基于一定范围的、真实的用户需要产生的,而不仅仅是个别用户的需要产生的或者是创业者自己凭空臆想出来的。

4. 为决策提供理论性依据

在创业前期,花费一定的时间和精力是必要的。首先进行详细的市场调查,制作一份详细的具有一定参考价值的创业项目前景分析报告,这样可以为我们最终的决策提供大量的参考依据。同时,这份调查一定是基于真实的数据分析,从而才有参考价值。

市场环境纷繁复杂,创业失败的概率也高居不下,但如果前期先在理论上梳理创业的发展路径,预测可能出现的失误,那么这些就可以为创业决策提供良好的参考价值。如果在理论层面上都无法实现,那么我们在实际操作过程中的失败率将会只增不减。

结合我校的大化工背景,在创业之初更要慎重考虑,做好可行性研究,这是成功的第一步。

【拓展阅读】▶▶▶

对化工行业建设工程可行性研究分析

  对于化工行业建设工程来说,它的建设分为化工行业工程建设投资前期、化工行业工程建设投资时期以及化工行业工程建设生产时期三个阶段,我们主要是对化工行业建设工程投资前期进行可行性研究。

在进行可行性研究的时候，我们应该对投资项目进行规划，大概估计一下这里的地区情况、工业发展状况、资源含有量、劳动力是否充足、市场情况以及交通情况等是否会影响到项目的建设。对这些条件进行分析之后，认为这里可以进行建设项目的实施，我们再进行下一步研究。第二个步骤就是建设项目的初步可行性研究，主要研究的是对市场进行调查、试验证明，调查收集的资料是否能够表明项目建设的可行性。

对市场进行分析、预测的介绍。无论进行什么项目的投资，投资者最主要的目的就是获得利润，尽可能取得最大的投资回报。能否取得回报最终在于对市场的调查，看市场的需求量，消费者对投资提供的产品以及服务是否满意，能否得到顾客的认可和肯定。通过对市场调查的研究，取得充分的资料，对市场供求作出科学、合理的预测，最终实现盈利目标。在对市场分析完以后应该对市场进行预测，预测的方法有很多，根据不同的市场情况选择相应的预测方法，达到最好的效果。预测的方法有根据专业预测人员的经验对未来发展趋势进行推断、估计的定性预测方法；定量预测方法包括：①平均预测方法：简单平均法、移动平均法、指数平均法；②长期趋势预测法；③回归分析预测法。

经济分析评价的介绍。在对项目建设进行市场分析预测之后，如果认为这里的发展情景不是很好，就可以直接否决项目经济可行性；如果项目建设市场分析发展前景良好，但是无法对经济可行性作出准确结论，那么我们就需要进行经济分析和评价。项目经济评价有财务评价和国民经济评价两个主要内容，财务评价主要是以企业内部的财务为主进行分析，根据国家税收、项目费用以及产出的收益等进行综合性分析，最后得出项目建设的盈亏经济可行性；而国民经济评价是以国家为主进行分析，按照资源合理配制原则，用合理的方法进行分析计算，最终得出国家所需付出的代价以及国家受到的具体利益。最后需要对建设项目进行最后的盈利能力分析，分析其以后的经营状况，获利能力。

项目建设不确定性分析。因为在进行可行性研究的时候会受到各种条件的限制，使可行性结果不是很准确，所以应该进行不确定性分析。具体的分析这里不过多的介绍，只介绍一些项目建设不确定性分析方法。不确定性分析方法有：①从预测项目最主要影响因素发生变化时对经济评价指标的影响中，找出敏感因素，确定影响程度的敏感性分析；②对产品项目盈亏情况进行分析、预测的盈亏平衡分析；③乐观悲观法；④概率分析法等。

[来源：陈政，骆聪. 化工建设行业经济可行性研究和工程概算的行业分析. 化工管理，2015（05）.]

思考题

1. 简述创业项目可行性分析的必要性。
2. 化工建设行业怎样进行经济可行性研究？

(三)预测创业项目的价值和潜力

1. 进行创业项目价值和潜力预测的原因

"Planning without action it is Daydream. Action without planning it is Nightmare."(没有行动的计划是白日做梦。没有计划的行动是黑夜摸索。)正如这句名言所说,一个项目没有计划、没有预测是十分麻烦的,它势必会因缺乏预测和远见而遇到各种各样的问题,比如开支无法控制、不良应收账款和积压存货等不良资产的增加等。一个好的计划、预测,可以把相应的有利因素和不利因素转化为数字放到财务模型当中,并且利用估值、可能性分析、情景模拟、敏感性分析等手段,把潜在风险可能造成的影响计算出来,从而更好地规避或控制风险。同时,预算也是一种管理会计工具,能为企业的决策服务。并且,项目预测对于一个处于创业阶段的新型项目来说更为重要。风险投资是推动新型技术产业发展的重要力量,处于创业阶段的新型项目,一旦离开风险投资的风险资金的支持,想进一步发展壮大几乎是不可能的。而处于创业期的新型项目,想要获得广大投资者的资金,就要获得他们的认可。广大投资者对新型项目的价值判断,一是依靠自身的职业判断,二是依靠对该项目的价值和潜力的预测。

2. 影响创业项目价值和潜力的因素

影响创业项目价值和潜力的因素主要分为两个方面:首先是内部因素,主要包括创业者和管理团队;其次是外部因素,主要包括技术环境、市场环境和政策环境。

(1)创业者。创业者个人的素质水平是影响创业项目能否成功的关键因素之一。自主性强、善于分析问题、具有创造性思维、能够客观看待问题和解决问题的创业者,在最初创建企业项目时都会无形中给创业项目加分,而在业界具有良好声誉的创业者在企业创建初期的融资方面会具备很大的优势。一个优秀的创业者要公正守法,以确保创业项目信守合约、遵守公平交易准则,不违法乱纪。一个优秀的创业者要有良好的知识体系,见识广博,从而可以在分析各种因素利弊的基础上为项目做出正确的判断。一个优秀的创业者要有领导素质和创新能力,以确保在创业项目发展过程中能高速有效地带领团队发现和解决问题。

(2)管理团队。管理团队包括创业团队的总体能力以及团队成员的个人水平。具体来说,团队成员的教育背景、成员从事商业活动的资历和经验、生产技术人员的技术水平和创新能力以及团队内部的组织和协调能力等因素都有可能影响一项创业项目的价值和潜力。

(3)技术环境。技术发展是很难预测的,因此我们可以理解为:技术水平的变化是影响项目价值最为强烈的环境因素。技术的发展会极大地影响项目的产品、市场、供销商、用户量及竞争水平等。技术的进步可以拓展新的市场、生产更为优质的产品、缩小项目的相对成本、提高项目竞争地位。因此,创业者应对创业项目所涉及的技术发展趋势有一定的了解,并能够对其进行较为准确的预测。

(4)市场环境。市场环境的分析具体包括潜在顾客的需求量及稳定性、市场份额、竞争情况、新产品代替率、市场进入障碍及有关法律法规对市场的影响等。

(5)政策环境。政策环境主要是指政府的政策、法律法规、制度等相关因素。政府的政策、法律法规都会直接影响创业项目的价值和潜力。创业者应实时了解政府的政策和法律法规的更改,使创业项目能及时跟进最新的政策需求。

3. 预测创业项目的价值和潜力的方法

对于一个创业项目来说,评估预测的方法多种多样,但有几个准则是一定要遵守的,具体如下。

（1）经验因素。甄别投资建议书的最重要标准可能是创业者的个性与经验。有经验的创业者常常在商机还在形成的过程中，就表现出了快速识别的能力。

（2）项目的新颖性和可行性。创业项目不仅要在技术、产品、管理和盈利模式方面具有新颖性，而且必须在实施与投放市场方面具有可行性。

（3）收益增长的巨大潜能。潜力较高的企业能够确定一种产品或服务的夹缝市场，这项产品或服务能够满足一个重要顾客群的需要，为顾客提供增长的利益。产品或服务的生命周期必须长于收回投资，保证获取适当利润所需的时间。

（4）投资的商务构想（新产品、新服务）。必须能在2~3年内进入市场，产品具有巨大竞争优势或所要进行的产业竞争性相对较弱，必须提供需求投资的全面的令人信服的理由。

（5）管理团队的构成。创业团队是决定高增长企业潜力的关键因素。要求经理人员必须具备个人才能，在以前的管理工作方面有良好表现。团队成员的技能能够相互弥补、相互融合。

（6）潜在的回报及退出的可能性。必须把收获的目标时刻铭记在心，必须能找出退出机会，必须提供潜在的高回报率。

一般来说，创业投资家总是倾向选择管理良好的团队、合适的财务和产品有前景的项目，即使这些项目并不能满足所有的标准。但在做创业项目的价值和潜力预测时一定要尽量做到尽善尽美。具体的做法分为以下三个方面。

（1）项目亮点分析如图4-1所示。

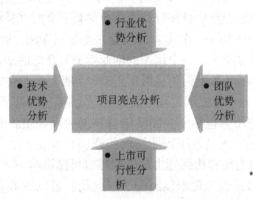

图4-1　项目亮点分析

① 行业与技术（图4-2）。

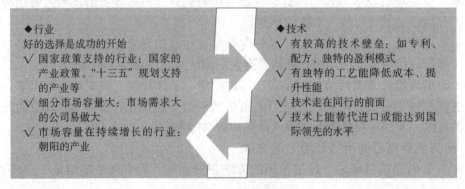

图4-2　行业与技术

② 团队与上市可行性分析（图4-3）。

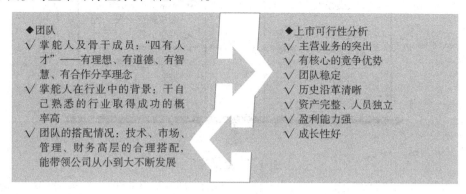

图4-3　团队与上市可行性分析

（2）对过去和现在情况的评估。

① 项目的基本情况（图4-4）。

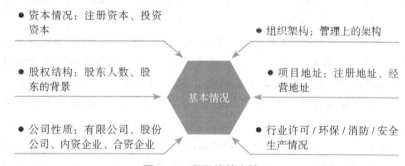

图4-4　项目的基本情况

② 项目的管理和人力资源。

项目管理是一项特殊的任务，具有很强的完整性，同时也有很强的时间性，是贯穿项目周期的一项管理过程。项目管理中需要利用人、设备、技术、资料等各种资源因子。实践证明，项目管理中人是最重要的资源因子。因此，项目管理中的人力资源管理尤为重要。项目管理中的人力资源管理，主要是从人员任命和选拔开始，通过与项目成员的沟通，明确项目工作目标和任务，并且在执行过程中不断进行人员协调、激励，使项目组成员能够始终保持高度的工作激情和责任心，为达成项目目标而共同努力。

③ 融资简介（图4-5）。

资金需求：

➢ 流动资产投资采用短期银行资金以发挥资金的杠杆作用。

➢ 固定资产投资一般用股权融资会降低经营的风险。

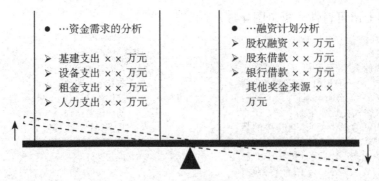

图 4-5 融资简介

【拓展阅读】

从构想到现实，ofo 创业项目的落地与发展过程构建了一幅清晰的图景

小黄车 ofo 作为先锋者，凭借出色的创业团队与明确的运营方向，从北大校园 1.0 到面向全国数百所高校的项目落地 2.0，至今，又进军城市服务领域的"大城市共享"3.0，赢得了联动半个 TMT（Technology Media Telecom）创投圈的资本方关注。

小黄车 ofo 共享单车是全球首个以无桩停放方式实现单车共享的出行解决方案。小黄车 ofo 单车共享项目由北大创业团队发起，从北大出发，布局全国高校，到 2016 年 11 月中旬正式面向城市公共服务领域，以环保、共享理念为基础提高校园及城市最后一公里出行效率。

ofo 由 3 名北大硕士生发起，现核心成员为 5 名北大学子。因为对自行车运动的热爱，几位北大学子结缘相识。2014 年，他们在双创热潮下选择了以自行车为内容的创业项目。2014 年 ofo 初创之时，基于团队在青海支教时发现自行车骑行与旅游结合的可能性，团队首先选择了做骑行旅游项目，但是骑行旅游项目有两个明显短板：第一，装备资源需要团队自行筹备；第二，项目的受众市场相对狭窄。初创骑行旅游项目期间团队尝试过开拓热门旅游路线，到台湾岛骑行环游、在青海湖期望做一个爆款骑游项目等。直到骑游项目将初创期投资方的 100 万元资金耗尽，仅剩 400 元的时候，团队开始重新打量项目方向。

于是他们进行了项目的转型，基于自己的单车容易丢失甚至被偷及找车不容易的事实考量，在校园进行了数据调研后，团队确定了现有的共享自行车解决方案。从北大校园出发，团队向师生们征集 2 000 辆自行车，以提供校园 3 万师生使用。征集的自行车会被统一改装、上牌号、重新上黄色油漆标志，贡献出自行车的师生们可终身享受免费使用权，而其他师生只需象征性付费（每分钟 0.01 元，每次使用 2 元封顶）即可使用小黄车。

"干一票大的""以北大人改变北大人""让北大人随时随地有车骑"的口号充满着热血青春的意气，2 000 辆自行车及合理的痛点切入，让小黄车迅速在北大走红：自投入使用后不到 40 天，便有超过 20 000 北大用户注册认证。然后，小黄车陆续攻下人大、北航、农大、北交、矿大、北科、地大七所高校，2015 年 12 月 ofo 订单量接近 2 万。

在北京高校成功落地、运营，小黄车获得新的资本青睐。在 2016 年春节之后，获得 A 轮融资的 ofo 将业务向北京 20 余所高校拓展，并延伸至武汉、上海等城市校园。然而春节之后四个月的拓展并没有获得实际的订单增加，团队成员发现了一个战术失误：多学校投放，但每个学校投放量并不多，导致每辆自行车使用频率较低。因此他们转而将重点放在 8 所学校，集中投放自行车。2016 年 5 月，ofo 凭借由 2 万订单量上涨到 8 万订单量的项目成效斩获 B 轮融资。

借高校开学季之好时机，向全国各大区进军，2016 年 9 月份 ofo 日订单量达到 40 万，在 21 省市 200 多所高校落地。值得一提的是，拓展业务期间，武汉地区落地，团队成员考虑到武汉大学坐落在山上有安全问题，因此一度将湖北大学作为突破口，但后来发现"农村包围城市"的战术效果并不理想，最终决定向名气更大的学校出发：正式在武汉大学投放自行车。后来在成都落地时，团队首选在电子科大投放自行车。

2016 年 8、9 月份共享自行车领域已成为明显的风投热点，ofo 项目正式启动"城市大共享"计划——从面向校园到面向全国各城市的服务计划，并进入创业项目第三阶段：产品迭代与服务优化，解决项目短板阶段。至今已将服务范围延伸到城市领域的 ofo，有望影响千万市民（而且集中在最活跃、注重生活质量的消费群体）的最后一公里出行。

ofo 资本融资如图 4-6 所示。

共享单车	融资轮次	公布时间	融资数额	投资方
ofo 单车	C2	2016.10.10	数千万美元（C1+C2 为 1.3 亿美元）	Coatue、顺为资本、小米、中信产业基金领投，元璟资本、Yuri Milner、经纬中国、金沙江创投跟投
	C1	2016.09.26	数千万美元	滴滴出行
	B	2016.09.02	数千万美元	经纬中国、金沙江创投、唯猎资本
	A+	2016.08.02	1000 万元	真格基金、王刚
	A	2016.02.01	1500 万元	金沙江创投、东方弘道
	Pre-A	2015.12.22	900 万元	东方弘道、唯猎资本
	天使轮	2015.03.17	数百万元	唯猎资本

图 4-6 ofo 资本融资

（来源：凤凰科技）

思考题

1. 影响创业项目价值和潜力的因素有哪些？
2. 怎样合理地分析项目的价值和潜力？

(四)创业项目前景分析的方法和实施

我们往往需要对一个创业项目进行前景分析才能确定它存在的价值和意义。而前景分析则需要考虑很多因素,比如创业环境的市场分析、创业项目自身的竞争力分析以及项目带来的风险。

1. 市场分析

市场分析建立在大量占有市场信息的基础之上。这里的信息主要是指市场规模、市场潜力、市场定位等。因此,在市场分析之前我们必须掌握足够的市场情报资料。

(1)市场规模。调研目前国内外具有一定规模和知名度,进行相同、相似业务的公司/网站的现状,如这些公司一年的销量、投入产出比、任务完成比、宣传与管理费比例等,各项指标是否达到预期目的,市场运行状况是否正常。了解目前行业公司主要涉及哪些领域,了解所从事行业目前的市场规模情况,以此来判断自己的创业项目还能从哪些新的领域涉足,自己的项目有哪些技术优势,决定自己的创业项目应该以多大的规模开始。

(2)市场潜力。市场潜力太小会限制企业的发展规模,这对创业项目是一种阻碍,这就很难让创业项目持续发展下去。市场潜力要考虑两个方面,一是市场将存在的时间跨度,即创业项目的市场是否能够一直保持竞争性,是否会很快被其他技术、能源所替代。二是市场规模随时间增长的速度,即考虑该创业项目的市场还有没有继续增长的空间,以此来判断市场是一块可以继续做大的蛋糕,还是说这块蛋糕已经做成,目前只能分这块蛋糕,没有再发展的需要了。

(3)市场定位。创业者在了解了目前的市场规模和市场发展潜力之后,需要对自己的创业项目进行市场定位。主要从以下几个方面定位:①目标市场的人口数量、区域划分、经济状况及经济来源、农村城镇人口比例及经济状况,较富裕乡镇分布及人口比例;②主要竞争技术有哪些,竞争技术成果采用的营销模式及其特色、销量及优劣势(如广告投放量、产品定位、价格、促销、渠道等);③消费者:消费习惯、心理特征、发病率、购买决定过程等;④销售渠道:技术实力、网络、信誉等。

(4)用户满意度调查。

① 用户需求调查。在商业领域,痛点(Need)、痒点(Want)、卖点(Demand)三个关键词是一切产品(服务)的策动点。如果一个产品(服务)的核心价值没有指向任何一个关键词,就很难获得真正意义上的成功。痛点(Need)就是用户在生活当中所担心的、需要的、不方便的问题。用户想要找到一个方法去解决这个问题,以恢复正常生活状态。痒点(Want)就是让用户一看到、一说到这个产品(服务),就会激起用户的内在需求。卖点(Demand)从卖家角度而言的,指产品(服务)自身的特色用户不一定能发现,但当产品特色一旦提出来,用户就会产生想要买的冲动。这样这个卖点就成功了,瞬间就能打动人心。

② 购买意向调查。通过对目标用户的研究,更好地满足他们的需求;通过对竞争者的研究,构建企业自身的竞争优势。通过几个简单的问题,了解用户对产品(服务)更加真实的看法,进一步了解产品(服务)是否可以盈利。购买意向调查表的调研对象是产品(服务)的目标用户,但问题设计要尽量短小、简单、容易回答。

2. 竞争力分析——SWOT 分析

SWOT 分析是一种将公司的战略与公司内部资源、外部环境有机结合的分析方法。通过对创业者本身的竞争优势、竞争劣势以及外部的机会和威胁加以综合评估与分析，得出结论，以此来调整创业方面的相关策略，进而达成创业目标。

SWOT 由 Strength（优势）、Weakness（劣势）、Opportunity（机会）、Threat（威胁）四个英文单词的第一个字母组合而成。

（1）优势（S）。优势是指一个公司所特有的能提高公司竞争力的方面，或者指企业超越其竞争对手的能力。一个企业比另外一个企业更具有竞争优势，要看两个企业处在同一市场或是它们都有能力向同一顾客群体提供产品和服务时，这个企业是否比另外一个企业有更高的盈利率或者盈利潜力。竞争优势可以是以下几个方面。

① 有形资产优势：先进的生产流水线，热门的不动产地点，现代化车间和设备，自然资源储存丰富，充足的资金，完备的资料信息。

② 无形资产优势：优秀的品牌形象，良好的商业信用，积极进取的公司文化。

③ 技术技能优势：拥有独特的生产技术，能够实现低成本生产，领先的革新能力，雄厚的技术实力，完善的质量控制体系，丰富的营销经验，上乘的客户服务，卓越的大规模采购技能。

④ 人力资源优势：关键领域拥有一大批专长的职员，职员积极上进，拥有良好的精神状态，很强的组织学习能力，丰富的经验。

⑤ 组织体系优势：高质量的控制体系，完善的信息管理系统，忠诚的客户群，强大的融资能力。

⑥ 销售能力优势：产品开发周期短，强大的经销商网络，与供应商关系良好，对市场环境变化反应灵敏，在市场份额中占主导地位。

（2）劣势（W）。劣势是指创业者缺少或做得不好的方面，或指某种会使创业项目处于劣势的条件。可能导致内部弱势的因素有以下几点。

① 缺乏具有竞争意义的技能技术与相关经验。

② 缺乏相应资金，资金流动不通畅。

③ 缺乏有竞争力的人力资源和组织资产。

④ 关键领域里的竞争能力正在丧失。

（3）潜在机会（O）。潜在机会是影响创业项目前景的重大因素。创业者应当确认每一个机会，评价每一个机会的成长和利润前景，把握那些能与公司财务和组织资源匹配、使公司获得竞争优势最大的绝佳机会。潜在的发展机会可能有以下几个。

① 市场尚未充分开发，潜在客户群体迅速增加。

② 客户群不断扩大或产品细分市场。

③ 市场进入壁垒降低，需求增长强劲。

④ 技能技术向新产品新业务转移，为更大客户群服务。

⑤ 获得并购竞争对手的能力。

⑥ 出现向其他地理区域扩张，扩大市场份额的机会。

（4）外部威胁（T）。外部威胁是指在公司的外部环境中，某些对公司的盈利能力和市场地位构成威胁的因素。创业者应当及时确认对公司未来利益的威胁，做出正确的评估并采取相应的战略行动来抑制它们所产生的影响。公司的外部威胁可能有以下几种。

① 竞争对手增加，市场竞争加剧。

② 各种替代品拉低公司销售额。

③ 市场需求减少，主要产品市场增长率下降。
④ 人口特征、社会消费方式的不利变动。
⑤ 汇率和外贸政策的不利变动。
⑥ 经济萧条和业务周期的冲击。

当今时代，石油化工行业面临着一些未来发展前途的重大抉择。学校担负着培养化工领域人才的重任，在学校基础教育中应把握石化行业发展趋势，引导更多有志创业的学生走向创业前景更广阔的化工行业的创业之路。

【拓展阅读】▶▶▶

无锡50岁的庄志强全面分析了项目前景，准确定位开启创业路

50岁的庄志强曾专程到南京接受电池复原的培训，在开店之前做了2个月详细的市场调研："像我这个年纪，不能像年轻人那样冲动！"无锡有个叫"清华"的电池修复店的名气比较大，所以他一到下班时间和周末，就到"清华"的店门口去观察。坚持了2个月，他发现，平时"清华"生意就可以，总是有人去修车，在周末的时候会更忙。这坚定了他自己开店的信念。在此之外他还请教了无锡另外两家"七色花"的加盟商："据他们说开业半个月就开始盈利了，我就有信心了。"于是，老庄背上行囊就到南京来接受电池复原培训了。

他有自己的生意经：刚开始做不要贪大，我们是小规模启动，门面房是我自己家的房子，等把牌子打响了，再租更好的店面，会比较稳妥。老庄听说一些失业的人看不上电池复原这个项目，他告诫自己说：这个项目就不是个能赚大钱的事，要摆正自己。项目创业一是能充实自己，多少能够赢利，并且风险小，比较稳当。也正是因为他在开始创业前做足了市场调研及项目的前景，并且准确定位了自己创业项目，所以他稳扎稳打创办起自己的小公司。

（来源：张仁华博士《创业项目分析》讲义）

思考题

1. 创业项目前景分析需要考虑哪些因素？
2. 庄志强是怎样成功的？

第五章 整合创业资源

【学习目标】
1. 了解创业者资源管理的独特性。
2. 了解创业者资源整合的机制和技能。
3. 运用资源基础等理论解释创业活动。
4. 进一步熟悉创业思维。

一、创业资源概述

（一）创业资源的内涵

1. 创业资源的概念

创业资源有狭义和广义之分，狭义的创业资源是指新创企业在创造价值的过程中需要的特定的资产，包括有形与无形的资产，它是新创企业创立和运营的必要条件，主要表现形式为创业人才、创业资本、创业技术、创业机会和创业管理等。

广义的创业资源是指已经显现或尚未显现、潜在的但是在将来可能会为创业者所利用的一切资源。

2. 创业资源的作用

获取创业资源的最终目的是创业者为了组织这些资源，追逐并实现创业机会、提高创业绩效和获得创业成功。创业资源无论是要素资源还是环境资源，同时无论这些资源是否直接参与企业的生产，对创业绩效而言都会有积极的影响。

① 要素资源能够直接促进新创企业的成长。
② 环境资源能够影响要素资源，并对新创企业的成长起到间接促进。

3. 创业资源的重要性

杰弗里·蒂蒙斯在其著作《创业学》中提出了"蒂蒙斯创业过程模型"（图5-1），该模型强调了创业资源对创业成功的重要性。

（1）创业过程的核心驱动力是商业机会，创业过程的主导者是创始人或团队，创业成功的必要保证则是创业资源。

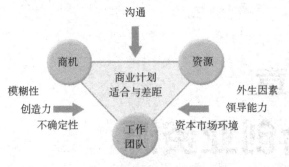

图 5-1　蒂蒙斯创业过程模型

　　创业过程始于创业机会，而不是资金、技术、战略、团队或商业计划。在开始创业时，商业机会比资金、团队的能力和才干及适应的资源更重要。在创业过程中，适应→差距→适应的动态过程是资源与商机间必须经历的一个过程。商业计划是在提供沟通创业者、商机和资源三个要素的质量和相互间匹配和平衡状态的一种语言和规则。

　　（2）创业过程是商业机会、创业者和创业资源三个要素匹配和平衡的结果。处于模型底部的创始人或团队要善于配置和平衡，借此推进创业过程，其核心过程必须做的是：对商业机会的理性分析和把握，对风险的认识和规避，对资源的最合理的配置和利用，对工作团队适应性的认识和分析。

　　（3）创业过程是一个持续不断的寻求平衡的行为组合。绝对的平衡在三个要素中是不存在的，但企业如果要保持发展，必须追求一种动态的平衡。用保持平衡的观念展望企业未来时，创业者必须考虑的问题是：目前的团队是否能领导和掌握公司未来的成长、资源状况；下一阶段面临的成功陷阱。这些问题在不同的阶段以不同的形式出现，牵涉企业将来的可持续发展。

　　根据"蒂蒙斯创业过程模型"，诸多学者和企业家总结出了创业三要素：资源、机遇、团队，三者缺一不可。

　　值得创业者注意的是：创业资源在于整合，而不在于拥有；不是在有资源的情况下去创业，而是在没有资源的情况下去寻找创业机会。

思 考 题

1. 创业需要什么创业资源？
2. 何时需要创业资源？
3. 如何获得创业资源？

（二）创业资源的类型

1. 创业资源的分类

（1）直接资源和间接资源。根据资源要素对企业战略规划过程的参与程度，创业资源可分为直接资源和间接资源。市场资源、财务资源、管理资源、人才资源是直接参与企业战略规划的资源要素，可以被定义为直接资源；信息资源、政策资源、科技资源这三类资源要素对于创业成长的影响并未直接参与创业战略的制定和执行，更多的是提供便利和支持，因此，其对于创业战略的规划起到的是一种间接作用，可以把它们定义为间接资源（图 5-2）。

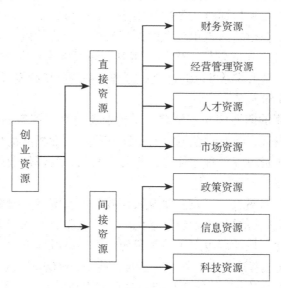

图 5-2　创业资源细分概念模型图

（2）人力和技术资源、财务资源、生产经营性资源。根据 Barney 的分类，创业资源可分为人力资源、组织资源、物质资源。对于初创企业来说，组织资源是三类中较为薄弱的部分；而人力资源为创业过程中最为关键的因素，创业者及其团队的知识、能力、洞察力、经验及社会关系影响到整个创业过程的开始与成功；同时，创业者等少数人掌握着专业知识技能，因而此时的技术资源实际上和人力资源紧密结合在一起，并且上述两种资源可能成为企业竞争过程中优势的重要来源。

创业初期的物质资源最初主要是财务资源和少量的厂房、设备等。因而，创业资源细分后，经过重新归纳，主要为以下几种：①人力和技术资源，包括创业者及其工作团队的能力、经验、社会关系及其掌握的关键技术等；②以货币形式存在的资源即财务资源；③其他生产经营性资源，包括在企业新创过程中所需的厂房、设施、原材料等资源（图 5-3）。

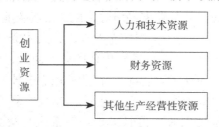

图 5-3　Barney 等人的创业资源细分概念模型

（3）核心资源与非核心资源。资源基础论将创业资源分为核心资源与非核心资源。

核心资源主要包括人力、技术和管理资源。人力资源是企业创新的源泉。高素质人才的获取和培养是现代企业可持续发展的关键。管理资源又可以理解为创业者资源。创业者的个人性格、对机遇的识别和把握、对其他资源的整合能力，都将直接影响创业的成败。科技资源是一种起积极作用的机会资源。对于初创企业来说，主动寻找和引进有商业价值的科技成果，是企业的立身之本和市场竞争之源。

非核心资源主要包括奖金、环境和场地资源。如何有效地吸纳资金资源，持续保持稳定的资金周转率并实现预期盈利目标，是创业成功与否的瓶颈课题。场地资源是指高科技企业用于研发、生产、经营的场所。良好的场地资源能够为企业有效降低运营成本，提供便利的生产经营环境，在短期内累积更多的顾客或质优价廉的供应商。环境资源作为一种外围资源也影响着创业企业的发展。例如，信息资源可以为创业者提供优厚的场地资金、管理团队等关键资源，文化资源可以促进企业管理资源的可持续发展。

（4）自有资源和外部资源

来自内部机会积累的资源即自有资源，是创业者自身所拥有的可运用于创业的资源，例如用于创业的自有资金，自有的技术，自己所获得的创业机会的信息，自己建立的营销网络，自己控制的物质资源或管理才能等，甚至有时候，发现创业机会是创业者所拥有的唯一创业资源。

外部资源可以包括如朋友、亲戚、商业伙伴或其他投资者、投资人资金，通过提供未来服务、机会等换取到的资源，或者包括借到的人、设备、空间或其他原材料，有些社会团体或政府资助的管理帮扶计划也属于该类资源。外部资源多来自于外部机会发现，而外部机会发现在创业初期起着决定性作用。一方面，企业的创新和成长一定会消耗大量资源；另一方面，企业自身还很弱小，不能实现资源自我积累和增值。

创业资源区别于一般企业资源的独特之处在于，企业只有在识别机会从外部获取到充足的创业资源后，才能实现快速成长。对于创业者来说，对外部资源的有效利用是一种非常重要的方法，在企业的创立初期成长阶段尤其如此。其中的关键是具有资源的使用权并能影响或控制资源的部署。

2. 大学生创业所需要的资源

（1）信息资源。技术、政策及市场信息是创业者做出正确决策的信息依据，是适时调整创业思路的基础。在瞬息万变的市场经济中，若不能及时、准确地得到这些信息，创业者必然会如"瞎子摸象"般处处碰壁。同时，离散程度大、层次浅的各种信息，难以保证技术经济信息的及时性、完整性、准确性和有效性，这必将会影响创业企业的决策，甚至关系到创业企业的成败。

（2）人力资源。当代企业管理中关于人才的概念已经由传统的"劳动力"概念转变为"人力资本"的概念，高素质人才的获取和培养，成了现代企业可持续发展的关键，因为其有更大的专业知识和技能比重。对于高科技企业来说，人才资源则更为重要。

创业不仅需要持续的技术支持，还需要出色的创业团队，优秀的人才则是优秀的创业团队的基础。创业投资者真正看中的其实就是创业所依靠的技术的潜能以及出色的人才。

（3）物质资源。雄厚的资金实力是企业创业、成长、壮大的坚实的物质基础，没有资金，就无法成立企业和推动创业项目起步。新创企业经常由于资产不足而缺乏抵押能力，因此很难从银行得到充足的贷款，使得资金资源成为企业发展初期的最主要瓶颈。因此，资金是创业所需的必要资源之一，如何有效地吸收资金资源是创业者极为关注的问题。

（4）技术资源。决定新创企业能否在市场中取得成功的关键是企业是否掌握创业需要的"核心技术"或"根部技术"，是否拥有技术的所有权。若将创业需要的技术分为根部技术、树干技术、树枝技术、树叶技术的话，那么是否掌握根部技术，将决定着未来企业产品的市场覆盖率，进而决定新创企业的市场占有率和企业利润率。Intel公司之所以能霸占全球市场，就在于其掌握着最先进的芯片技术，而芯片技术则是制造计算机的根部技术和核心技术。

一般而言，在创业初期，创业资源的最关键资源是创业技术资源，主要原因有以下3点。

① 创业技术是决定产品在未来市场上竞争力大小和获利能力的根本因素。

② 创业技术是否为核心技术决定了企业所需创业资本的大小——对于在技术上非根本创新的创业企业来说，较小规模的创业资本便可维持企业的正常运营。

③ 从创业阶段来说，由于企业规模较小，因此管理及对人才的需求度不高，因此技术成为创业阶段最关键的资源。

（5）社会关系网络。社会关系网络由个人的社会网络和组织的社会网络构成。作为一种重要的社会资本的社会关系网络，对创业机会的开发和利用过程主要有三方面积极的影响。第一，能为创业者提供各种关键性的资源；第二，社会关系网络的构建影响创业决策，并可以提高资源的利用效率；第三，社会关系网络能为新企业提供竞争优势。

例如，旨在培育创新人才和新一代高科技企业——创新工场。创新工场由曾在微软、谷歌担任高管的李开复博士创办，为早期创业者需求的资金、商业、技术、市场、人力、法律、培训等提供一揽子服务。创新工场汇集了来自于各行各业的精英：既有本土知名企业的专业人士和有过多次创业实践的本土创业者；又有来自硅谷的资深技术人才以及著名跨国科技公司的业内高手，也有多位来自斯坦福大学、哈佛大学、耶鲁大学、牛津大学、麻省理工学院等不同专业的杰出校友。

俗话说，大树底下好乘凉。创新工场等一大批投资集团通过整合业内资源为其所孵化的企业提供专业的分析师团队以及丰富的后援，如招聘、法律、财务、市场、机房等服务；同时也提供共享的软件平台和模块，还有搜索引擎优化等服务，增加了创业成功的概率，强大的人才系统与社会网络为其平台孵化的项目带来了成熟的资源，截至2011年7月，创新工场已审阅了超过2500个项目，成功投资孵化了39个项目和公司。

社会网络有助于创业企业实现外部交易的内部化，同时节省大量的审查、谈判、监督等交易成本。创业企业拥有的企业网络关系，又是其获得新资源、新市场、新产品的信息渠道。

3. 大学生创业获取资源的途径

（1）信息资源的获取。大学生创业决策和管理所需信息的获取途径主要有同行创业者或同行企业、政府机构、专业信息机构、新闻媒体、研究开发机构、会议、公众信息网。

① 同行创业者或同行企业。在市场经济中，同行经济行为主体既相互竞争，又有着互为存亡的关系。特别值得指出的是，收集同行的活动信息，对于创业者尤为重要。对同行行为的了解和掌握，有助于创业者把握同行间的竞争态势和行业信息，判断自己的优劣长短，进而正确地调整、决定自己的行为策略。通常情况下，积极参与同行创业者或同行企业举办的各类活动，加强与对方成员的感情沟通，收集有关他们公开的、非公开的文字等材料，就可能得到有关的行业信息。

② 政府机构。政府机构往往是信息的集散地，他们掌握着大量经济、技术与政策信息，同时也在制造大量政策信息，某些政府机构甚至还垄断着某些信息。因此，随时关注政府机构制造、集散的信息，有助于创业者的创业决策和新创企业的运营管理。一般情况下，收集与自己创业活动有关的政府出版物、参与政府机构召集的有关会议、主持的有关

活动，就可能得到需要的相关信息。

③ 专业信息机构。现在社会上存在大量专业信息机构，他们掌握着很多与创业相关的经济、技术、市场和政策信息。这些专业信息机构一般可分为两类：一类是综合性信息机构，集散着经济、技术、市场、政策各方面信息，如国家信息中心、中国科技信息研究所等。另一类是领域性的信息机构，集散着某一领域、行业的信息，如各行业部门的信息中心、专业性咨询机构。创业者需要从自己的创业活动的实际需要出发，对所需要的信息进行领域细分类，然后从相关信息机构检索、获取自己需要的信息。

④ 研究开发机构。
　a. 基础性科研机构，制造和掌握着相关领域的科学进展信息。
　b. 开发性科研机构，制造和掌握着相关领域的技术进展信息。
　c. 商品性科研机构，制造和掌握着相关领域的商品开发信息。
　d. 公共服务性科研机构，制造和掌握着相关领域的技术标准、技术进展信息。

创业者同样可以从自己的实际创业活动出发，对所需要的技术等信息进行专业领域的详细分类，在尊重对方知识产权的前提下，从相关研发机构获取自己需要的专业信息。

⑤ 新闻媒体。新闻媒体，诸如网络、报刊、电视、广播等，也是重要的创业信息来源，他们每天都在广泛集散着、快速传播着各个领域的科技、经济、市场和政策信息。创业者只要留心观察，同样可以从自己的创业活动出发，获取自己需要的信息。但要注意的是，新闻媒体，特别是广播电视媒体，其所提供的信息多数是"线索性的"，创业者需要顺着线索寻找"初始信息源"，进一步获取详尽的信息。

⑥ 会议。各类会议，特别是专业性会议，也是重要的创业信息来源。如政府机构、行业协会、科研机构、企业联盟、信息机构、媒体机构等举办的信息发布会、展览会、研讨会等。参加这类会议，创业者往往可以面对面、交互式地获取需要的信息。特别是通过与对方的交流、探讨，创业者可以引导对方为自己现场生产信息，甚至可以通过交朋友为自己培育未来的、稳定的信息来源，并纳入自己的社会网络资源中。

⑦ 公众信息网。随着信息技术的飞速发展和知识经济时代的到来以及全球经济一体化的加剧，信息传输的途径已越来越依赖于电信网络方式，尤其是计算机互联网络。计算机信息网络有3大特点：网络化、公众化、国际化。借助信息网络和工具软件的查询功能，创业者可以迅速检索到大量的相关信息。

（2）人力资源的获取。初始创业者、核心成员、管理团队、外部人力资源是最重要的四种人力资源。

初始创业者作为提出核心理念、带头组织资源、带领团队实施的人，对整个创业过程有着至关重要的作用，需要具备足够的创业激情、丰富的行业经验、敏锐的判断力、广泛的社会资源等特质。

思考题

组建创业团队需要找什么样的人？是与创业者相似的人，还是与创业者互补的人？如何实现两者的平衡？

（3）物质资源的获取。按照来源划分，创业资金可分为自筹资金和外部资金。自筹资金主要是指个人资金（自有资金、亲友借款）；外部资金包括商业银行贷款、天使投资、政府机构的资助与支持、风险投资基金、股票和债券融资等。

① 商业银行贷款。商业银行是初创企业负债资金的主要来源。初创企业可以以一定价值的资产作为抵押或担保向商业银行贷款。银行要审查申请人的条件来决定是否对企业进行贷款，其标准为"6C标准"：借款人的品质（Character）、偿还贷款的能力（Capacity）、注入企业的资金（Capital）、借款人的抵押品（Collateral）、借款发生时的经济环境（Condition）、银行对贷款的控制（Control）等。

② 天使投资。天使投资者一般指的是富有的个人，如企业家、律师、医生等高收入阶层。天使投资的特点是：①资金主要来源于个人。与银行贷款不同，天使投资的资金主要来源于富豪的个人闲置资本。②主要投资于初创企业、早中期的企业。由于企业在刚刚起步时需要的资金不是很多，去银行贷款条件比较苛刻，而风险投资又不愿意接这种小业务。天使投资家由于资金的限制，所以一般只会选择在企业早期进行投资。

天使投资者多为成功的创业企业家、创业投资家或者大公司的高层管理人员，他们不仅拥有一定的财富，还具有经营理财或技术方面的专长，对市场、技术有很好的洞察力。有的本身就是以前成功的创业者，十分了解创业企业的发展规律，他们能够在很多方面帮助创业者，如经营理念、关键人员的选聘以及下一步融资等。此外，他们对创业者的要求不像正规的风险投资机构那样苛刻，因而更受创业者的欢迎。

③ 政府机构的资助与支持。政府的资助通常用于企业的初创阶段，因为此时投资资金最难获得，现金流十分紧张。政府机构一般不直接向新创企业投资，而是提供担保由商业银行向新创企业提供贷款，但这种贷款要由政府有关机关进行审批，因为政府要承担担保引起的责任。除了提供资金资助之外，政府可能还提供其他支持，如咨询和培训服务等。

现在在我国，各级政府对创业活动的重要性认识越来越深入，而且随着中央大众创业万众创新的号召，相继出台了一系列针对创业和中小企业发展的优惠政策。中小企业担保基金、科技部中小企业创新基金、地方政府的留学生创业基金等，都可能成为创业企业的重要融资选择。

④ 直接融资。对于股份有限公司和有限责任公司，在企业成熟后可以通过发行股票和债券来进行融资，这样也为天使投资人和风险资本提供有效的退出机制，形成资本的良性循环。但是由于直接融资的对象是社会公众，因此审批较为严格，一般适用于处在发展中期的创业企业。

（4）技术资源的获取。新创企业需要获得起步项目依赖的技术，其获取途径主要有：购买他人的成熟技术进行技术市场寿命分析，吸引技术持有者加入创业团队；购买他人的前景性技术，再通过后续的完善开发，使之达到商业化要求；同时购买技术和技术持有者。

① 技术持有者自己创业。特别是在高新技术领域，最常见的便是技术持有者自己创业。美国的戴尔电脑公司、王安电脑公司，中国的联想集团、方正集团等，都是技术持有者自己创业的典例。一般情况下，技术持有者自己创业具有较高的成功概率，但需要组织一个囊括各类管理人才的团结一致的创业团队，因此也需要一定的管理才能。

② 吸引技术持有者加入创业团队。在一些情况下，创业者并未掌握创业需要的技术。这时，创业者就需要吸引技术持有者加入自己的创业团队。学生创业——视美乐科技发展有限公司便是典型的例子。王科是位有经营头脑和管理才能的高智商才子，有着强烈的创业意识，当他发现邱虹云研发的技术具有良好的市场前景时，便邀请邱虹云一起创业，随

后又邀请其他志同道合者加盟。这里，邱虹云和其他成员的加盟，似乎是视美乐起步的重要因素。

③ 购买他人的成熟技术并进行市场寿命分析。在高新技术创业中，采用的技术最好是成熟的。因为采用的技术越成熟，则创业成功的概率越大。一些军工企业将成熟军用技术解密，迅速开拓民品生产新业务、占领新市场，即是这方面的典型例证。当然，购买他人的成熟技术，还需要进行深入、详尽的技术甄别，进行技术的市场寿命分析，以防购买到的是落后技术，避免进入一个已经拥挤的产品市场。

④ 购买他人的前景性技术。在竞争的市场经济中，企业可以购买他人的前景性技术，然后再进行后续的完善开发，进而推出市场需要的产品。借助这一模式来创业，就要求创业者具有前瞻性，能够把握新技术的发展方向和市场前景，同时具备能力进行后续的研究开发。不少企业和高校合作或者直接从高校院所购买技术，目的就是拓展自己的新业务、新事业，他们得到的往往是前景性技术。目前已有一些人购买他人的前景性技术来进行创业的案例。

⑤ 同时购买技术和技术持有者。在购买技术的同时，"购买"掌握技术的人，将有助于创业者迅速消化、理解、完善和使用所购买的技术。我国台湾的工业研究院就是运用这一模式，输出自己的技术成果和技术员，以推动当地的高新技术产业发展。当某个企业欲发展新业务或某创业者欲创办新企业时，只要提供给研究院一定补偿，在科技人员同意成为创业团队成员的前提下，该研究院即同时向外"出售"技术成果和技术人员。

思考题

1. 创业者一般拥有哪些资源？
2. 你认为创业过程中最重要的资源是什么？
3. 经常有人说创业是"白手起家""无中生有"，对此你怎么看？

（三）大化工行业创业资源与一般商业资源的异同

商业资源是指包括个人在内的具有商业价值的各类有形和无形的资产和其组合。大化工行业创业资源则是商业资源在化工等相关领域的具体表现。

根据中国石油和化工联合会的数据，2015年中国石油和化工行业总营收达13.14万亿，中国整个化工的表观消费量约15万亿人民币，若按照交易量来计算，则达到45万亿的交易量市场。全球市场的30%都为中国的化工市场所占，从规模上来讲是世界第一。面对如此规模的一个大市场，各方神通都将淘金的目光聚焦于此。由于化工行业产品的特点，导致化工行业对于人力资源有更高的要求。

相比于一般商业资源，化工类产品的特点如下。
① 品种多，更新换代快。
② 产量小，大多以间歇方式生产。
③ 具有功能性或最终使用性。
④ 许多为复配性产品，配方等技术决定产品性能。
⑤ 产品质量要求高。

⑥ 商品性强，多数以商品名销售。
⑦ 技术密集高，要求不断进行新产品的技术开发和应用技术的研究，重视技术服务。
⑧ 设备投资较小。
⑨ 附加价值率高等。

我国化工行业创业面临的最大问题是创新、创业能力不足：原创性的发明专利和新产品少、成果产业化率低、化工类企业经济不够灵活、产业转型不够迅速，这些都是制约化学工业快速发展的因素。

因此，相比一般商业资源，化工行业迫切需要产学研背景下化工类创新创业人才来共同推动化工行业的发展，除了具备化工专业上的要求之外，在创新创业的素质上体现为具备强烈的创业方法、市场意识、合作意识等，能够不断学习新知识新方法，具备创业能力和创新精神。

思 考 题

1. 创业者为什么经常受到资源匮乏的约束？
2. 是否拥有了资源就能创业成功？
3. 大学生创业获取资源的方式有哪些？

二、创业资源整合

【拓展阅读】▶▶▶

云南云维股份有限公司的信息技术改革

云南云维股份有限公司作为云维集团的核心企业，面临着国际化竞争加剧、生产需求稳定增长的压力，如何适应和支持云南化工行业的结构调整，如何提升企业经营管理水平，加强企业在战略规划、财务管理、人力资源管理、市场营销、销售、仓库及物料、采购、设备管理、生产管理、质量管理、研发和工艺管理等方面的能力，提高整个公司的运作效率和管控能力是公司管理层所面临的巨大挑战。

公司决定在企业内部建立和推广信息系统，有效支持企业业务运作和经营管理决策，进而支持公司的发展和战略目标实现。经过严格的考察和筛选，云维股份有限公司决定选择SAP作为运营的核心信息平台，选择SAP就是选择了一种管理标准，SAP展现了先进管理理念和思想，适合企业未来扩张和发展，管理提升的投入风险是最小的。在服务供应商的选择上，云维最终决定选择神州数码。理由是神州数码是国内最大的IT服务商，且其本身就是SAP的用户，神州数码自身的成功应用已经作为哈佛的教学案例之一，神州数码在化工行业成功实施的经验也是获得云维青睐的原因，神州数码是可以合作的长期战略伙伴。在硬件平台的选择上，云维选择了SUN，是因为SUN是SAP全球合作伙伴，SAP解决方案在SUN的平台上具有良好的使用可靠性和性价比。

云维股份有限公司将把整个信息化项目分成两个阶段进行。第一阶段实施完成了

FI（财务会计）、CO（成本会计）、SD（销售和分销）、MM（物料管理）、PP（生产计划）五大模块。目前第二阶段 PM（工厂维修管理）和 BW（数据仓库）模块正在实施中，预计在第二年上线。

实施后，云维股份有限公司不但解决了实施前普遍存在的企业内部沟通不畅、人工操作误差大、财务管理上的信息流程慢、管理层需要的决策信息形成滞后等问题，还大大提高了云维股份的经营风险规避能力，并通过财务信息流等内部信息流程即时生成共享功能，简化了企业管理流程，使企业经营活动趋于透明化，使云维股份有限公司的市场竞争能力大大提高。

云维股份有限公司技术改革后带来的效益具体表现在以下几点。

① 实现从销售、生产、采购的一体化管理；
② 统一采购业务，规范供应商管理，能实时跟踪货源信息；通过在线审批，规范管理；
③ 通过集成财务客户信用额度控制客户订单的发货、实现系统在线监测和控制；
④ 通过系统的集成性、实时性、ATP 检查，能及时体现库存的可用量，实时监控库存情况；
⑤ 根据 BOM、工艺路线执行 MRP 自动生成采购计划及生产计划；
⑥ 提供库存管理全方位的相关信息及报表，可以依料号、依分类、依日期、依仓库号、依工厂号等，提供各种不同角度的分析报表；
⑦ 保证财务账和物料账的统一；
⑧ 系统集成性，减少重复工作，提高工作效率，财务管理职能由财务会计向管理会计转移；
⑨ 系统的实时性，方便财务部门监督其他业务部门，方便企业经营者的决策，使企业经营活动趋于透明化。

目前，云维股份的 ERP 系统已经成为公司领导层、中层管理人员和基层作业者的日常工作平台，它承载了输入、存储、传送、发布和输出等多种业务信息，是云维股份管理支撑辅助系统，也是公司高层进行决策的数据基础平台。通过企业信息化建设，全面提高企业员工素质，规范作业标准，优化业务流程，整合企业资源，提高运营效率。"ERP 系统的成功实施，为云维股份有限公司信息技术改革追求卓越、基业长青奠定了良好的基础。"

云维股份有限公司信息技术改革的成功实施目前已经在行业内和云南地区引起了不小的震动，日前在云南信息研讨会上云南省经委综合处陈钟耕处长谈道：云南省已确定了"工业强省"的主导思想，迫切需要利用信息技术改造传统产业，加快实现经济的新跨越。

[参考来源：李小溪. 云南企业 ERP 成功实施的关键问题与实施对策——以云南云维企业为例. 中国市场，2016（04）.]

（一）创业资源整合的概念

创业资源在内涵上包括创业过程当中所涉及的潜在区域和实际建立区域对创业结果及其价值产生影响的因素，其涵盖面非常广；从传统资源上看，包括可利用的人力、物力资本以及周边可合理开采的自然资源；从新兴资源上看，包括对企业发展产生重要影响的知识成本、信息资源和高等教育资源等，所谓的创业资源实际上是这一过程中可以借鉴的所有内部、外部资源的总和。建立在创业资源这一概念的基础上讨论什么是创业资源整合，整合的过程受到与其联系的多方面因素影响，因此它是一个交错的动态变化过程，核心部分即创业过程中的主体单位在甄别所拥有的来自于不同角度、针对不同阶段、面向不同结构的全部资源基础上对这些内容进行处理，提取各个部分资源的有效利用点、激发资源的潜在发展空间并最终将创业资源进行有效的配比，使其在操作过程中具备可塑性，增强价值性，对原有的复杂混乱的原生资源进行结构性的根本变革，打破固有体系，形成以核心资源为要点的多要素资源支撑的资源应用体系。

一般情况下，从使资源的利用效能提高的角度探讨，资源整合应从以下几个方面进行：第一，主体内部与外部资源的整合。探寻、总结企业内部所有归于配置范围内的资源，选择、收集有价值的部分。利用社会资源获取处于该行业领先地位的先进技术、理论和知识人才储备，将外部可争取到的对推进内部发展有帮助的资源纳入到发展体系中。注意显性资源与隐形资源相结合，内部资源与外部资源相协调。第二，组织整体资源和个人特有资源的整合。组织作为一个整体出现，其所占有的资源整体性较强，在固定范围内可以发挥较大作用，而个人特有的资源灵活性较强，个人与个人之间的联系使得其占有资源的类别得以扩展，科学地将组织资源和个人资源进行融合可以大幅提高整合效益。第三，资源广度与资源深度的整合。其中资源的广度即所谓的横向联系部分，在该资源所述的大类别中寻找与其在枝干上有关联的其他创业资源。资源的深度即纵向资源的深挖，是对同一类别资源在所属枝干上有更深层次的认知。第四，传统资源与新兴资源的整合。传统资源是企业发展必不可少的部分，但是在快速变换的经济大背景下需要时刻跟上发展潮流，即新兴的设备、技术以及管理理念等都会成为创业成功与否以及长足发展的主要推动力。当然，传统资源的合理剖析也可以为新资源的诞生产生思维碰撞的火花。

因为创业对人员、环境以及辅助要素的水平都有较高的要求，所以在资源的分配及整合上与其他类别的资源整合也略有差异。创业资源整合可以简单地从两个维度加以理解，即创业者个体维度和创业团队（组织）维度。

1. 创业者个人层面

在从主体视角出发的创业个人部分，资源的整合首先应该建立在主体对自身所具备的天资禀赋、基本素养上有充分的自我肯定和较高的自我满意度基础上，创业个人对自身价值的满足说明他能够很方便地获取到自己所需要的资源以完成个人任务，同时对高阶知识理论资源达到了较好的理解程度，之后根据多个创业个人对个人资源的价值满意综合调配出创业团队的整体概念，以这种形式加深资源整合力度。

2. 创业团队（组织）层面

对创业团队所拥有的资源进行整合，首先在进行团队内任务协调的时候有清晰的体现，要了解团队成员本身所具有的资源以及他们所拥有的社会资源，也就是需要对这类资源的可用程度有一个正确的认识；第二，提高团队资源可用性，这有利于员工更高效地完成团队或部门任务，能够提高资源整合效率。第三，整合组织的共享性资源，这类资源具有较高的价值，但在这一层面，所关注的是各个团队之间和部门之间各类资源的共享。共享团队或者部门中的资源，如果员工都能在团队中乐于分享各类有形和无形资源，这也是整合团队资源的一个重要表现。

思考题

创新资源整合包含哪些方面？

（二）创业资源整合的意义

1. 个人整合能力为过程的顺利开展奠定基础

在整个创业工作开展的过程中，创业的主体也就是个人对整体的走向有方向性的引导作用，主体正向的促进作用需要其有积极的态度和丰富的资源整合经验，与公司创业相比，个人创业则更多地依赖于创业者的个人素质、行动力、领导风格、社会资源等个人因素。因此，能否带领创办的企业稳步提升，在复杂多变的市场竞争环境中生存下来，在很大程度上取决于创业者个人。只有创业者充分利用自身才能素质和资源嵌入创业所在地的社会结构中，创业才可能成功。所以说，创业过程中核心人物的高整合能力是创业准备中必不可少的重要因素。

2. 在复杂环境中整合力度大小是关键

企业的健康稳定发展不仅要求企业内部要高效运转，同时还会受到来自外部环境的威胁，但将公司整体创业和个人独立创业进行比较，很明显就能发现，个人的创业方式在市场竞争中处于劣势地位。创业环境的好坏直接影响着所创办企业的生存时间，在经济持续向上的发展势头中，在国家政策的支持下，创业单位可以更快地走向成功，但是如果在行业技术停滞不前，经济萧条的背景下，创业企业则很难维持自身的生存。如果将创业比作创业者孕育、分娩以及哺乳一个新生企业的过程，当公司创业遭受外部环境的不利侵扰时，公司就像一个富强的母亲一样，往往能对新生儿进行有力呵护和哺乳。而当个人创业遭受外部环境的不利侵扰时，创业者就像一个贫弱的母亲，往往只能眼望嗷嗷待哺的新生儿，却无力呵护和哺乳。因此，创业者要应对复杂的外部创业环境，就要整合创业资源，以应对敏感的创业环境带来的创业风险。

3. 资源整合是对创业资源稀缺性的积极弥补

资源是新创企业存活和成长的生命之泉，但新创企业尚处于发展阶段，资源极其有限。因此，在这一形势下，新企业需要重点关注如何从外部获取资源。对于成熟企业而言，具有明显的资源整合优势，包括资金、技术、人才、组织系统等方面的支撑，公司创业的资源约束相对较弱。而创业公司因为自身实力等原因在获取资源的过程中难以通过市场渠道获取，如通过银行借贷、资本市场融资的可能性都较小。创业面临着资金、技术、人才等各个方面的约束，有时创业者即使发现了极佳的创业机会，但在创业过程中往往因资源极度稀缺，而使创业效果大打折扣。面对创业资源的强约束，成功的创业者往往展现出对稀缺资源进行创造性利用的高超智慧，能充分挖掘和善于利用社会网络关系——包括顾客、投资人、供应商、顾问、员工等来获得或接近稀缺资源，对资源进行创造性利用。因此，只有创造性地整合和利用有限资源，创业者才能达到"无中生有"的效果。

4. 资源整合是对创业项目脆弱性的有力保障

由于公司创业具有明显机会识别优势和资源整合优势，并且具有一定的业务关系和社会形象，因此，公司的创业项目抗风险能力较强，为创业的成功提供了较为稳定的保障。个人创业不仅在创业机会的信息通道方面较为狭窄，还有创业机会的识别经验不足而且资源整合能力也比较弱，要么资金短缺，要么技术不成熟，要么缺乏优秀的团队，组织系统也处于磨合期和调整期，并且缺乏一定的业务关系和社会形象。因此，新创企业的创业项目在市场竞争中往往具有很大的脆弱性，抗风险能力弱，创业过程中如果遇到梗阻，就有可能把企业推向失败的边缘。因此，资源整合能够最大限度地利用创业者掌握的显性和隐性资源，为创业项目提供相比较而言更强有力的保障。

5. 资源整合是对创业目标短期性的机会调整

新企业往往是刚刚步入新的市场，其产品和服务还未得到顾客的认可，在短时间内难以建立起自己的市场地位，使得新创企业难以获得市场的认可。创业是从头开始，而且未来充满着更加不确定的因素，需要因时制宜，根据实际情况随时调整发展方向，因而很难制定出一些长期的战略目标并组织实施，在短期内就是以生存为目标，谋求突破。面向生存的突围或生存空间的拓展，将一直是创业管理的首要问题。对新企业而言，创业的重点是创新，创新的指向则是生存。因此，为了在创业过程中能更好地把握目标的实现，主动创造或掌握机会，必须整合创业资源，使得创业过程能够在短期目标的实现过程不断地做出有效调整。

思 考 题

为什么要进行创业资源整合？

（三）创业资源整合的原则

从整体的视角出发，宏观角度的资源整合是指由政府主导的、在其他政策支持下形成的相关机构所开展的整合工作，主要为中小企业的创业发展提供便利条件。从局部视角切入的微观角度来说，资源整合是针对具体单位开展的，对具体的单位或个人进行点对点的整合调配，目的是为自身的长远发展提供保障。

对于创业者来说，最重要的阶段是在联系好资源之后开展的步骤，即创业的具体过程。针对这一过程，对企业所面临的各部分资源运用一定手段进行拆分组合，并按一定的原则进行系统分析。对于创业外部资源，开展过程中需要把握的原则有以下几点。

1. 互利互惠原则

对于一个创业单位来说，寻找到的每一种资源都是一个独立的利益集团，同时这些资源之间以及资源与创业单位中间又有着不可分割的紧密联系，所以在开发和分配的过程中要坚持双赢的原则，在自身利益有保障的情况下重视对方的受益水平，对于长期资源的使用上更要注意双方利益的平衡均等，这样才能保证企业的长远发展。

2. 循序渐进原则

对于创业者来说，寻找资源固然是一件极其困难的事情，在不同时期需要的资源类别也会随着企业的发展而不同，因此在资源整合过程中需要注意的一个原则就是循序渐进，不可一次将所有可能利用的资源都揽进囊下。整合利用时应综合考虑开发资源的成本、资源带来的收益和可能存在的风险，并进行全面评估。将创业单位的工作计划做成类似推进表形式，根据每个时间段的需求合理地进行资源的总体协调配置。任何创业资源都应该在其适当的条件范围内降低维护成本。

3. 量力而行原则

循序渐进的原则是针对不同阶段中资源开发和使用而提出的，量力而行的原则则是主要针对同一种资源进行讨论。对于创业的团队或个人来说，起步时期自身已经具备的资源开发水平相对较低，能力也较弱，因此更需要结合自身实际情况制定符合发展速度的资源整合方式。此时不要急于创新，按部就班地做好规定范围内的事情才能为后期的长远发展打下坚实基础。

与外部资源相比，内部资源的整合针对性较强，因为整合内部资源的最关键目的在于根据已经获取的全部资源，分析内部形式，从而将已有资源更加有效地在内部进行分配和更高效利用，而不同于外部资源主要负责探索新的可利用部分，即一个是建立在已有基础上的整合利用，一个是去发现新资源。因此，经常把内部资源的整合部分称为"内部挖掘"，根据内部资源的以上特点，归纳出在这一整合过程当中应当注意的基本原则。

4. 公平公正原则

正如外部资源整合原则中所说，应当在开发利用中坚持互利共赢的原则，因为在整合的大范畴内存在着诸多独立的个体，作为这一范围内的资源享有单位，在对待不同独立的利益主体时应该表现出不同主题之间的公平公正原则。针对企业内部，主要体现在人力资源的利用上。创业者与自己创立单位的员工之间应该保持顺畅的沟通，便于及时发现公平方面存在的问题并及时改正。

5. 短期利益与长期利益相结合原则

从整体上分析，强调对创业资源的有效整合，最终目的是实现创业企业的最大化收益，但这个所谓的收益也有短期和长期不同的目标。不能为了实现短期利益而对资源进行大规模集中性的分配，从而导致长期收益没有保障的情况出现，也不可为给长期利益保留资源，而不顾企业眼下发展境况而影响生存。统筹长短期目标，协调可能存在的冲突是这一原则提出的目的。

6. 效益性原则

研究创业资源整合这一问题的出发点和落脚点都是提高资源的综合利用率，从而促进创业企业整体效益的提升。遵守这一原则的前提是尽快提升资源的有效利用率，通过配置手段上的优化及合理规划使创业资源的受益面得以拓展并且方便已得资源的使用，实现效益最大化。提高整合创业资源效率的方式方法包括：①节约开发新资源的成本，通过技术上的更新和管理理念的更新在同一水平线的成本投入上提高产出率。②优先开发易获取、易整理的创业资源。③不断调整和革新能够摒弃现在拉低效率的配置理念，通过人、财、物的重新配比完成科学配置过程。

7. 缓冲原则

困难和挫折是企业在发展过程中常见的问题，平稳度过这些风险主要依靠的力量就是企业自身所具备的优势条件，也就是已有资源，因为企业是以盈利为目的的，所以多数企业不会冒着利益损失的风险去帮助初创期的创业企业渡过难关。据此，内部资源的统合一定要留有转变的空间，以满足不时之需。例如直接影响企业是否可以生存下去的资金周转方面，创业企业要留有必要的储备，因为处于困境能力下的企业难以完成二次融资。

思 考 题

整合创业资源有哪些原则?

(四)创业资源整合的路径

在创业路径资源整合方面,前人有很多研究成果可供参考。其中韦斯物提出企业进行内外部管理的目标是为了在市场中生存下去,创业者之所以选择创业这条发展道路是为了以自身为主体创造财富。在此过程中,符合创业企业发展形势的有效资源发挥了作用获取到这种资源,企业可以借助其培育出新的竞争优势和资源利用能力,而企业的生存与发展正需要这种有别于一般企业的创新点来占据更广阔的市场份额。这种对资源的利用包括:①资源的协调,也就是完成资源整合的实现途径;②资源的开拓,即整合资源的具体路径选择。布拉斯对构建起创业企业的基础资源体系进行了进一步的探究,总结归纳出四项创业企业在进行资源整合分配的过程中可能遇到的挑战,分别是:集中有价值的资源、吸引资源投向本创业单位、整合已有的资源、转化已经不适应企业发展的传统资源。并通过实际论证的方法对这四个部分之间存在的联系和相互之间的作用进行了进一步的分析。将有价值的资源集中起来,集中过程可划分为两部分来讨论,一是明确创业者所需要的资源的类别;二是识别出该资源可能存在的供应商以及与之相连的潜在资源。在吸引资源投向本单位的过程中,通过传统的人力资本、关系资源、批量销售以及加深与本单位业务往来密切的合作伙伴之间的信任来吸纳财务资金,将企业内个人具备的资源转换为企业所需的整体资源。

随着时代的发展,传统的资源分配观点的不足慢慢显露出来,西蒙创造了一个关于创业企业价值创造和资源配置的模型,该模型建立在动态环境背景下,这一模型将资源转化为企业价值这个阶段划分为了不同的发展时段,填充了资源配置管理的理论库。从不同时段对资源的利用效率和其转换成的价值进行了量化考察,对构成资源管理过程的三种重要组成要素进行了细致的说明。资源整合的结构化要求,将资源与获得价值进行一对一捆绑以提升发展能力,平衡发展过程中资源提取、内部协调等各方面的能力来更好满足客户的需求。同时也对以上三大要素细分子过程的构建进行了说明,比如竞争优势影响着企业获得利润的多少。其中,对资源整合的结构化要求是企业寻找资源、积累已有资源、对过时资源淘汰的过程;绑定资源与产生价值的过程是考验企业对已有资源的应用和内部管理机制的适应程度,是把符合条件的资源有力连接在一起的关键;发挥是协调好企业各方力量为顾客提供优质的体验,为创业者转化财富的过程,包括人员激励、部门协调和资源配置。

综合以上学者研究观点得出,整合资源的步骤可以划分为以下几个模块:识别有效资源、寻找获取资源的途径、对获得资源的分配、对分配到的资源高效利用。应当特别强调的是,这四个阶段的工作具有时间上的先后顺序,且在内容上相互影响,不是毫不相干的四块工作,他们之间的工作机制如图5-1所示。

创业单位或个人对不可或缺的资源进行整合时,应按照四个步骤将资源分阶段整合,不可跳跃或乱序,关于资源整合这四个模块的具体分析如下。

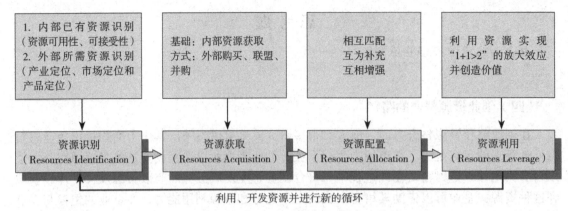

图 5-1 工作机制

1. 识别有效资源

创业单位或个人要非常清晰地认识在自己可能获取的"资源库"中占有资源的整体情况，包括类别、数量和可利用时间等，同时创业者要对自身具备的优势条件、劣势条件有清晰的认识以及自己所需要的资源类别、方向等，以避免在识别资源时出现数据庞大筛选效率低的情况。在这个步骤中，要将资源所述门类进行判定：财务资源（外界投资和已有的内部资源）、人力资源（具备高阶知识储备的先进人才、本行业的先进技术等）、社会资源（外部环境中对企业发展有支持作用的政策或同行业中合作伙伴的支持）、组织资源（企业内部各部门之间的协调、内部有效的管理机制）、物质资源等。建立在如上分类的基础上，对企业现有资源、还需吸纳的资源以及面临的机会和威胁进行分析，找出差距。对于简单易得的资源应当直接将其投入生产过程中，提高生产率；对于获取途径复杂数量稀缺的资源，则应该站在全局的角度对资源进行整合之后再投放到生产车间内，以免资源浪费。关于如何对资源进行识别可以归为两大类：①从小处着眼的自下而上识别方式，即企业首先对企业经营的模型有明晰的定义，据此分析所需要的资源、缺乏的资源，接着通过配置的步骤整合在一起，投入生产。②从大局着眼的自上而下的识别方式，首先对整个创业单位的愿景和使命有清楚的描绘，之后通过向下寻找的方式找出需要配齐的人员、物资、技术等各类资源，这种识别方式的基础是内部的组织资源。

2. 寻找获取资源的途径

在创业之初，企业发展的前提是企业家具备高水平的个人素养。企业家本身自有的一些基本资源（教育水平、工作经验、社会名誉、功能、行业知识等），一般是由整个创业队伍中的成员构成的。导入这些资源的主要路径有：采购、与合作者联盟和收购。采购资源即直接到市场上选择自己创业单位所缺乏的相关资源，但是个别隐性资源比如说知识水平等很难通过市场的途径获得。资源联盟是针对一些通过自己的力量难以或无法进行开发的资源，联合其他组织共同开发的策略；资源联盟不仅可以得到显性知识资源，而且可以获取隐性知识资源，但是，联盟双方的资源和能力互补并且存在共同的利益是资源联盟的前提。资源并购可以将企业外部资源内部化，资源并购通过股权收购或资产收购的方式来实现，但是，要求并购双方的资源尤其是知识等新资源存在较高的关联度。

3. 对获得资源的分配

在企业所有资源没有被统一划分之前，资源没有所属类别、没有对应部门、没有系统化的排列，在此情况下要使资源库中的资源发挥至最大作用，实现最大化的价值有相当大的难度，需要有科学合理的资源配置理论做指导。对各类资源进行集合、汇总后对资源整体情况有数量上、类别上的把控，再按需拆分为不同的单元，将原有资源进行有机结合，使资源重新编排后具备更强的条理性、可调节性和系统性。想要资源能够更好地体现出应具备的价值，就要为资源发挥作用提供平台，即让其有发挥作用的地方，也就是所说的使各类资源相互配合、在相互填补的过程中共同增强各自的作用。创业个人对资源的独特之处、特有本质、应用广泛程度、种类等方面进行的综合评价和系统剖析对资源配置采用的方式有根本性的影响。任何事物都具有两面性，企业的资源也是如此，这就看创业者如何将这些资源灵活地运用。针对资源显现出来的积极部分给予充分分配，挖掘利用价值；针对可能具有消极影响的部分则立足资源利用的出发点，大胆排除负面影响，克服本身存在的问题，对资源进行细分、整合。如此不仅可以为后续内容更为丰富的"资源库"的建立提供保障，而且也能为企业提供发现新机遇的机会。

4. 对分得资源的高效利用

在从整体视角出发对企业内部已获得的总资源进行分配后，各部门如何利用分到本部门的有效资源，这是资源整合的最后一步，也是关键的一步。这时资源的利用方式将直接对生产销售结果产生影响。对既得资源的利用，首先应该明确的是将这部分资源这样分配自然有一定的道理，这时需要考虑的不再是为什么如此分配，而是得到资源后如何做的问题。第一，在资源利用过程中应该形成相互制约机制，避免资源的滥用和无规则使用造成的混乱。第二，形成资源使用监督机制，在资源利用过程中对使用情况、使用时间、使用方向等实时监督把握。第三，形成资源利用效果反馈机制，当一部分资源被投入到生产中后，产生了哪些良性效果，这部分效果与投入是否成正比，如果产出率低就要考虑如何改变资源投入量和生产方式才能保证资源的高效利用。

思 考 题

整合创业资源的步骤是什么？

（五）创业资源整合的方法

1. 创造性拼凑

创造性拼凑的理论起初是里维斯提出的，但最初只有较为粗糙笼统的概念，没有严谨的定义。之后经过这门学科理论的不断丰富，越来越多的学者接纳并采用了这个词的含义，这一词被后来的学者们定义为：通过整合自己所拥有的资源以达到利用新机会进行发展的水平，同时具备解决新问题的能力。这个定义可以从三个层面进行解读。

① 这里所指的利用资源是拼凑者本身所具备的资源，包括物质资源、能力资源，等等。

② 创造性拼凑要求快速响应，没有给人们留出深思熟虑、不断比较选择的细致过程，它考验的是一种立即行为能力。

③ 这种拼凑方式的目的是为了适应新的机遇或者为了解决新的问题而对资源有新的排列方式，强调的面向对象是一个"新"字，将现有资源放置在新环境中使用。只有同时满足以上三个条件才能够被称为"创造性拼凑"。

从应用性方面研究，创造性拼凑可以使创业者将很多被忽略或者认为没有价值的资源通过拼凑的形式进行功能转化，从而应用到新的发展领域内，开发这类资源新的利用价值。除了通俗理解的物质资源，还包括被忽略的人力资源，比如在波特五力模型中处于企业上游的供应商、面对的顾客，从个人角度挖掘则包括家庭成员等人力资源的构成要素。

图5-2为利用创造性拼凑实现成长过程模型。

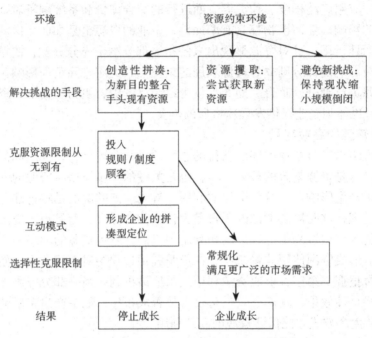

图5-2 利用创造性拼凑实现成长过程模型

总的来说，创造性拼凑就是通过使用和配置理念上的创新来进行价值再造。有学者曾经指出，对资源进行新的整合是将这种资源从原有的领域搬迁到一个新的环境中，其所带来的损失可能很难用潜在价值去填补。但是这种理论与"创造性拼凑"所指的概念不同，因为创造性拼凑利用的资源属于闲置和冗余的部分，而不是从已经被利用的资源中抽取，所以不存在因为整个资源被抽取而带来巨大损失的情况，相反，科学合理地进行拼凑可以大大地提高资源利用率，从而促进企业发展。

2. 发挥资源的杠杆效应

创业单位和团体在开发有发展前景的机会时需要多方力量的配合，比如人力、物力、财力、社会资源等，仅仅将目光停留在攥在手中的资源是无法满足创业者需求的。所以，要求创业者有胆量、有魄力地寻找潜在的新资源，这种新资源可能来源于未开发的领域，也可能来源于已被其他企业应用的部分。整合他人资源的方式便由此诞生，杠杆资源便是其中一种有效的手段。从范畴上讲，它主要包括创业个人的社会资源和人力资源部分。其中社会资本是维持创业者在社会关系中合理结构的重要根基，社会成本是否有价值是由这份社会关系的规模、覆盖面和有效引入资源的数量所评定的。例如一个创业者在创业的初期需要资金支持，这时他的社会支持系统（即他的社会关系网络）为他提供了建立公司的物质、资金支持，让其获得了风险投资。人力资本部分又分两类：一个是一般人力资本，就是通常意义上所说的受基础教育的背景、个人性格特点、工作经验等不具有排斥性的特征；另一个是特殊人力资本，包括具有一定限制性的人力资本，比如规定行业内的受教育背景、具备的知识水平和技能水平等以及创业方向的已有经验。从分类中总结得出不论是人力资源还是社会资源，其最基本的来源都是教育，因为它使人具备了知识文化素养，特定范围的教育使人在专业领域有了更高的理论层次，以此积累成为个人名誉和登记资格等人力资本。同时在学习的过程中认识的老师、同学被默认成为个人在社会资源领域的连带资本。

下面探讨的是利用杠杆资源对创业者的意义。

① 利用杠杆使创业者在获取基础资源的过程中获得对其创业主题感兴趣的参与者，为创业人带来加盟、投资等附加资源。

② 使创业者通过展示自身具备的优势条件获得创业所需资源，不同于工具性资源的等价交换。

在运用杠杆资源的时候应当考虑创业者自身具备的资源以及其要换取的资源与所处的整体创业环境的关系，衡量他们是否能够协调发展，同时对利用杠杆获得的新资源也要有辨识能力，实现有选择、有创造性的应用。因此，杠杆的作用充分发挥考验着创业者的资源探索能力。

3. 设置合理利益机制

企业的目的是获取利益，创业的个体与团体目的亦是如此。对一个家庭来说，家庭内部成员能够相互支持，就是因为他们是不可分割的利益团体，可以将其引申到创业过程中探讨资源和利益的关系。创业个体在进行资源的整合设计时必须考虑利益机制问题，整合过程中不断寻找利益相关者，其关系越密切，利益关联越多，整合成功的可能性越大。

利益相关者之间的联系有时并没有显性的表象，因此需要创业者学会从关联理论出发去进行利益与资源的整合。同时须注意的是利益关系密切不意味着一定可以从中获取到资源，因为利益的方向点可能不同，所以需要在长期的合作中不断摸索与创业企业有利益共同点的合作者，通过磨合建立起信任关系，从而建立双赢机制。

思 考 题

1. 创业资源整合的主要原则有哪些？
2. 如何理解创业资源整合的路径及其整合方法？

三、创业融资

【拓展阅读】▶▶▶

国内经典众筹案例：会籍式众筹——3W 咖啡

互联网分析师许单单这两年风光无限，他成功地从分析师转型成为知名创投平台 3W 咖啡的创始人。3W 咖啡采用的就是众筹模式，向社会公众进行资金募集，每个人 10 股，每股 6 000 元，相当于一个人 6 万。那时正是微博最火热的时候，很快 3W 咖啡汇集了一大帮知名投资人、创业者、企业高级管理人员，其中包括沈南鹏、徐小平、曾李青等数百位知名人士，股东阵容堪称华丽，3W 咖啡在 2012 年引爆了中国众筹式创业咖啡。

几乎每个城市都出现了众筹式的 3W 咖啡。3W 很快以创业咖啡为契机，将品牌衍生到了创业孵化器等领域。

3W 的游戏规则很简单，不是所有人都可以成为 3W 的股东，也就是说不是你有 6 万就可以参与投资，股东必须符合一定的条件。3W 强调的是互联网创业和投资圈的顶级圈子。没有人是为了 6 万未来可以带来的分红来投资的，更多是 3W 给股东的价值回报是圈子和人脉价值。试想，如果投资人在 3W 中找到了一个好项目，那么很多个 6 万就赚回来了。同样，创业者花 6 万就可以认识大批同样优秀的创业者和投资人，既有人脉价值，也有学习价值。很多顶级企业家和投资人的智慧不是区区 6 万可以买到的。

其实会籍式众筹股权俱乐部在英国的 M1NT Club 也表现得淋漓精致。M1NT 在英国有很多明星股东会员，并且设立了诸多门槛，曾经拒绝过著名球星贝克汉姆，理由是当初贝克汉姆在皇马踢球，常驻西班牙，不常驻英国，因此不符合条件。后来 M1NT 在上海开办了俱乐部，也吸引了 500 个上海地区的富豪股东，主要以外国人为主。

（一）创业融资的难度

1. 创业企业的特征

（1）自身成长的不确定性

影响创业融资难度的关键是创业企业成长的不确定性。不确定性是用来衡量一个企业或一个项目所有可能结果的分布。潜在结果越分散，不确定性就越大。不确定性来源于研究计划或新产品能否成功。企业竞争对手的反应也是不确定的。创业企业所能发展的程度不确定性意味着投资者和创业者都无法明确地预测企业将来究竟会如何。不确定性还将影响投资者提供资本的意愿、给予信用的愿望以及管理者的决策。不确定性还会影响投资的时机选择。

与一般企业相比，创业型企业具有开拓性和独创性，但也因此具有不稳定性和不成熟性，这就使得创业型企业具有更大的风险。创业型企业具有高风险，存在着资源、实力等众多方面的"先天不足"、抗风险能力较弱的特点。

创业型企业风险主要来自于外部环境和内部条件。一方面，由于创业型企业对外部环境往往无能为力，而且面临一些大型企业竞争的威胁。创业型企业的内部条件不够完善，抵抗风险的能力差。创业企业与大型企业相比处于相对劣势的局面，主要原因在于创业企业创立时间短，规模小，自有资源少，信息的拥有量少，地位与规模的弱小以及信用低下。由于创业企业多数是处于发育早期的新生企业，与规模较大的和发育较成熟的企业相比，低信息透明度必然会导致投资决策和管理上存在较大的盲目性，信用的缺失与地位规模的弱小导致在融资市场的资本与信贷吸引力不足。

（2）不对称性

新创企业的融资供给与需求之间存在着严重的信息不对称，制约了创业企业融资行为，进而限制了创业企业的创立和发展。

2. 传统企业与创业企业融资模式的比较

创业融资与一般企业融资背景有很大不同，通常表现在以下几个方面。

（1）企业历史与行业历史。新创企业在创业初期没有良好的业绩纪录，创新型企业多使用了先进技术，市场的发展状况也没有历史可类比。由于没有相关的历史情况作为参照，未来的不确定性会导致目的市场风险、新创企业的经营风险以及技术风险较大，因而投资者会认为投资企业创业风险高。

（2）资产的结构与财务状况。新创企业的资本结构和股权结构单一，少有担保和抵押的关联资产，资产中无形资产比重较大，但无形资产的价值比较难以衡量，而固定资产比重较小。财务状况基本上比较恶劣，亏损情况经常出现。

（3）融资方面的财务能力。中国大多数创业者都是凭借技术或者是经营管理出身，所以财务一直是中国公司创业者的弱项。创业者大都不熟悉投资融资的模式，不能用投资者能够理解的经济语言来表述自己项目的发展前景以及投资者将来能够获得的投资回报率。

（4）企业潜在增长的情况。新创企业若拥有先进的技术，而其技术将来会获得市场的认可，通常由于技术的专有性，进入的壁垒较高，竞争能力强，所以一般可获得比传统企业更高的收益和回报。

（5）投资的长期性。创业企业在高新技术转化为产品后，需要投入相当的资金进行宣传和销售，同时为了保持技术持续领先，在激烈的竞争中占有一席之地，所以需要较长一段时间的资金支持。

综上所述，创业融资与一般企业的融资相比会有很大的出入和更大的难度，因而在获得融资方面更为困难。相反，相对于未来巨大的收益，保护好股权的稀释比例又是创业者面临的另一重大难题。

3. 中国创业企业融资现状

（1）过分依赖内部资金，融资渠道狭窄。创业企业发展主要依赖内部资金，研究表明企业的融资方式与企业的后续高度相关，如果外部融资不足，企业不仅会失去潜在利润增长的机会，也将严重阻碍创业企业的发展速率。企业外部融资不足将严重阻碍创业企业的发展速率。研究表明，仅仅凭借内部积累资本发展的企业，其成长速度远低于外部融资发展的企业。史玉柱的巨人集团因仅靠企业本身的资金建造"巨人大厦"，陷入财务困境，最终走向没落，就是一个很好的例子。

在创业初期，创业企业融资以创业者自筹为主，个人存款占很高比例。从资金来源的性质看，很大部分是从个人存款和从亲戚朋友处获得。

（2）直接融资发展不足。在直接融资方式方面，创业企业进入资本市场直接融资的难度大，利用债券和股票筹资的可能性很小。由于我国的资本市场还处于起步阶段，相关部门对企业发行股票上市融资有十分严格的限制条件，通常只有大型企业才能获批。与此同时，股票市场尚未形成一个多层次的市场体系，中小企业无法利用股票市场这一筹措外部资金的重要渠道。另外，目前我国还没有建立起一个有效的债券市场和债券等级评估体系，债券品种单一，债券市场极不发达，企业发行债券的条件苛刻而单一，创业企业也只能望"市"兴叹。此外，在内部筹资、内部募股上，创业型中小企业同样受到严格的限制。

（3）对间接融资单方面的依赖性。从间接融资方式来看，中小企业过度依赖银行贷款。目前，我国中小企业流动资金多来自银行贷款，固定资产的更新改造几乎都来自银行贷款，来自银行的负债比重大。企业职工、上级主管部门虽是资金的来源之一，但它们主要是提供创业资金，同银行是互补而不是竞争关系，银行独霸天下的局面限制了企业的融资门路，使企业不得不接受较为苛刻的条件，这对企业的发展带来了不利的影响。

另外，银行对中小企业的支持力度下降。随着国家抓大放小指导方针的实施以及主办银行制度的施行，使大商业银行竞相争取大企业为客户对象，以取得规模效益，使得中小企业处于与大企业不平等竞争的地位，得到的贷款份额较少，很多中小企业即使有好的项目也很难获得银行贷款，极大地限制了中小企业的快速成长。

同时，以重点支持中小企业发展为己任的地方性中小金融机构的资金来源不断萎缩。部分中小金融机构资产质量下降，业务范围狭窄，经营困难加剧。目前受政策限制，城市信用社无法开具银行承兑汇票和信用证，贴现和再贴现业务也受到种种限制，制约了其对中小企业的资金支持，从而使中小企业融资面临更大的困难。

4. 中国企业创业融资障碍

创业企业融资的障碍可以从企业内部和外部两个方面分析。从内部看，我国中小企业自身在制度方面存在缺陷——中小企业群体普遍信用缺失，企业对产权的认定模糊以及创业企业发展的各种不确定因素所决定的高风险经营是造成目前中小企业融资困难的最重要的原因；从外部环境看，我国中小企业融资困难主要是受经济环境影响，同时因为现有金融体系不完善，不能适应中小企业的资金需求。

（1）创业企业的内生障碍因素。

① 信用障碍。由于历史原因，创业公司经济交易过程中信用的缺失，一方面源于我国长期公有制条件下的计划经济体制淡化了人们之间进行经济交易所必须具有的信用意识，政府、企业和个人相互之间的众多的经济交易都简单地演化成资金或物资商品无偿的、单方面的转移；另一方面，在进行市场经济体制改革的初期，忽视了信用建设对整个经济发展的重要性，所以至今还没有形成一种完善的适合我国市场经济发展的社会信用制度。

② 管理障碍。企业的创立是一个综合性的过程，需要多方面的知识，对创业者自身素质要求很高：既要懂技术，又要懂财务，拥有管理才能，同时要具备长远的发展眼光，还需要良好的沟通能力、交际能力和心理素质。一个全能型具有创新精神和协作意识的管理阶层才能使企业渡过大风大浪，但中国创业企业存在的普遍现状是管理者素质低下，这无疑制约了企业的发展。

③ 风险障碍。从企业内部经营分析，在创业企业的发展过程中，由于技术的领先性，中小企业为谋求快速成长而投资于"高风险，高回报"的项目，而且企业发展不明确，产品和市场不明确，企业运行过程中存在技术风险、资金风险、市场风险、经营风险，等等。

从银行供给方分析，中小企业群体的信用缺失，从整体上加大了银行对创业企业的贷款风险，导致银行对中小企业的还款能力缺失信心，这也是金融机构特别是大型金融机构面对中小企业的资金需求时难以避免的问题。

（2）创业融资的外部障碍。

① 现有金融体制障碍。从金融体制的角度来看，制度方面供给不足是造成中小企业融资困难的重要原因。我国现有的以四大国有商业银行为主体的、高度集中和垄断的金融体制，"天生"就不适合、也难为中小企业提供金融服务。

而中小金融机构对创业企业的支持又十分有限，在近几年金融体制改革力度加大的环境下，原有的地方中小型金融机构也逐渐和地方政府"脱钩"。现实中的中小金融机构，在"脱钩"之后的市场定位却是和国有大商业银行共同在大中城市进行竞争，若从中小企业融资需求角度看则使中小企业失去了最有可能的金融支持。

②宏观经济政策导向与法律法规障碍。改革开放之后，随着经济的不断发展，中小企业在全国各地如雨后春笋般地发展，经济实力不断提升，中小企业已经成了我国国民经济增长的主要动力。但是，由于种种原因，在我国客观上仍然存在着国有企业—城镇集体企业—乡镇集体企业—民营私营企业这一所有制等级序列。在宏观经济政策导向方面一直没有给予创业型中小企业足够的重视和支持，许多的政策甚至对中小企业有偏见，这是造成目前创业企业融资困难的重要政策原因。例如，国有大中型企业可以享受挂账停息、呆账准备、资本结构优化扶持资金、优先上市等各种优惠政策措施，而中小型企业只有"靠边站"。

思 考 题

创业融资的障碍有哪些？

（二）创业启动资金预测

任何创业都是要成本的，就算是最少的启动资金也要包含一些最基本的开支。如果在创业前没有对启动资金额做好预算，同时对启动资金也缺乏精明的计划决策，不懂利润最大化的道理。而讲排场、非理性投资过多，挤占了有限的资金，往往会导致经营失败。在创业过程中如何预测启动资金需求量，创业资金从何而来是每一个创业者应深思的问题。

1. 启动资金的概念

启动资金是指创办企业必须购买的物资和必要的其他开支的总费用。比如支付场地（土地和建筑）、办公家具、机器、设备、原材料、商品库存、营业执照及许可证办证费、开业前广告及促销费、工资、水电费、电话费等各项费用。

2. 启动资金的类型

启动资金按用途分为两大类：投资（固定资产）和流动资金。

（1）投资（固定资产）。其是指为企业购买的价值较高、使用寿命长，能为企业带来效益的东西。有的企业用很少投资就能开办如零售业、服务业等；而有的企业却需要大量的投资才能启动，如生产制造业。因此，创业者要根据企业的法律形态和自身情况以最少的资金投入获得最大的固定资金利用率，让企业少担风险。

（2）流动资金。流动资金是指企业维持日常运转所需要支出的资金。

3. 启动资金预测步骤

①按需求将购置的东西分成类，并把每一类具体列表；

②测算每一类中每个具体物品的价格、每项具体花费。

启动资金预测的步骤看上去很简单，但在启动资金的实际预测过程中，会涉及许多细枝末节的地方，需要反复考量，避免资金断流的情况出现。

4. 固定资产投资预测

固定资产投资是企业开业时必备的投资，而且通常其回收期较长，有可能几年后才能收回这笔钱，创业者必须在创业之初对此项支出做出合理预算才能保证企业的顺利开业。

固定资产是指企业为生产产品、提供劳务、出租或者经营管理而持有的、使用时间超过12个月的非货币性资产，如厂房、机器设备等。需要注意以下特点：①开办企业时的投资是必要的；②不同企业投资是不同的；③压缩投资到最低限度是最明智的选择；④投资一般以折旧的方式回收，回收需要5年或更长时间。

（1）企业用地和建筑。办企业都需要有适用的场地和建筑。企业用地和建筑也许是用来开工厂的整个建筑，也许只是一个小小的工作间，也许只需租一个店面。当清楚了需要什么样的场地和建筑时，要做出以下的选择：建造新的建筑、买现成的建筑、租用他人的建筑或者在家开业（表5-1）。

表5-1 企业用地投资评估

项目\内容	适用与调整	费用预算	工期	问题
建房	有特殊要求时	需大量资金	长	
买房	需部分改造	较大量资金	较长	
租房	适当装修	一定资金	一般	不稳定
用现住房	稍微调整	很少资金	短	生活工作互有干扰

（2）设备。设备是指企业需要的所有机器、工具、工作设施、车辆、办公家具等。

制造商和一些服务行业最大的投资往往是设备。根据企业自身特点了解清楚需要什么设备以及选择正确的设备类型就显得非常重要。即使只需少量设备的企业，也要慎重考虑确实需要哪些设备，并把它写入创业计划（表5-2）。

表5-2 企业设备投资评估

项目\内容	投资原则	费用金额
机器	正确选择机型或购二手机器或租赁	适用基础上尽量的降低
工具	经济适用	适用基础上尽量的降低
工作设施	经济适用	适用基础上尽量的降低
车辆	经济适用	适用基础上尽量的降低
办公家具	经济适用	适用基础上尽量的降低

在固定投资中应注意以下几点。

① 投资尽量减少，降低成本以降低经营风险；

② 投资用在企业用地和建筑用房以及设备等方面的固定资产一般以折旧方法回收也要五年或更长时间；

③ 最好用租赁形式解决用地和建筑用房，投资应主要用在购置设备上，以减少启动资金；

④ 注重质量防止购买劣质产品；

⑤ 投资（固定资产）预测应尽可能详细。

广义上的投资，除了固定资产投资，还包括开办费和无形资产投资，两者所占比重相对较小。其中开办费指除购建固定资产以外的所有筹建期间所发生的费用，包括开业前市场调查费、资料费、工商注册费、培训费、卫生许可证费等，这些都属于投资大类。

无形资产则是指企业拥有或者控制的没有实物形态的、可辨认的非货币性资产，包括专利、加盟费、专有技术、技术转让、商标权等。

5. 流动资金预测

流动资金预测就是预算流动资金的需要量，通常需要编制现金流量计划表来更准确地预测。

企业开张后需要运转一段时间后才会有销售收入，因此开办企业流动资金的支出是必需的。如制造商开业后必须购进原材料才能进行生产；服务企业必须购进各种物料用品；批发商和零售商必须购进商品；所有企业都要支付各项日常费用开支。这些都需要流动资金来支付。

流动资金是指企业日常运转所需要支出的资金。如用于购买材料、商品存货、人员工资及各种费用等（即通常所说的料、工、费）。流动资金是保证企业日常运转所需要支出的资金，因此也称运营资金。

在流动资金预测中，至少要准备企业开办头三个月所需的流动资金。创业之初，企业所需流动资金支出一般包括以下几项（表5-3）。

（1）原材料和库存商品。俗话说"巧妇难为无米之炊"，无论是制造业、服务业，还是商业企业必须有足够的库存保证生产和运营的顺利进行。预计的库存越多，所需要的采购资金也越大。因此，要根据经营需求计算库存量，将库存降低到最低限度，以保证流动资金的流动性。

这部分主要包括制造、服务企业需要；制造商预测销售前的生产储料资金；预测顾客付款前的服务用料资金以及零售商和批发商营业前库存商品的流动资金预测。

（2）促销费用。促销指的是营销者向消费者传递有关本企业及产品的各种信息，说服或吸引消费者购买其产品，以达到扩大销售量的目的。一个新的企业，为了让外界了解你的企业以及产品，往往会考虑通过一系列促销活动宣传并吸引消费者，树立企业形象。可根据实际情况及市场、产品等因素选择一种或多种促销手段的组合。因而在这方面的支出便称为促销费用。

（3）人工费。人工费是指用人单位依据国家有关规定及劳动关系双方的约定，以货币形式支付给员工的劳动报酬，如每月薪酬、季度奖、半年奖、年终奖。同时依据法律、法规、规章的规定由用人单位承担或者支付给员工的下列费用也应计入人工费预测中：一是社会保险费；二是劳动保护费；三是福利费；四是用人单位与员工解除劳动关系时支付的一次性补偿费等。此项支出也是流动资金中重要的支出。

（4）场地租赁费。如果企业的经营场地或设备是租赁来的，在企业开办之初还应支付相应的租赁费。租金一般是按季或年预付，因而占用流动资金的比例较大。

（5）保险。保险主要分为社会保险和商业保险。准备所需的保险费也属于启动资金数额的一部分。

（6）其他费用。企业为了维持正常的运营除了有相关的场地、原材料和库存商品和员工支出外，还发生相关的办公支出，包括电话费、网络费、招待费等都纳入其他费用。

除以上所列之外，企业还可能发生许多其他支出，如差旅费、设备维护费、车辆使用费用等，这些都会占用一定量的流动资金。

表 5-3　企业其他费用评估

项目	原则与方法	预算金额
原材料和库存	在保障正常经营的前提下，将库存降至最低，注意有无赊账	
促销费用	慎用，注意实效。	
人工费	月工资总额 × 未达到收支平衡的月数	
场地租赁费	月租金 × 未达到收支平衡的月数	
保险	社保必付，商保酌情	
其他费用	包括水电费、办公费、交通费及不可预见的各项费用	

其中，在流动资金预测中还必须注意以下问题。

① 流动资金如果周转不灵，会影响企业生产并很可能导致破产。

② 必须核准流动资金持续投入期，即在没取得销售收入前须投入多长时间的流动资金。

③ 必须将流动资金需求量降至最低。该支出的必须支出，不该支出的就不要支出。

④ 必须保持一定量的流动资金"储备"以备不时之需。

思 考 题

一般来说，创业资金从何而来？

（三）创业融资方式

在 21 世纪，创业融资的方法可谓是层出不穷，只要有融资的想法，创业者就有许多途径可以解决融资的问题。

本书所指创业融资是创业筹备阶段和企业草创阶段的融资，这个时期对于创业者来说，最重要也最难解决的便是资金问题。

创业融资目前的主流主要分为直接融资与间接融资两种形式。间接融资主要是指银行贷款。但是对目前初创企业来说，其资金不够雄厚，其银行贷款额度低，贷款不易。只有在企业能拿得出抵押物或者能够获得贷款担保的情况下，银行才会借贷。因此比较适合创业者的银行贷款形式主要有抵押贷款和担保贷款两种。企业贷款主要有以下几种方式。

① 抵押贷款：指借款人用自己所拥有的财产作为抵押物，获得银行贷款。但是在抵押期间，借款人仍然可以继续使用其用于抵押的财产。只有当借款人违反合同不还款时，贷款人才有权依照有关政策和法规将该财产折价或者变卖，将所得的资金优先偿还贷款。适合于创业者的抵押贷款有不动产抵押贷款、动产抵押贷款、无形资产抵押贷款，等等。

② 不动产抵押贷款：创业者可以将土地、房屋及尚未脱离的土地生成物等不动产作为抵押，向银行获取贷款。

③ 动产抵押贷款：创业者可以以股票、国债等获银行承认和批准的有价证券以及产品、原料等动产作为抵押，向银行获取贷款。

④ 无形资产抵押贷款：是一种新型的抵押贷款形式，适用于拥有专利技术的创业者，创业者可以以专利权、著作权等无形资产向银行作抵押或质押，获取一定额度的银行贷款。

⑤ 信用贷款：指以借款人的信誉发放的贷款，但是作为初创企业的创始人，一般是默默无名、不足以利用自己的信誉进行贷款。

⑥ 担保贷款：指借款方向银行提供符合法定条件的第三方保证人作为还款保证，当借款方不能履约还款时，银行可以要求其担保人还款。但是作为初创企业的创业者，没有什么经济实力，一般很难找到第三方担保。按担保方式的不同可分为：保证、抵押、质押。

⑦ 保证贷款：指按《担保法》规定的保证方式，以第三人承诺在借款人不能偿还贷款时，按约定承担连带责任而发放的贷款。

⑧ 抵押贷款：以借款人或第三人的财产作为抵押物发放的贷款。

⑨ 质押贷款：指以借款人或第三方的人的动产或权利作为质物发放的贷款。

⑩ 开发贷款：如果企业拥有具重大价值的科技成果转化项目，初始投入资金数额比较大，企业自有资本难以承受，可以向银行申请开发贷款，银行可以视情况，提供一部分流动资金贷款。因此，此类贷款较适合高科技创业企业，如果创业者是高科技项目可以尝试申请开发贷款。

⑪ 出口创汇贷款：指对于生产出口产品的企业，银行可根据出口合同，或进口方提供的信用签证，提供打包贷款。出口创汇贷款对有现汇账户的企业，可以提供外汇抵押贷款。对有外汇收入来源的企业，可以凭结汇凭证取得人民币贷款。对出口前景看好的企业，还可以商借一定数额的技术改造贷款。因此，对于做出口项目的创业公司，可以申请出口创汇贷款。

⑫ 票据贴现贷款：指持票人将商业票据转让给银行，取得扣除贴现利息后的剩余资金。在我国，商业票据主要是指银行承兑汇票和商业承兑汇票。这种融资方式可以加速资金的流动，不会让大量的资金闲置。因为票据到最终的兑现之日有一定的期限，在这期间资金得到闲置，造成资源浪费。而票据贴现贷款，恰恰可以解决这个问题。同时，票据贴现融资比申请贷款手续方便，并且融资成本低，办理的速度快。

除向银行贷款间接融资外，创业者还有许多获取直接融资的渠道，如股权融资、债权融资、企业内部集资、风险投资，等等。

股权融资：指资金不通过任何中介机构，融资方通过出让企业股权获取融资的一种方式。对于创业的创业者来说，选择股权融资这种方式，最需要注意的是股权出让的比例问题。股权出让比例过大，则可能失去对企业的控制权，后期对企业的决策和发展造成影响。股权出让比例不够，则又可能让资金提供方不满，导致融资失败。这个问题需要在进行股权融资之前就要谈妥，避免后期出现一系列的问题。

债权融资：指企业通过举债筹集资金，资金提供者作为债权人享有到期收回本息的融资方式。

企业内部集资：指管理者为了企业未来的经营资金需要，在公司内部职工中以债券、内部股等形式筹集资金的借贷行为，是企业较为常用的一种融资方式，但不得违反相关金融机构的监管规定。

风险投资："风险投资"这一词语及其行为，通常公认起源于美国，是20世纪六七十年代后，一些愿意以高风险换取高回报的投资人发明的，这种投资方式与以往抵押贷款的方式有本质上的不同。风险投资不需要抵押，也不需要偿还。如果投资成功，投资人将获得几倍、几十倍甚至上百倍的回报；如果失败，投进去的钱就等于打水漂了。对创业者来讲，使用风险投资创业的最大好处在于即使失败，也不会背上债务。

对于创业者来说，尤其是对于高科技领域的创业者，寻求风险投资的帮助是一个值得认真考虑的途径。风险投资中的天使投资，更是专门为那些具有专有技术或独特概念而缺少自有资金的创业者所准备。像目前天使投资做得比较好的有徐小平的真格基金、李开复的创新工场、俞敏洪、盛希泰（洪泰基金），等等。初创企业可以尝试和天使投资人沟通，争取拿到天使投资。

创业者既然选择创业，那么一定要具备"眼观六路，耳听八方"的能力。

创业者一方面要为了企业的发展积极寻找外界资源，另一方面也要积极关注政府的相关创业政策，现在正值国家号召"大众创业，万众创新"之际，这说明国家这几年会重点支持国民大胆走出去创业，也必然会颁布一系列的优惠政策。创业者除了可以选用以上几种融资方式外，还可以积极寻求政府帮助。创业融资的方式多种多样，机会也有很多，主要看能不能抓住。作为一名创业者，应该具有长远的眼光，做事干脆利落，果断决策，不能拘泥于形式，更多的是应该跳出这个圈子，寻找更优秀的资源，来促进自己企业的发展。因为企业是自己的，如果自己不付出十二万分的努力，那凭什么要求别人去为你的事业付出努力呢？创业者要具有吃苦耐劳和不畏艰险的精神。

思考题

1. 解决创业融资有哪些途径？
2. 风险投资是什么？它能为创业者提供哪些帮助？

第六章 正视创业风险

【学习目标】
1. 了解创业风险的概念、分类及特征。
2. 了解创业风险与创业机会、创业资源的关系。
3. 熟悉创业风险的识别与防控。
4. 掌握创业项目风险评估的对策、方法与途径。

一、创业风险的类型和特点

（一）创业风险的概念

创业过程中遇到的某些可能导致创业失败的风险因素被称为创业风险，创业环境的不确定性、创业机会与不同企业的特征性以及创业团队成员的能力、实力有限等都会引起创业风险的产生。

创业是一个高风险的行业。对于刚迈入社会的大学毕业生创业者而言面临着诸多不可避免的风险因素，例如创业时的意识、政策、市场、知识能力、团队社会支持、能力实现、可用资源、个人压力等，这些风险因素给他们的创业成功率打了许多折扣，创业者能否认清风险及防御风险会直接影响创业的成败。随着今年的发展，通过数据统计我们得知，全国高校毕业生的数量一直保持增长态势，伴随而来的是就业市场的空前挑战，因此，大学生自主创业就逐渐走入了学生们的视线。但是，大学生的创业情况却并没有想象中那么乐观，主要是大学生缺少足够的社会经验以及风险规避意识，导致创业的成功率不高。因此，大学毕业生应该客观看待创业，明白创业不是一蹴而就的，过程中充满着各种风险，只有学会分析自己创业过程中可能遇到的风险，懂得如何通过自身的学习、时间，做到有效预防、应对以及化解创业中所存在的风险，才能使大学生创业之路走得更加顺利。

兵书云：攻城难，守城更难。创业第一步固然艰辛，但是在创业发展途中如何保证平稳发展，尽可能规避不利因素，降低创业风险更为不易。创业过程是机遇与挑战、成功与失败并存的过程，也是承担风险和化解风险的过程，但是一般而言，创业的收益与风险是成正比的，收益越高风险也就越大。

思考题

什么是创业风险?

(二)创业风险与创业机会的关系

创业机会指的是具有较强吸引力的并且能够持久存在的有利于开展创业活动的商业机会。通过把握这些机会,创业团队、成员给予所服务的顾客提供具有一定价值的产品、服务,同时也实现自我价值、获得自身利益。一个创业机会是同样存在生命周期的,随着越来越多的人逐渐利用之后,其市场也会逐渐趋于平衡,这时机会就相当于消失了。可以说,创业机会是稍纵即逝的,对于创业者来说,能够抓住珍贵的创业机会,就等于在创业行动中成功了一半。

1. 创业机会的类别

根据创业机会的来源我们将其分为以下几种。

(1)问题型机会。

问题型机会指的是真实存在于现实中却一直未能解决的问题所引出的创业机会,这一类机会需要创业者对社会问题、社会矛盾等现实存在并且有人为意愿期待转变的现象有敏锐的观察力,并能够总结、分析得到解决问题的措施及活动,通过创新性的行为在市场中争取"第一桶金",把握创业机会。问题型机会的成功案例由于依托对于现存问题的改善,往往会在短时间内取得一个长足的发展,随着问题的缓解以及相关行业更多竞争者的出现,发展会趋于稳定。

【拓展阅读】▶▶▶

敏锐洞察引领网络革命

在网络刚刚诞生的时候,是不能播放音频以及视频的,人们在互联网中的交流主要以文字、文本等形式进行,罗布格拉泽等人意识到了这一问题,在1995年开发了用于网上播放音频和视频的软件,从而创立了RealNetworks公司,在互联网上开启了一个里程碑式的流媒体音乐潮流以及之后的视频潮流,在这一片广大市场中插上了第一面旗帜。无独有偶,杨致远、大卫等人在1994年意识到当时网络中没有能够直接查询、组织个人喜好的网站,凭借敏锐的观察力,他们首先创建了网络导航以方便用户发现、收藏个人喜好的网站——雅虎,由于功能的强大以及应用人群的强烈需求,在短时间内雅虎就已成长为全球热门网站,之后各大网络公司竞相模仿,门户网站这一概念逐步形成。

(来源:北京师范大学课题组.中国网络文艺的构成景观与发展问题.艺术百家,2016.)

(2)趋势型机会。趋势型机会就是在不断变化的情况下能够观察到未来的发展方向,预知即将到来的机会。这一机会类型与问题型机会有着相似之处,但也存在着不同。问题型机会主要指已经出现的社会问题、矛盾所刺激而出的机会;而趋势型机会则是顺应社会、经济的发展,在一些新兴或是出现重大改革的领域可能即将出现的供应方与需求方的矛盾,对于这一类的机会做到一定程度的"预知",将创业机会提前化,尽早占领市场份额。

【拓展阅读】▶▶▶

"大势所趋"的创业机遇

随着现在社会经济发展,双薪家庭日益占据主流,家庭成员更多的时间都用于工作以及交通中,从而导致家庭中共处的时间与精力减少,越来越多的家庭只能剩下更少的时间在家中做饭,正是由于这种社会趋势,使得餐馆、微波加热食物以及食品外送等新型产品和服务业务应运而生,造就了如今麦当劳、肯德基等企业,快餐时代的到来就是社会发展到一定时期的必然产物,虽然随着经济的进一步发展,现今人们对于快餐这一类产物的态度正在发生变化,越来越多的人希望能够将生活重心向家庭生活偏移,但是在高强度工作、高竞争压力的社会环境下,"中午吃个快餐吧""直接点个外卖吧"仍然是相当一部分从业者甚至学生的选择。

科技的不断进步使人类的交通变得愈发便利,同时伴随着可支配收入增加,人口的流动性也大幅增加,而过往的书信以及固定电话的沟通交流随着流动性的增加变得不再那么方便。正是由于这一趋势,促进了蜂窝电话、手提电脑等便携式电子通讯产品的产生,进而诞生了诺基亚、摩托罗拉、苹果等现今电子企业巨头。

(来源:张召.改革开放以来中国消费文化变迁研究——以北京市为例.北京交通大学,2013.)

(3)组合型机会。组合型机会就是将当今社会中已经存在的几项产品、技术或服务等因素合理组合起来,进而提供新的价值及用途的创业机会。这一类型的创业机会需要创业者不仅拥有敏锐的观察力,同时也需要拥有合理规划配置、整合资源的能力,能够经过一系列的组合与改变自主创造创业机会。这一类型创业机会根据组合的内容不同又可以分为产品、服务以及混合组合型机会。

其实,在我们身边很多的商品、产品均是组合型创业机会的优良典型,例如,把补充维生素的水果与提供蛋白质和钙质的牛奶相组合,娃哈哈集团创造了畅销的营养快线;在城市人群中逐渐兴起的农家乐一条龙也是将传统的农家宴与水果采摘、KTV、棋牌等各类产品与服务混合组合而成。

【拓展阅读】▶▶▶

"芭比娃娃"的商业奇迹

露丝·汉德勒是美国最成功的女性企业家之一,她是世界玩具市场中最为畅销的"芭比娃娃"的创始人,这一如同奇迹般的商业童话正是汉德勒通过其女儿芭芭拉(Barbara,Barbie的由来)所带来的灵感。在其陪伴女儿的过程中,露丝通过观察意识到儿童比较喜欢玩像成人而不是婴儿或小孩的玩具,而当时市场上的玩偶多为婴孩和儿童的形象,她创造性地将传统的布娃娃玩具与成人玩具的一些元素相结合,创造出世界玩具市场上最畅销的"芭比娃娃"。这一次的创造性行为取得了让人惊讶的效果,在几十年的时间中,"芭比娃娃"这一畅销玩具已经销往全世界多达150余个国家,总销售额突破10亿美元,在当时的经济社会中无疑是一个巨大的商业奇迹。

(来源:孙超.芭比娃娃文化漫谈.湖北经济学院学报:人文社会科学版,2007.)

2. 把握创业机会是规避风险的最有效途径

创业过程中的风险与收益是客观存在、不可避免的，因此创业者需要在风险与收益两者之间不断进行调整、选择，以期到达平衡，在这个过程中既不能为了看似巨大的收益而盲目忽略风险的大小，也不能因为过度害怕风险而错失创业良机，创业者对待风险应有客观、理性的态度，应当在努力实现创业目标的前提下，合理分析风险、有效控制风险、尽可能地规避风险。通常一个创业机会应当要满足几个因素：必须能够代表社会中一种渴望的未来状态，必须是在某一个时期能够实现的，必须处于一个正在逐步发展的机会窗口之中。

创业机会具有复杂性，是产生创业风险的一个重要影响因素，因此，能够识别创业机会，把握商机就是规避创业风险的最有效途径，对于创业机会的有效识别是创业领域中一个至关重要的问题，从创业过程这一角度来看，我们可以将创业机会看作是整个创业行为的起点。创业过程可以认为是一个对某一创业机会进行识别，并加以开发、利用的过程，创业者要取得一定成就所必须具备的一项技能就是如何识别创业机会。不同的创业机会具有其特殊的表现形式，大多数良好的创业机会并不是"冷不丁"一下子出现的，通常都是对于"有准备"的创业者的一种"回报"。

另外，对于创业风险的识别也同样对把握创业机会起着至关重要的影响。在我们现实生活中存在着这样一种现象：很多人都能够发现一些良好的创业机会，但是真正能够抓住这些机会开展创业行为的个人却很少。导致这一现象的最主要原因就是很多个体对于创业行为过程中所存在的各式风险有着慎重考虑，害怕其导致整个创业行为的失败，因而并未开展行动。而另一部分个人则认为开展创业行为虽然可能因风险成真而带来一定损失，但也有可能因此而获得更高收益，也正是这一心理激励个人开展创业行为，创业风险的不确定性不仅是创业行为所蕴含的潜在收益，同时也是创业个人开展创业行为的一个动力。对于创业风险的评估会得到损失和收益两种评估结果，其中收益的评估结果会激励创业者开展更多的创业行为，而损失预测则会导致创业行为的减少，对损失、收益的评估预测也成了影响创业者是否开展创业行为的一个关键因素。

思 考 题

1. 创业机会有哪些类别？
2. 创业风险与创业机会有什么关系？

（三）创业风险与创业资源的关系

1. 大学生创业资源及其重要性

近些年来，随着国家及相关政府部门颁布了一系列鼓励大学生自主创业的政策措施，当今大学校园内的创业热情正在逐渐高涨，创业也成了应届毕业生及部分在校生的热门选择。但是，相关的数据统计却显示，我国大学生自主创业的成功率偏低，除了对于风险的预估不够客观以及自身创业意识、技能的不足，创业资源的欠缺也是导致这一现象的最主要原因。

创业资源即指在创造价值的行为过程中必须利用的一系列特定的资产，是新企业启动及运作的必备条件,对于大学生而言,创业资源主要指的是在创业过程中所需要的利好条件及可利用资源。因此,可以说大学生自主创业的基础就是创业资源的准备情况,它的欠缺将使得大学生的创业行为如同"海市蜃楼"。与社会企业的直接创业有所不同,大学生创业需要多方面的资源支持,其涵盖在每一个创业环节之中,并且起着至关重要的作用,例如国家的鼓励政策资源,这些政策不仅促进了大学生创业的激情,也为大学生的创业行为打造了一个良好的社会环境;创业所需的知识、技能资源,主要包括创业专业知识和企业管理知识;及时的社会信息资源及先进的科学技术资源,可以为大学生创业实践的成功开展提供足够保障;人脉资源也是创业过程中极为重要的一项资源,足够充分的人脉资源能够使创业行为更加顺利。

2. 大学生创业资源分类

根据在实际创业行为过程中的作用,我们将大学生创业资源分为了两大类:第一类是直接资源,主要指的是物质资源、管理资源、市场资源、人力资源以及资金资源等;另一类则是间接资源,如信息资源、技术资源以及社会资源等。下面进行分别介绍。

(1)直接资源。

物质资源指的是创业行为中所需要的物质基础,根据其所能够提供的效能划分为内在及外在两种物质资源。在资源管理中,又可以划分为固定资产、所需材料以及低值的消耗品。

管理资源指的是企业在运作时所需要的综合资源,一个企业是否能够顺畅地运行关键就在于管理。其主要包括人才管理、制度管理以及考核管理等方面。有效的管理能够使企业保持高效、合理的发展状态,管理资源覆盖创业行为的方方面面。

市场资源对于企业的生存和发展至关重要,因为一个企业所需要的原材料、知识技能基础等都来自于市场中,而生产的产品、提供的服务最终也必将输出到市场中获得价值。在同行业中有什么样的优势、如何创造价值、如何寻求客户与市场、通过什么样的途径进行产品或服务的输出等,这些都是市场资源的范畴。

人力资源是一个企业的核心要素,在整个创业过程中占据着最关键的位置。尤其在创业行为的起始阶段,可以说人力资源是最主要的必备条件。同时,人力资源也有时效性、社会性、再生性等特点。

资金资源的重要性不言而喻,它是创业的核心资源,一条完善的、合理的资金链是一个企业正常运转、面对风险所依赖的"护身符"。在现今环境下,随着政府及社会企业的扶持,大学生在创业过程中获得了更多的资金获取途径,例如社会融资、小额创业贷款以及各级别创新创业比赛中获得的资助,其中较为出名的就是"挑战杯"大学生创业计划竞赛。

(2)间接资源。信息资源的涵盖面十分广泛,在现今这样信息化的社会中,信息的及时、全面获取对于企业的运作起着重要影响。信息资源涉及企业创办、生产运作、风险评估等各个阶段的各类信息,其也具有导向性、流动性、周期性等特点。

技术资源是大学生自主创业所面临的最大问题,如何提升创业者的专业技术能力是能否开展创业、创业能否成功的主要内在因素。同时,一个企业如果要保持合理、高效的发展状态,就必须要拥有先进的技术资源。技术资源的需要是随着时间的流逝、社会的发展而不断更新的,可以说创业活动、企业运作时刻需要最先进的技术支持。

社会资源指的是当前环境下,社会各方面以及国家政府对大学生自主创业所提供的扶持资源。在国内，国家相关部门所颁布的一系列优惠政策就是大学生创业最为关键的社会资源。因此，大学生在开展创业活动时，应持续关注时事政治，仔细分析、及时把握政府所颁布的鼓励政策。

3. 合理整合、利用创业资源是降低风险的重要措施

创业资源是创业者创业的基本、必要的物质基础，企业建立和发展的过程就是一个不断整合资源并逐渐建立竞争优势的过程，因此，如何识别创业资源对创业者至关重要。合理整合资源、利用资源来巩固创业成果、提高产能输出、实现收益是大学生利用各类资源的最终目的。不管是要素资源还是环境资源，无论这些资源直接还是间接参与企业的生产，它们的存在都会促进创业绩效的提高。

如今，大学校园内的创业热情继续升温，但是却很少出现成功案例，其最主要原因就是创业自愿的欠缺或创业者对创业资源利用不合理。当然，对于创业的起步者来说，不可能在创业伊始就能够得到全面支持的创业资源，也不可能保证时时刻刻都有良好的资源可供利用，这就要求创业者要利用有限的创业资源发挥出尽可能大的作用，实现效益最大化。

（1）创业资源的整合方法。

想要有效地利用创业资源，就需要对其进行合理的调整、整合。而整合的方式也随着创业阶段以及社会环境的不同而存在差异，只有客观分析自身当前所处环境，才能对资源进行有效的整合，发挥更好的作用。创业的整合方法主要包括三类：一是寻找式资源整合，这一类别方法主要适用于创业行动的初期，在起步阶段根据创业团队自身的客观现状，分析所欠缺资源的类别、程度，主动寻求外部资源的支持，积极地寻找、整合所能利用的各方面创业资源；二是积累式资源整合，主要对应创业过程的中期，随着企业的进一步发展，需要创业者对所从事行业以及自身企业的特征有更深一步的了解，正确地调整已有资源，并根据自身发展需求通过自身累积与外部寻求相结合的方式整合利用资源；三是开拓式资源整合，这类方法可以说覆盖创业行为的各个阶段，其主要表现为发散思维，通过创新行为，以一个先进的视角去利用、整合企业和社会新兴的、未被利用的资源。尤其对于大学生来说，应当时刻提升自我创新意识，寻找企业的创新点，并以此充分开拓、整合资源。

（2）创业资源的科学管理。

创业资源不仅需要有充足的源头，更需要合理、科学的管理方式，这一要求贯穿于创业的各个阶段。管理创业资源，其实质就是对资源进行优化配置，主要内容可以归纳为"优化组合"与"查漏补缺"。首先是对企业现有资源的优化，这就需要分析企业及社会现状，分类、整合资源，认清这点才能在资源配置中达到重点突出的目的。其次就是要考虑"木桶效应"，不能仅关注重要资源的利用而忽略其他资源的问题，进行针对性的"查漏补缺"。在此基础上，创业者也要明确各类资源之间的相互关系，因为资源也存在着串联效应，某一种资源的欠缺可能意味着其他资源的浪费，正如木桶的盛水量决定于最短的那一块木板。所以，对重点资源优化配置的过程中要做到全面考虑，对资源的消耗进行预估，建立预算管理方案，这样才能根据企业发展不同阶段的情况实现最佳的创业资源配置。

（3）创业资源的效益评估。

效益指的是在一系列的创业行为之后，企业所能获得的利益。明确创业资源与企业效

益之间的关系：创业资源是产生效益所必需的基础，产生效益是利用资源所期望达到的目标。效益也根据其作用划分为直接效益与间接效益：直接效益通俗地说就是"看得见、摸得着"的，例如企业的收益、发展情况；而间接效益则是不能够直观呈现，而是体现在投入与产出比例、创业资源的利用率及替换周期等方面。在整个创业过程中，不能仅仅看到眼前的直接效益，更要考虑潜在的间接效益，因为间接效益的潜藏性对于企业的健康发展往往更加重要。

思 考 题

1. 大学生创业资源有哪些？
2. 创业风险与创业资源有什么关系？

（四）创业风险的分类和特征

1. 创业风险的分类

（1）主观创业风险和客观创业风险。

创业风险的产生具有主观和客观两种来源，按照风险来源进行划分，创业风险可以分为主观创业风险和客观创业风险。主观风险是指创业者的主观因素导致创业失利，而客观风险是由于客观因素导致创业失利，如创业环境的变动、创业政策的改变、突然出现的竞争对手，等等。

（2）技术风险、市场风险和代理风险。

创业过程中会出现各种不同的因素，例如创业的技术、市场、管理因素等，而按照创业过程中出现的这几类因素进行划分，创业风险可以分为技术风险、市场风险和代理风险。这三种风险具有相互作用，同时也具有不确定性的特点。技术风险是一种可能，即由于技术方面的因素变化从而导致创业失败的可能性。市场风险则是基于市场情况的变化导致创业失败的可能性。不同于以上两种风险，代理风险指的是企业的高级经营管理人才、生产管理模式、组织架构等能否适应创业的快速增长，或战胜创业企业危机阶段的动态不确定因素的风险。

（3）安全性风险、收益性风险和流动性风险。

显而易见，创业投资会由于创业风险的存在而产生不同程度的变化，按照创业风险对所投入资金的影响程度进行划分，创业风险可以分为安全性风险、收益性风险和流动性风险。其中，安全性风险，主要由创业投资的安全性问题引起，如：预期的实际获益可能遭受一部分未料及的损失，或创业者投入的其他财产与专业投资者的投资可能蒙受的损失，即投资财产的安全存在危险。而对于收益性风险来说，创业投资人的资本和财产不会遭受损失，但是与此相反，创业所预期的实际获益有损失的可能性。流动性风险，是指创业投资人的资本、财产以及预期实际获益不会蒙受损失，但是，有可能会发生由于资金运营的停滞使投资方蒙受损失。

【拓展阅读】▶▶▶

视美乐公司的结局

1999年3月，王科、邱虹云和徐中组队参加了清华大学第二届大学生创业计划竞赛，并作为最优秀的5个团队之一参加了全国大学生创业计划竞赛的决赛，获得了金奖。同年5月，被誉为中国第一家高科技学生创业公司的视美乐诞生，注册资金50万元，邱虹云任公司总工程师，王科任总裁，徐中任总经理。其核心技术为多媒体超大屏幕投影电视，被专家誉为"具有革命意义的产品"。创业初期，视美乐公司与青岛澳柯玛集团共同组建北京澳柯玛视美乐信息技术有限公司，注册资金3 000万元，双方各占一半的股份。原视美乐公司的主要技术人员全部进入澳柯玛视美乐信息技术有限公司。如今，青岛澳柯玛集团控股澳视70%的股份，三位视美乐创始人只作为小股东存在，并相继退出了公司的管理层。对于过去的创业经历以及后来的退出，这些曾经创业的大学生都不愿意再谈。而随着澳柯玛侵占上市公司资金案发后的伤筋动骨，视美乐也从此一蹶不振。

（来源：蒋承勇. 大学生职业发展规划与就业创业指导. 北京：高等教育出版社，2015.）

2. 创业风险的特征

在校大学生创业具有各种各样的创业风险，主要是由于大学生不能够充分了解创业过程从而产生的不确定性。创业风险的特征主要表现在以下几个方面。

（1）大学生创业风险具有客观性的特征

一般来说，创业风险是客观的、普遍的、存在的，不会随着创业者的意志和意愿而有所转变。在大学生创业过程中，创业者、创业团队、创业环境、创业进程等内外部事务发展的不确定性是客观而自然存在的，所以说，大学生创业风险具有客观性的特征。举个例子，比如说，地震、洪涝等自然灾害是自然存在的，由于环境的变化对创业进程产生了客观的影响，这种客观存在是无法消除的，也是创业风险客观性的一种体现。

（2）大学生创业风险具有不确定性的特征。

大学生创业风险具有不确定性，体现在创业风险的产生时间、产生程度等各种创业因素是不断变化的、难以预知的，这种难以预知造成创业风险的不确定性。不确定性的产生具有一定的原因，而其中最主要的原因是创业者对创业环境、创业市场等客观世界的认知产生了局限性，从而导致创业风险产生了不确定的发生状态。例如，大学生创业过程中，遇到某家竞争对手的排挤，是新的产品或者服务进入市场时面临的不确定因素，或者是创业进程资金准备不足等所导致的创业失利，均是创业风险不确定性的一种表现。

（3）大学生创业风险具有损益双重性的特征。

损益双重性主要是指在创业过程中，创业风险对创业进程的影响不仅是消极的，而且也包括积极的方面，即创业风险带来的影响包括损失，同时也包括收益。风险越大，收益越大，回避风险，意味着回避收益。例如，自然灾害对创业进程只能产生一定损失，但是创业活动风险却与潜在的收益共存。把握机会，避免陷阱，创业过程风险越大，回报率越高。

（4）大学生创业风险具有相关性的特征。

相关性，顾名思义，就是大学生创业者所面临的创业风险与创业行为、创业决策等是紧密相连的，具有相关性。产生在两个不同大学生创业过程中的同样的创业决策，会导致两个创业项目面临不同的风险结果。例如：企业中所涉及的技术标准，它的提高属于技术类风险特征，对大学生产生的可能是低风险，相反地，如果对于农民工可能产生的是高风险。

（5）大学生创业风险具有可变性的特征。

大学生创业风险具有可变性的特征，体现在创业环境的内部条件与外部条件产生变化时，对创业风险所产生的一系列变化。这一系列的变化包含有几个方面，如创业风险性质的变化、创业风险结果的变化，或者在过程中产生了新的创业风险等。创业风险具有可变性，随时随地会偶遇创业瓶颈，所以说，创业不是意气用事，需要创业者具有一定的胆识和谋略，同时具有一定的风险意识，通过准确而合理的创业决策，将创业风险控制在最小范围，尽量减少创业风险对创业的损失程度。

思考题

1. 创业风险的分类有哪些？
2. 大学生创业风险具有哪些特征？

二、创业风险的防控

（一）创业风险的识别与防控

了解了创业风险的分类和特征，那么在实际创业过程中，如果遇到了创业风险，如何进行识别和防控呢？

1. 创业风险的识别

大学生创业具有诸多潜在的创业风险，所以，创业风险的识别在大学生创业过程中显得尤为重要。只有做到了风险的提前认清和识别，才有可能针对性地化解创业危机。但是，与创业风险共存的，也有一定的创业机会，应该提升创业机会的积极作用。

（1）正确的创业风险意识是创业风险识别的前提。

大学生创业过程中，不仅要时刻保持清醒头脑，认知创业风险所带来的后果，同时要认知创业风险产生的原因和潜在的其他多种风险，树立正确的创业风险意识。

（2）实事求是的精神是创业风险识别的根本保障。

创业风险的识别过程是人为的，但是创业风险的产生是客观存在的，大学生创业者应该以一种实事求是的精神面对创业风险识别，减少不必要的损失，化损失为盈利。

（3）积极应对的思想是创业风险识别的基本要求。

大学生创业风险的存在是持久的，具有相关性和可变性的特点，伴随学生创业的整个进程。所以大学生应该保持一种积极应对的思想，科学而系统地面对创业风险，形成一种持续性的风险识别意识。

2. 创业风险的防控

做到及时的、有效的创业风险防控，能够对大学生的创业行为起到积极的促进作用。我国的高等院校作为创新性高端人才培养的机构，是提升大学生创业精神和创业能力的主要环境场所，同时也是培养大学生创业意识、认知风险防控的重要阶段。所以，对高校来说，培养和提升大学生的创新创业意识、逐步强化大学生创新创业教育显得尤为重要。

（1）培养大学生创业意识，做到创业风险的及时防控。

理性而健康的创业意识是大学生创业成功与否的前提，大学生创业过程中存在很多意想不到、随时发生的创业风险，如何做到创业风险的及时防控，归根到底是大学生创业意识问题。高校可以通过创业意识的引导和培养，使大学生产生理性成熟的创业心理，从而减少大学生由于创业意识的问题所导致的创业失利。例如，加强营造高校校园的学生创业氛围，对大学生创新创业典型进行大力度宣传。

（2）强化大学生创业教育，做到创业风险的有效防控。

专业化与高水平的师资队伍、科学而系统的课程体系，是高校开展大学生创业教育的基本保障。因此，高校应该逐步加强创新创业师资力量的培养和选拔，把优质资源的创业教师培养放在开展创业教育的首位。同时，注重课程体系的建设，着眼于大学生对创业风险的把控和防范，根据学生的实际创业需求开展创业课程，做到针对性的教育和引导，从而有效防控创业风险。

（3）推动大学生创业实践，做到创业风险的实际防控。

高校大学生正值青春年华的黄金时期，拥有着青年人年轻而冲动的个性，同时，也有着由于年轻而产生的创业经验缺乏、实践经历不足的特点。所以，最大限度地推动大学生创业实践，加强大学生创业的实践指导，既能够增强大学生的创业自信心，做到对创业风险的实际防控，也对提升大学生的创业素质具有重要意义。例如，高校可以通过建立大学生创业园，校企联合实习、实训等多种形式鼓励在校大学生开展创业实践。

思考题

如何对创业风险进行识别？

（二）创业风险的应对策略

创业风险的产生不会随着创业者意志的转变而消失，涉世不深的在校大学生尤其需要科学谨慎的创业决策和创业胆识，在创业过程中准确而有效地预防创业风险的发生，从而取得创业的稳步成功。

1. 大学生需要谨慎选择创业项目

随着时代的发展和变迁，不同时期的大学生创业项目具有与时俱进的特点。目前，高校大学生的创业项目大都集中在与科技相关的技术领域以及服务领域，比如，软件研发、服务行业、快销品代理、教育机构等。大学生创业普遍存在青年人热情高、冲劲大的创业特点，所以大学生在进行创业项目选择的时候，需要尽量做到头脑冷静、眼光放远，结合团队现有的环境和个人优势选择适合的项目，切记好高骛远、盲目决定，注意创业初期就要将创业风险降到最低程度。

【拓展阅读】

大学生的家教公司

做家教对大学生来说不算稀奇事,可从自己做家教到介绍同学做家教,最后还开了一个家教中介公司,准备明年招聘十几个大学毕业生,大四学生何伟哲让同龄人刮目相看。

何伟哲是宁波大学科技学院机械专业大四学生,他的另一个身份是宁波海曙易达家教服务有限公司的总经理。现在的他做起小老板格外忙碌。

刚读大一时,何伟哲跟其他同学一样,想做家教赚点生活费。大家都刚刚高中毕业,基础知识还算扎实,这也是大学生最擅长的了。小试牛刀做了一段时间以后,何伟哲也开始尝试给家教中心介绍客户,从手收取一些劳务费。

一段时间以后,他发现单枪匹马在家长和家教之间做中介毕竟不是很规范,难把规模做大。他开始在网上搜索,发现北京有一家家教机构,专业化分工很强,已经在不少大城市建立了分支机构。何伟哲收到了启发,在经过一番调查后,2014年年底,他和另外6名同学一起成立了宁波海曙易达家教服务有限公司。

别看公司小,分工却很明确,有的负责接听咨询电话,有的负责在校外找客源,有的负责在校内物色优秀的家庭教师。

为了创品牌,何伟哲对家教老师的要求很高,招聘时要经过笔试、面试几道严格的程序。何伟哲说,从一开始,他们就像社会上正规的公司一样运作的。随着名气不断扩大,2015年7月,他们在宁波江东游泳中心附近租下了180平方米的场地,从校内出来开始向校外扩张。

为了稳定师资力量,何伟哲想招聘更多的专职家庭教师,给中小学生提供更优质的服务。大学生做兼职家教,主要是想锻炼自己,没有稳定性,家长和学生也没有稳定感。公司想打造一支稳定的全职家庭教师队伍。现在,小何的公司已经有了两名专职家教,都是前几年毕业的大学生,何伟哲为他们提供了不错的待遇。

如今,何伟哲的家教公司规模也越来越大,兼职的学生员工发展到了300多名,每月的营业额都有5万左右。

(来源:蒋承勇.大学生职业发展规划与就业创业指导.北京:高等教育出版社,2015.)

2. 大学生需要重视团队管理

大学生创业初期都会面临团队选人的问题,团队成员一般由具有共同创业热情的大学好友构成,没有按照创业团队对人才的需求进行合理化选人,所以往往导致更为严重的创业风险。所以,大学生在创业初期,尤其要重视创业团队的选拔和管理。首先,明确团队成员的创业目标,各尽所长发挥团队成员创业优势。其次,要注重将创业团队成员的职业发展与企业发展规划相关联,有针对性地做好团队成员的个人成长计划方案。再次,严格准入和准出机制,做到企业人才的标准化选人,避免人才的逐渐流失,从而应对突发的创业风险。

3. 大学生需要做好技能储备

大学生创业往往由于创业技能储备不足,缺乏从全局角度出发整合资源和实施管理的能力，偶遇创业风险无法及时应对，从而大大影响创业成功率。大学生要储备一定的创业技能，可以从提升信息收集能力、提升环境适应能力、学会基本创业技能几方面加强创业训练和实践。利用风险少但见效快的小范围创业项目锻炼自身的创业能力，熟悉社会环境，积累创业经验，避免由于创业技能储备不足而导致的创业失败。

思 考 题

大学生面对创业风险的应对策略有哪些？

三、创业项目风险评估

"大众创业、万众创新"，目前已经深入人心，创新创业已引起了社会各方面的关注，国家不断推出针对大学生创业的各种优惠政策，鼓励和支持大学生自主创业。虽然创业能减轻社会就业压力，推动社会经济发展，但是创业仍然具有很多未知和风险。因而，理性创业、降低风险，对创业进程中风险问题的评估、分析、管理与防范具有重要意义。

（一）创业项目风险评估的定义

创业项目风险评估，就是对创业风险的评价和估量。理解创业项目风险评估的定义，首先要了解和掌握风险评估的概念。"风险"一词起源于远古时期的生产劳动和社会生活，自人类从事生产活动起，风险就无刻不相伴左右。"风险"的说法源自于从事打鱼捕捞作业的渔民们，渔民们每次出海前都要祈祷海面风平浪静，没风的日子里他们才能安心作业、平安归来，因为"风"会给他们带来无法预测、不可估量的危险，"风"即代表"险"，因此"风险"一词流传开来。打鱼会有风险，耕种也会有风险，风调雨顺，才能五谷丰登；出行也会有风险，所以人们送别时祝愿一路顺风、一帆风顺。可见从事任何生产生活都具有风险，而创业浪潮风生水起、创业形势风起云涌、创业艰险风急浪高，创业同样充满了风险。

现代意义上，"风险"一词不再是"遇到危险"的狭义理解，而是"遭遇破坏或丢失机会以及遭逢危险"。现今，风险一词越来越概念化，成为人们在生活中使用频率非常高的词汇。风险的概念是指在一定条件下和一定时期内，由于各种结果发生的不确定性而导致行为主体遭受损失的大小以及这种损失发生可能性的大小，核心是"未来结果发生的不确定性或损失"。

创业风险是指在企业创业过程中存在的风险，属于风险的一个分支。如果找到恰当的防范策略从而降低结果发生的不确定性或减少损失，风险就会被规避，同时转化为大小不等的收益，有时候风险越大，机会和收益也就越大。因此，如何判断风险、选择风险、规避风险、转化风险，继而运用风险，在风险中取得收益，就需要对风险进行评估和防范。

评估，即评价和估量，它是一个持续的过程，贯穿于从接案到介入的整个过程，从找出问题、收集信息、产生可选择的方案、比较方案、决定最好的解决办法及策略、实施选定的方案到最后评估产出的结果（图6-1）。评估过程是一个闭环的过程，从找出问题开始，最后从评估结果验证问题，评估是评判是否达到预设目标的一种手段。

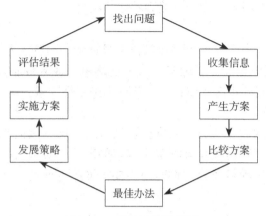

图6-1 评估过程流程图

风险评估是指在风险事件发生之前或之后（但还没有结束），该事件给人们的生活、生命、财产等各个方面造成的影响和损失的可能性进行量化评估的工作。风险评估的主要任务包括：识别评估对象面临的各种风险、评估风险概率和可能带来的负面影响、确定组织承受风险的能力、确定风险消减和控制的优先等级和推荐风险消减对策。风险评估就是通过量化，测评某一事件或事物带来的影响或损失的可能程度。由此可见，创业项目风险评估，就是量化测评创业过程中因风险带来的影响或损失的可能程度。

思考题

1. 创业项目风险评估的定义是什么？
2. 风险评估的过程流程是怎样的？

（二）创业项目风险评估的特征

创业项目风险评估，具有目的性、前瞻性、全局性和专业性四个特征。风险评估的基础是首先要对以下几项内容进行估计：风险事件发生的可能性大小；可能的结果范围和危害程度；预期发生的时间；一个风险因素所产生的风险事件的发生频率。创业项目风险评估中，目的性强，才能抓住评估重点；前瞻性强，才能降低风险可能；全局性强，才能确保评估准确；专业性强，才能做到评估合理。

1. 目的性

针对创业项目进行风险评估，主要是为了更好地预期和了解项目开始与进行过程中会遇到哪些危险，发生危险的可能性大小以及危险为项目带来多大的损失，因此进行项目风险评估时需要极强的目的性，才能为创业项目提供最好的服务。

2. 前瞻性

大多数创业者不喜欢低风险环境，因为这样的环境缺乏挑战，同时所带来的收益也不够可观；而高风险环境，又极易遭受失败，高回报的对立面就是也可能承担更高的损失。

因而创业者会设定较高的目标，享受挑战带来的刺激和兴奋，期待可观的回报和收益，又不想参与太多的冒险和赌博。因此创业者进行项目评估时需要极强的前瞻性，对低风险和高风险环境都应避免，参与有难度但可战胜的创业项目。

3. 全局性

创业项目风险评估，不仅仅要对创业项目本身资金、团队、人员等内部方面进行考虑，还应当考虑市场、政策等外部环境因素所带来的影响。风险评估过程中要从全局性出发，内外兼顾，整体把握，充分考虑到项目中的各种不确定性因素。

4. 专业性

创业者应当对自己的创业项目有非常全面细致的了解，然而创业者受自身专业知识水平、创业机会复杂、市场环境变化等不确定因素的影响，对项目风险评估就需要专业知识的支撑和帮助，因此进行项目风险评估时还需要极强的专业性，才能为创业项目进行精准评估。

【拓展阅读】▶▶▶

携程的创业之路

1999年春节后的一天中午，一顿再平常不过的午餐，成就了沈南鹏、梁建章、季琦三人的商业帝国，成就了沈南鹏"携程之父"的美名。

沈南鹏，耶鲁MBA出身，时任德意志银行中国资本市场主管，多年的工作经历让他具有相当的融资力和宏观决策能力；梁建章，曾在甲骨文公司做过研发工作，技术背景深厚；季琦，有丰富的创业经验，擅长交际，对管理、销售都有一套。对互联网经济的共同看好，让三人聊得格外投缘。

沈南鹏有着冷静的分析：互联网给创业者带来千载难逢的机会，但这机会不是仅仅在技术和商业模式上面的。"对传统旅游产业进行改造"，一下子激发了大家的火花。沈南鹏非常看重中国电子商务市场，但同时觉得中国市场现在还不成熟，特别是在物流、信用卡支付系统上还存在缺陷，如果做旅游，就可以避开这些劣势。季琦则认为互联网资源可以很好地弥补传统旅游业地域性、时间性、管理有效性的不足，能够很好地去消化那95%的散客。这些与梁建章的思路"做旅游网站从设计到配送、支付，非常适合电子商务"和"旅游是老百姓的第二大支出，甚至还高于汽车"相契合。最终，沈南鹏他们决定：向旅游业进军。

携程创始之时，沈南鹏等四人共投资了200万元。不过靠这点资金，携程不可能得到快速的发展。沈南鹏便去和IDG接触，在他的努力下，携程成立才3个月，便得到了IDG第一笔50万美元的风险投资。

1999年年底，沈南鹏正式辞掉投资界工作，专心于携程的融资与发展，并考虑第二轮融资。因为第一笔投资只能支撑几个月的开销，如果融不到资，携程就要关门。

2000年3月，携程吸引到了软银集团为首的450万美元的第二轮融资；11月，引来了美国凯雷集团1 100万美元的第三笔投资。携程网三轮融资共计吸纳海外风险投资近1 800万美元。

这次并购为携程带来了巨大收益，一年的时间里，携程发展了2 000多家签约酒店。

2001年订房交易额达到5亿元，2002年交易量再翻一番，成为国内最大的宾馆分销商。携程最基本的生存已经不再是问题。

2002年4月，沈南鹏再出奇招，收购了有名的散客票务公司——北京海岸，从而奠定了携程机票预订的基础。联合互联网的优势，沈南鹏将原来的票据业务放到了网上。这一转变再次获得成功，携程开始在全国复制业务。短短的一年后，票据业务激增了6倍。同时建立起全国统一的机票预订服务中心，并在主要城市建起了机票配送队伍。

时至今日，客房预订和机票订购仍是携程主要收入的来源，沈南鹏的两次收购成就了携程网大业。

携程的根基已经扎稳，下一步的问题是怎样把它做大。在资本市场沉浸多年的沈南鹏自然而然想到了上市融资，而目的地则瞄准了纳斯达克。

美国东部纽约时间2003年12月9日上午10：45分，携程旅行网在美国纽约纳斯达克股票交易所正式挂牌交易。上市首日，开盘价24美元，随即摸高到37.35美元，最后收盘价为33.94美元，涨幅88.6%，创下了3年内纳斯达克市场IPO首日股价涨幅的纪录。

沈南鹏终于带领携程成功登陆纳斯达克。

[来源：季琦. 十年创业路：从携程到汉庭. 中国中小企业，2011，（09）：35-39+34.]

思考题

1. 创业项目风险评估的四个特征是什么？
2. 携程的创业之路符合哪些风险评估的特征？

（三）创业项目风险评估的种类

创业项目风险评估的种类是对应创业风险种类进行区分的，可具体归纳为以下十个种类。

1. 机会风险评估

创业项目如果缺乏前期市场调研和论证，只是凭兴趣和想象来决定投资方向、把握创业机会，甚至仅凭一时心血来潮做出评估和决策，一定会遭遇失败。创业者因自己生理、心理等主观因素，对创业机会把握不准或判断偏差，导致创业之初会面临方向偏差的风险。

2. 技术风险评估

技术风险是指创业设计转化为产品的过程中，因技术因素导致产品转化失败的概率。很多创业者眼高手低，当创业计划转变为项目实操时，技术的可行性难以预估，即使创业企业获得了少量的风险资金支持，也容易受技术问题影响而面临失败，损失惨重。

3. 资金风险评估

资金风险在创业初期会一直伴随创业者左右，是否有足够的资金创办企业是创业者遇到的又一难题。企业创办起来后,就必须考虑是否有足够的资金支持企业的日常运作,而且资金短缺还会严重影响业务的拓展,错失商机。此外,融资渠道不够广阔和畅通,创业计划也会搁浅,同时财务分析和资金管理也需要很强的专业性和丰富的经验。

4. 市场风险评估

市场是生产者向消费者转移生产和生活资料的一个交易平台,创业是否成功很大程度上取决于市场,没有市场就没有机会。即使在技术和资金的充足保障下,也只能保证生产环节的顺利进行,市场才是流通环节的主阵地,产品没有市场,创业也必将面临失败。对市场进行理性分析、深入调研、准确定位,对企业创业至关重要。

5. 环境风险评估

创业过程中因环境发生变化而给企业带来的利益损失称为环境风险,这一风险贯穿创业过程始终,在创业中期和后期更应多加重视。尤其是大化工行业,社会、政治、经济、政策、法律环境等发生变化,或灾害事故、行业整顿等生产环境变动,对企业的打击更是致命。针对这种变化,创业者很难改变和把握,对大化工行业而言,环境风险影响更为突出。

创业风险评估周期如图 6-2 所示。

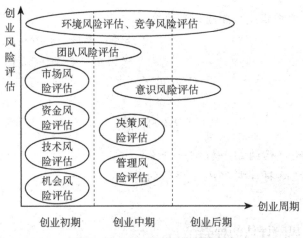

图 6-2 创业风险评估周期图

6. 竞争风险评估

竞争风险是指在创业的过程中由于参加市场竞争,给企业带来的不确定性损失。对任何行业、任何企业来说,竞争都是必然的,如何面对竞争是每个企业都要随时考虑的事,而对新创企业更是如此。化工行业是一个竞争非常激烈的领域,创业之初很容易受到同行的强烈排挤,一些大企业为了把小企业吞并或挤垮,常会采用低价销售的手段。对于大企业来说,由于规模效益或实力雄厚,短时间的降价并不会对它造成致命的伤害,而对初创企业就可能意味着彻底毁灭的危险,竞争风险也会贯穿创业全程。

7. 团队风险评估

现代企业越来越重视团队的力量,一个优秀的创业团队是创业成功必不可少的条件。创业企业在诞生之初和成长过程中,创业团队是企业发展的重要力量来源,创业团队的通力合作能使企业迅速成长。同时,风险也蕴含其中,一旦创业团队的核心成员在某些问题上发生分歧而不能统一意见,创业团队就可能会分崩离析,对企业带来巨大震荡。因此,团队的力量越大，随之而来的风险也会越大。

8. 管理风险评估

管理风险是指创业者的组织、决策不到位而给企业带来的不确定性损失，管理风险在创业中期尤为突出，在这个阶段，企业在迅速地发展开拓，而且技术风险在逐步消除，市场风险也变得很小。面对人员急剧增加、生产规模不断扩大、市场区域不断拓展等管理问题，创业者必须思考如何控制成本、如何保证质量、如何畅通管理渠道、如何树立品牌等，不断提升管理能力，降低管理层面的风险。

9. 决策风险评估

创业初期存在着创业机会的把握、创业项目的选择等各种需要决策的风险，而在创业中期，同样存在着创业发展方向的抉择等问题，而且创业中期的决策水平及意义明显大过创业初期，这对于企业的命运、发展和走向，发挥着至关重要的决定作用。对于创业者而言，要善于寻找机会、发现机会、把握机会和利用机会，并统筹规划、果断决策，牢牢掌控企业的发展命脉。

10. 意识风险评估

意识上的风险是创业团队最内在的风险，这种风险来自于无形，却有强大的毁灭力，风险性较大的意识有：投机心理、侥幸心理、固守心理、回本心理和狂妄心理等。在创业中后期，企业已进入成熟期，创业企业的最大风险是思想保守和盲目扩张。成熟期创业企业取得了一定成绩之后，或是不思进取，导致企业市场萎缩而逐渐失去竞争力；或是狂妄自大，进而不断拓展其他行业，盲目扩张，片面追求产业多元化，最终资金链断裂而破产。

思考题

1. 创业项目风险评估的种类有哪些？
2. 创业项目风险评估的周期如何划分？

（四）创业项目风险防范的对策

创业过程中，不少人都希望选择一个没有风险的项目，这当然无可厚非，却又毫不现实，因为风险无处不在，要创业就要承担风险。承担风险，并不等同于轻易接受风险，也不等同于无偿去冒风险，更不等同于无所顾忌、放任赌博。相反，承担风险，一是认可风险的存在，不逃避、不畏惧，明白风险的含义和概念；二是对于风险进行规避和防范，不去承担无谓的风险，降低损失的可能性。防范风险可遵循和参考以下五项原则和五条对策。

1. 防范风险的五项原则

（1）因人制宜的原则。

创业者在选择项目时一定要清晰地了解和把握自我，在技术、资金、管理等方面了解自身实力，量力而行，量体裁衣，选择自己熟悉的、适合的、有把握的项目进行创业。

（2）因地制宜的原则。

创业者选择的项目必须以市场需求为导向，以创业环境为保障，一切从当地实际出发，因地制宜，全面周密地考虑、决策能够实施的程度和效果，力求从整体上把握资源配置的最佳状态。

（3）统筹兼顾的原则。

创业者选择和决策项目时，要充分考虑局部利益和整体利益、眼前利益和长远利益、直接效益和间接效益、经济效益和社会效益、资源效益和生态效益的统一，并要始终坚持以国家和集体利益为重，坚持可持续发展的方针。

（4）博弈择优的原则。

创业者在项目的调研和论证阶段，要充分考虑各种确定和不确定的有利因素和不利因素，权衡得失，多方博弈，对成本、收益、风险等指标进行量化，用博弈论和最优化的方法科学决策创业项目。

（5）灵活机动的原则。

创业者面对创业风险，应采取积极态度，灵活应变，机动调整，时刻关注市场变化，拟定备选方案，采取筹资、经营、贸易、结算等多元化措施，使各种风险因子在运作过程中产生互补效应，当风险来临时，灵活机动地把各种可能出现的风险锁定在可控范围内或进行风险转移。

2. 防范风险的五条对策

（1）防范开业风险的对策：创业项目选择最熟悉的行业，制订符合实际的项目计划；在预测资金流时，对收入要谨慎一点，对支出要宽裕一点，没有足够的资金不要勉强上项目，发现问题时要立即调整。

（2）防范现金风险的对策：节约使用现金，经常评估现金状况，从有经验的专家学者处学习相关知识；订货任务与现金能力相适应，用于采购原料和清偿债务的流动资金不可挪作固定资产。

（3）防范市场风险的对策：时刻关注市场变化，广泛收集市场信息，以市场及消费者需求为导向，制定合理的生产进度及有效的市场营销策略，摸清竞争对手状况，合理制定销售网络渠道，用良好诚信的售后服务稳定客户的忠诚度。

（4）防范技术风险的对策：综合考虑企业自身技术能力、资金量和所需时间，选择技术获得途径；坚持创新驱动，不断研发、引进和升级先进技术，同时加强对职工的技术培训，提升员工技能。

（5）防范人员风险的对策：建立完善的雇员选择标准，综合考虑技术能力和合作能力两个因素，把最合适的员工放在最合适的位置上，做到人尽其才；友好对待并鼓励新雇员，使其早日适应新环境，进入工作角色；制定合理的绩效考核标准，完善激励制度，提升员工的凝聚力、向心力和战斗力。

思 考 题

1. 创业项目风险防范的原则是什么？
2. 创业项目风险防范的对策有哪些？

（五）创业项目风险评估的方法与途径

1. 创业项目风险评估的方法

创业项目风险评估就是对创业项目所存在的各种风险进行量化分析，分析的目的是确定识别出的风险哪些应该引起创业者的关注。风险评估方法一般采用定性和定量方法组合而成。

（1）可能性分析。可能性分析是指假定不采取任何措施去影响经营管理进程的情况下，将会发生风险的概率大小的分析。按照风险发生的概率，风险发生的可能性可以划分为五类：极高、高、中、低、极低。

对于风险发生的概率的估计，一般考虑以下因素：

一是与风险相关的资产的变现能力（主要指变现难易程度），如果资产变现能力越强，则风险发生的概率就越高，反之，风险发生的概率就低。

二是经营管理中人工参与的程度，凡是人工参与程度越高，而自动化程度越低，则风险发生的概率就越高，反之，风险发生的概率就低。

三是经营管理中是否涉及大量的、繁杂的人工计算。凡是涉及大量的、繁杂的人工计算，风险发生的概率就越高，反之，风险发生的概率就低。

（2）影响程度分析

风险分析中，除了进行风险发生可能性分析外，还要对风险影响程度进行分析。风险影响程度分析主要指风险对目标实现的负面影响程度，企业将风险对目标实现的影响程度也分为五类：极大、大、中、小、极小。风险影响程度是相对某一个既定目标而言的，所以在进行影响程度分析前，必须明确风险分析相对应的目标是什么。

如果风险对于目标的实现，将会产生直接的、决定性的影响，就属于风险影响程度"大"；反之，如果风险对于目标的实现，只是产生间接、非决定性的影响，就属于风险影响程度"小"。

判断标准：如果风险发生的可能性属于"极小可能发生"的，该风险就可不被关注。如果风险发生的可能性高于或等于"可能发生"，且风险的影响程度小，就将该类风险确定为一般风险。如果风险发生的可能性等于或高于"风险可能发生"，且风险的影响程度大，就将该类风险确定为重要风险。

对风险发生可能性的高低和风险对目标影响程度进行定性或定量评估后，依据评估结果绘制风险坐标图（图6-3）。绘制风险坐标图的目的在于对多项风险进行直观的比较，从而确定各风险管理的优先顺序和策略。风险坐标图中，将该图划分为A、B、C三个区域，企业可以承担A区域中的各项风险且不再增加控制措施；通过减少或分担风险严格控制B区域中的各项风险且专门补充制定各项控制措施；确保规避和转移C区域中的各项风险且优先安排实施各项防范措施。

2. 创业项目风险评估途径

在实际工作中，经常使用的风险评估途径包括基线评估、详细评估和组合评估三种，不同创业项目应根据不同的情况来选择恰当的风险评估途径。

（1）基线评估。如果企业的商业运作模式较为简单，并且对信息处理和网络的依赖程度不是很高，基线风险评估就能直接实现基本的安全水平，并满足企业及其商业环境的要求。基线评估的优点是需要的资源少、周期短、操作简单，对于环境相似且安全需求相当

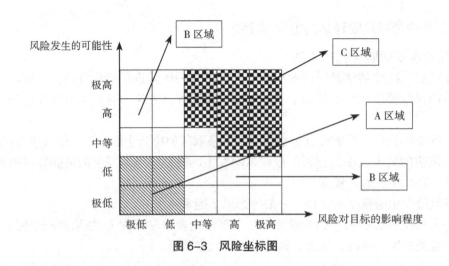

图6-3 风险坐标图

的诸多组织,基线评估显然是最经济有效的风险评估途径。当然,基线评估也有其难以避免的缺点,比如基线水平的高低难以设定,如果过高,可能导致资源浪费和限制过度;如果过低,可能难以达到充分的安全。此外,在管理安全相关的变化方面,基线评估比较困难。

(2)详细评估。详细风险评估要求对资产进行详细识别和评价,对可能引起风险的威胁和弱点水平进行评估,根据风险评估的结果来识别和选择安全措施。这种评估途径集中体现了风险管理的思想,即识别资产的风险并将风险降低到可接受的水平,以此证明管理者所采用的安全控制措施是恰当的。详细评估的优点在于企业可以通过详细的风险评估而对信息安全风险有一个精确的认识,并且准确定义出企业的安全水平和安全需求,而且详细评估的结果可用来管理安全变化。当然,详细的风险评估也是非常耗费资源的过程,包括时间、精力和技术,因此,企业应该仔细设定待评估的信息系统范围,明确商务环境、操作和信息资产的边界。

(3)组合评估。基线风险评估耗费资源少、周期短、操作简单,但不够准确,适合一般环境的评估;详细风险评估准确而细致,但耗费资源较多,适合严格限定边界的较小范围内的评估。在实践当中,企业大多采用二者结合的组合评估方式。这种评估途径将基线和详细风险评估的优势结合起来,既节省了评估所耗费的资源,又能确保获得一个全面系统的评估结果,而且,企业的资源和资金能够应用到最能发挥作用的地方,具有高风险的信息系统能够被预先关注。当然,组合评估也有缺点:如果初步的高级风险评估不够准确,某些本来需要详细评估的系统也许会被忽略,最终导致结果失准。

思 考 题

1. 如何进行创业项目风险的定性和定量评估?
2. 应怎样选择创业项目风险评估的途径?

(六)创业项目风险评估的程序

创业项目风险评估主要经过确立风险管理理念和风险接受程度、目标制定、风险识别、风险分析和风险反应五个基本程序来进行。

1. 确立风险管理理念和风险接受程度

确立企业风险管理理念和风险接受程度是企业进行风险评估的基础。

（1）风险管理理念。企业风险管理理念是企业如何认知整个经营过程（从战略制定和实施到企业日常活动）中的风险为特征的企业共有的信念和态度。企业的风险管理理念反映出企业的价值，影响企业文化和经营风格，也会影响应用企业风险管理要素的方式，包括识别风险的方式、可接受的风险种类以及如何进行风险管理。

（2）风险接受程度。风险接受程度是指企业在追求目标实现过程中愿意接受的风险程度。它反映了企业风险管理理念，反过来又影响企业文化和经营风格。在制定企业战略时要对风险接受程度加以考虑，同时，企业的风险接受程度选择也应与制定的企业战略相一致。一般来讲，风险接受程度分为三类：高、中或低。

2. 目标制定

目标制定是风险识别、风险分析和风险对策的前提。企业必须首先制定目标，在此之后，才能识别和评估影响目标实现的风险并且采取必要的行动对这些风险实施控制。

企业目标包括四个方面：战略目标、经营目标、合规性目标和财务报告目标。目标的确定必须符合国家的法律法规和行业发展规划，符合企业战略发展计划。

（1）战略目标。战略目标是企业高层次的目标，体现了企业的长远发展目标和方向。

（2）经营目标。经营目标是关于企业经营的效果和效率，包括业绩和利润性目标以及公司生产经营持续进行的资源保障等。制定符合实际的经营目标是保证战略目标实现的要求。

（3）财务报告目标。报告目标是关于编制可靠的报告，包括内部和外部报告目标，可能涉及财务和非财务信息。

（4）合规性目标。企业必须遵守中国法律法规监管规定，而且采取必要的具体行动。各种适用的法律法规确立了企业融入其合规性目标的最低的行为准则。

3. 风险识别

风险识别就是识别可能阻碍实现企业目标、阻碍企业创造价值或侵蚀现有价值的因素。风险识别的方法可采取小组讨论方式，内控项目组与相关部门分成若干个小组，对相关流程的风险进行集中讨论。在分组时，尽可能考虑各小组人员构成使之具有一定的广泛性。讨论中，小组成员充分发表意见，确保被识别的风险全面、准确。同时，在进行小组讨论前，通过发放风险调查表等形式向相关管理部门或所属单位收集在日常经营管理活动中，与风险识别的相关情况、建议和意见。

4. 风险分析

风险识别后，企业对风险进行分析，分析的目的是确定识别出的风险哪些应该引起创业者的关注，哪些风险创业者可以不予关注。对于那些发生可能性较低且潜在影响程度很小的风险一般不予关注，对于那些发生可能性较高且具有重大潜在影响的风险，则需要给予更多的关注。

5. 风险反应

公司在进行风险分析后，应该根据风险分析结果，结合风险发生的原因选择风险应对方案：规避风险、接受风险、减少风险或分担风险。

① 规避风险：退出产生风险的各种活动。

② 减少风险：采取行动减少风险的可能性，或降低风险影响程度，或两者同时降低。减少风险一般涉及大量的日常经营决策。

③ 接受风险：不采取任何行动去影响风险的可能性或影响。

思考题

1. 创业项目风险评估的程序是什么？
2. 如何进行风险识别和风险分析？

第七章
完善创业计划书

【学习目标】
1. 了解创业计划书的概念。
2. 了解和掌握创业计划书内容要点与评判标准。
3. 了解和掌握创业计划书的撰写要求及内容规范。
4. 明确创业计划书在创业过程中的意义与价值。

一、创业计划书概述

古人云:"不积跬步,无以至千里;不积小流,无以成江海。"这句话同样适用于创业阶段。正如美国俄亥俄大学创业研究中心的主任罗伯特 F 谢勒(Robert F Chelle)所言:"商业计划必须受到重视。创业之路如同航行在大海之上,漫无边际,深不可测,所以必须认真调查,花费时间,制订合理的商业计划。"

(一)创业计划书的概念

创业计划书作为创业过程的蓝本和概述,它是全方面展示、描述与创业公司或项目有关内外环境条件和要素的书面材料,其主要内容包括项目中商机的意义、价值、风险和潜在收益以及企业或项目如何抓住、运用这个商机。创业计划书涵盖新企业创建中所涉及的市场营销、生产运营、产品研发、管理、财务、关键风险和项目任务周期时间表。对创业者、创业公司而言,资源就像画家的水彩和画笔,只有当创作灵感闪现的时候,才会在画板上挥洒笔墨。创业计划书正是每个创业者心目中的画板。单看画板本身是空而无物的,关键是要通过创业计划书的勾勒描绘,看能否以及怎样将创业思路、创业团队和各种资源进行整合、描绘,最终呈现出一幅创业企业的清晰面貌,即描述清晰企业做什么、发展方向、预期实现的目标等。可见,创业计划书不仅是创业者或创业团队成功创建新企业的运营路线图,更是管理新企业的"第一份"纲领性文件和执行方案。

(二)创业计划书的作用

每份完美执行的任务,都离不开前期周密的策划。撰写创业计划书之所以显得特别重要，是因为"撰写创业计划书可以迫使创业者系统地思考新创企业的各个因素"。每一个创业者或创业团队准备将发现的创业商机或构思好的创意转化成为完整的创业实践过程时，都必须经过大量的思考、预判、评估后才能付诸实践。撰写创业计划书就是创业过程中一项集创造性和思考性于一体的归集工作。创业者对项目完整的认识、全新的灵感常会在撰写创业计划书过程中"灵光闪现"，起初前景尚不明确的商机可能会凸显出发展的潜力；撰写创业计划书过程也是对创业团队的深度磨合过程，能够促使创业团队仔细思考企业的各个方面，使一些最重要的目标和事项达成一致，为后期创业实践打下良好的团队合作基础。由此可见，撰写创业计划书的重要价值在于帮助创业者团队理清创业思路，明晰企业发展蓝图、战略、资源以及人员匹配要求。

详细、精准的写作，可以更好地理清内在关系，这也是撰写创业计划书的另一重要价值。因为没有任何别的方式比系统、完整地落在纸上，更能有效地检验创意的逻辑性与一致性。很多创意听起来可能很诱人，但是当把所有的实施细节和数据整理出来时，才会发现可行性不高或无计可施。正如很多创业失败者都是在创业实施过程中发现创业活动与个人目标和期望并不一致。那么，此时做出放弃的正确决定，也应被看作是一种"成功"。由此看来，要清晰认识到撰写创业计划书的重要意义，不在于创业计划书内容本身，而更多的是撰写创业计划书过程中的反思。

（三）创业计划与创业筹划的区别

计划一般被人们认为是分解和部署项目内容，充分调动各种可利用的有效资源，为实现项目预期目标而进行的设计活动。筹划则是指通过构思创意、谋划过程和小心论证，充分考虑现有条件情况，提出对项目实施可能有价值的预期目标并设计活动的最佳方案。

计划和筹划都是面向未来、指导项目实施，都强调前导性和科学性，即：计划和筹划都是项目管理或项目实施的前期准备，都有着明确的目的性，都指导着工作、任务的具体实施。

高度重视方案的可行性和高效性是计划和筹划的通用属性，它们都充分考虑各类要素和条件情况。

在创业过程中，计划和筹划并不相同，其不同处主要体现在筹划一般在创业决策之前，是决策的依据和前提。因此，它更强调价值、科学和竞争，即首先要构思出有价值的目标，谋划出科学可行的方案，这些目标和方案都应是最优的，应该在竞争中展现自己的优势并获得决策通过。创业计划一般在决策之后，是决策的细化和实现决策的保证。因此，它强调具体、明确和控制，即重在围绕创业决策目标和优先方案对创业全过程进行分解、对资源进行细致安排分配，这些分解和部署都应是明确的，以便在实现过程中进行控制和评估。

创业计划与筹划的联系非常紧密，主要表现在以下两点。

① 创业筹划是制订创业计划的重要依据。创业筹划不仅提供了创业计划制订和实施所应围绕的中心（即目标），还提供了创业目标实现的最优方案，这些都应是创业计划制订时必须考虑的。

② 创业计划既是创业筹划实施的重要保证，也是创业筹划和实施之间的桥梁。因为创业筹划是事先谋划，所以侧重于创业目标和较为粗略的实施方案，其通过决策后要进行细化才能组织、控制实施行为；而创业计划则是创业筹划的细化。

━━━ 思 考 题 ━━━

1. 创业计划书在创业过程中的意义与价值是什么？
2. 创业计划与创业筹划的具体区别是什么？

二、创业计划的编写要求和主要内容

美国创业管理专家约瑟夫 R 曼库索（Joseph R Mancuso）曾说："没有商业计划你不能筹集到资金……就它本身而言，一份商业计划就是一项艺术性的工作。它是表达企业和赋予企业人格化的证明。每个计划都如同雪花，个个不同。而每个都是独立的艺术品，都是企业家个性的反映。就像不能复制别人浪漫的方式，你也需要寻求你的创业计划与众不同之处。"现实创业过程也正如其所言，经过创业者及团队的精心构思、详细设计和前景良好的创业计划书，能够极大地吸引投资者，提高创业计划书的阅读性和价值性。

如果创业计划书不完善或漏洞百出，就好比人们吃饭时的鸡肋骨一样，很容易使人产生"食之无味弃之可惜"的感觉。如果创业计划书撰写得语言流畅、充满创业者及团队的激情和智慧，基于严谨周密的调查数据支撑，那么投资者和银行家等读者就很容易把这些优点与创业者及团队的能力勾连起来。

（一）创业计划书基础要素

创业计划书的编制形式有很多种，以下基本要素一般是应该必备的。

1. 创业者及创业团队

创业计划书中应对创业管理层或团队成员的职责进行描述，成员应具备创业重点一方面（技术或管理）的专长，创业团队最好由互补性人员组成，并要求团队成员具备良好的协作精神和对公司保持高度忠诚。

2. 创业背景及创业环境因素

在创业各个阶段中，复杂的环境因素都直接推动或限制着创业活动的开展，因此创业计划书中应该也必须包含创业所处环境情况的介绍和分析，要有应对不利环境所采取的具体措施以及应对有利环境起到的积极作用的说明。

3. 创业过程中的机遇与挑战

当投资人对创业项目进行投资前评估时，项目的产品、技术和服务能创造多少利润，项目可执行性多高，项目有哪些有效资源，项目的优势、劣势分别是什么等都是投资人关注的核心问题。每个机遇都是创业项目或公司走向成功或失败的转折点，创业计划书要实事求是地阐明可能出现的各种问题，并做好相应处理预案。

4. 投资与回报

高校学生创业中很多都是科研成果转化为主的科技型创业项目，所以对科技型创业项目执行过程中可能存在的技术风险、知识产权风险、财务风险和管理风险等都要进行较为详细的分析和评估。对创业项目的投资回报率、预期投资回收期和风险投资的退出机制分析也是创业计划书必不可少的部分，并且这往往是投资者和潜在投资者在关注风险之前首先关注的主要问题。

（二）创业计划书的一般大纲

创业计划书通常没有固定不变的格式，但作为展示创业项目的重要媒介，有着其固有的框架大纲，其中常规的创业计划书内容应包含创业者的创业目的、对创业企业和环境的描述、创业团队的组成、创业项目的风险和回报分析等投资人十分重视的内容（表7-1）。创业计划书可为潜在的投资者描绘一个完整清晰的创业企业蓝图，并帮助创业者进一步深化对创业企业经营的思考。

表7-1 创业计划大纲

序号	目录	内容
1	概要	企业名称和注册地址 企业注册性质 企业负责人 筹措资金陈述 机密陈述
2	项目计划概述	创业计划浓缩精华
3	行业分析	产品开发创意与市场前景 竞争者分析 市场划分 行业预测
4	生产计划	生产环境要素分析 劳动力组合搭配 生产能力预估 原材料来源说明
5	营销计划	定价 分销 促销 产品市场预测
6	组织架构	所有权形式 合作伙伴定位描述 团队成员角色和责任
7	财务计划	利润报表 现金流量表 资产负债表 盈亏平衡分析 资金来源和运用
8	风险评估	产品知识产权 服务创新性 企业成长规模 办公设备损益和人员流失 创业者背景风险
9	风险预测	新技术开发 相关应急方案

续表

序号	目录	内容
10	附件	市场调研情况 相关法律法规 购销或技术合同 知识产权相关材料

本章阅读材料中，分别提供了生产型企业与服务型企业两种创业计划书的格式供读者参考。实际上，创业计划书的格式并不是固定的，最好是因地制宜地根据实际情况与特点进行创业计划书的编纂。在具体编制创业计划书时，创业者可以根据自己的选题内容，选择适合自己项目的创业计划书格式，可根据实际情况对计划书格式进行前后次序调整和内容的增减调整。

思考题

1. 创业计划书撰写的基本原则是什么？
2. 创业计划书中基础要素间的关系是什么？

三、创业计划书的编写

（一）创业计划书的撰写原则

为了能够有效提高创业计划书的质量和投资人的青睐度，创业者或团队在撰写创业计划书过程中应遵循以下几点撰写原则。

1. 基于市场调研结果，分析目标市场信息

在开展创业活动前，创业者或团队要对项目所服务的市场有清晰明确的了解，创业计划书是让投资者认为创业企业或团队是在对当前目标市场深入分析和理解的基础上展开创业行为的。因此，要求创业计划书要细致地分析当前经济、地理、行业、心理等因素对消费者选择购买创业产品、服务行为的影响和价值驱动以及各个因素在其中所起到的相互作用。创业计划书中还应包括一个有针对性的合理营销方案，方案中应当涵盖企业与其开展的宣传方案、促销方案及公共关系辐射的区域范围，明确每一项活动的预算和预期收益。此外，创业计划书中应明确简述产品或服务的销售战略模式。

2. 推敲产品细节

在创业计划书中，应清晰表述除项目保密信息外的全部产品、服务细节，包括前期所开展的市场调研活动等。细节应涵盖：产品的市场前景分析、产品独特性、分销方案、产品的生产成本、销售价格等。在创业计划书中，应尽量用简单的词语来描述每件事。

3. 精细化生产环节流程

创业计划书中表述的行动计划应该是无懈可击或无重大漏洞的。创业计划书中应该明确表述或说明以下问题：如何把产品推向市场？如何设计生产线，如何组装产品？企业生产需要哪些原料？企业拥有哪些生产资源，欠缺哪些生产资源？生产和设备的成本是多少？产品仓储运输方案等有关的固定成本和变动成本的生产环节情况。

4. 针对行业竞业，开展 SWOT 分析

在创业计划书中，应当立足创业项目所处行业，有针对性地开展细致的竞争对手情况分析工作。要明确每个竞争企业或产品的销售额、毛利润、收入以及市场份额等信息，然后再讨论本项目或产品相对于每个竞争者所具有的竞争优势，而且要在创业计划书中明确向投资者展示自身产品或服务的优势。创业计划书要使读者相信，该项目未来不仅是行业中的有力竞争者，而且还会是确定行业标准的领先者。在创业计划书中还应阐明竞争者给本企业带来的风险以及本企业所采取的积极有效对策。

可以这样说，创业者或者团队要有能力将所撰写的创业计划方法及内容成功地推销给自己。其次才是将创业计划推销给投资人，帮助创业者或团队在项目推进过程中完成资金筹集工作。

（二）创业计划书的撰写技巧

1. 对症下药：撰写内容要有针对性

创业计划书最重要的读者是投资者和银行家，撰写创业计划书的目的就是说服投资方给予项目运作贷款或者其他投资。

因此，创业计划书要按照一定的规范、包含特定的内容、按照特定的格式编写，这样投资方就能快速、简单地找到需要的关键信息。同时，应在了解投资方需求的情况下，投其所好地将其感兴趣信息写入创业计划书，尽量避免使用太多专业术语和缩写。

2. 扣人心弦：详细、周密的市场分析

充分利用市场调研——这种最直接的方法来分析创业项目产品所服务的目标人群市场，制定详细的商业策略以满足细分市场的具体需求。在细分市场前创业者需要注意：必须非常清晰明确消费者需求的多样化和差异化。在规划精确、细致地分析确认细分市场后，制订客观、清晰的市场营销方案，集中精力放在打造有利市场地位上。

3. 高潮迭起：凸显优势

发挥创业者及团队的各种优势，将其毫无保留地写入创业计划书。在创业投资竞争中，制胜核心便是创业公司或项目的核心优势。所谓创业的核心优势，就是用以证明项目可行的基本要素，投资人就是通过确认核心优势进而确定投资评估的。所以创业计划书中撰写的所有优势都必须是客观、真实存在的。

创业团队或项目的优势种类很多，创业计划书中不可能一一列明，因为有可能在撰写完商业计划书时还没有完全发掘出自己的优势。其中，有三类优势应当写进创业计划书中：团队优势、客户优势、技术优势。

4. 稳扎稳打：战略分析

创业战略是创业项目的总体性筹划，是前瞻性预判能力的集中体现，是项目经营行为的指导方案，同时又是创业行为中一切方案和计划的制定实施基础。无论创业项目的经营方案设定为长期或是短期，都应是在总体战略框架之下的具体行为。能够写进创业计划书的战略应当是创业项目经营战略，涵盖创业过程中面对激烈变化、严峻挑战的客观环境，为赢得长期生存和不断发展而进行的总体性筹划。正确的创业战略具有四个特征：必须符合创业初期愿景、保证实现创业使命、可以充分利用各种机会和资源、能够创造新的机会与挑战。

5. 言犹在耳：个性化方案

针对不同类型的投资人，应定制"投其所好"的个性化融资方案。这是成功营销创业项目必备的过程。创业者或团队要将创业计划书视为其重要的产品，营销任务就是让投资人买单。创业计划书的产品特性包括：以精练、准确的文字，鲜活、详实的图表，前瞻性的思考和合理预判，描述有可能实现的美好愿景和客户利益，为未来将遇到的问题提出合理的解决方案。从产品的核心竞争价值作为切入点，激活产品或服务本身固有的市场潜能和使用价值，然后创业者或团队才能从容自信、卓有成效地解决营销中将遇到的各种难题和困境。

（三）创业计划书的展示

1. 争分夺秒："电梯间推销"模式

"电梯间推销"是一种商海中典型的推销案例，是指销售者即便在乘坐电梯时遇到适合的购买者，也要能在电梯到达前利用有限的时空，成功完美地完成产品推销工作。

"电梯间推销"要求创业者或团队能使用简明扼要的语言及内容，明确产品或服务所提供的内容、公司或项目的目标市场及定位、目前所取得的成果以及成功原因等。在推销创业产品或服务过程中，要积极展示个人的活力和激情，用简单的语言告诉投资人你想从他那里得到什么，为下一步深入讨论环节充分热身。

2. 好剧本先行：准备一份满意的展示材料

准备一份好的展示 PPT 或视频，是一个从人构思、设计、制作、修改再到包装美化的全过程。一般来说，这个全过程应该包括以下具体内容：命名、宗旨、背景概述、生产环节、团队介绍、产品价值、市场前景、竞业分析、产品定价与财务、风险评估等。

在内容编排方面，应该把最有说服力的事实放在最前面，一开始就让读者清晰了解项目内容与目的。不要用专业术语来讲述关键问题，坚持用简单的语言表达复杂、专业的问题，尤其是在商业模式、产品、行业等重要环节。注意内容表达方式要直截了当、拒绝噱头、简洁大气。

3. 巅峰对决：路演创业计划书

一个好的创业路演展示，要求展示人必须建立充分的自信心、使用有力地语言进行叙述、有效地利用身体语言，取得有效的现场沟通、获得观众对你的信任。

展示者必须在路演准备期，就对所有观众类型及场地进行最大限度的了解，然后才能用观者所能理解和接受的表达方式，来讲述观众感兴趣的话题。路演演讲过程中需要避免使用过长的句子和段落，也不要举一些不合时宜、晦涩难懂的案例。路演图片展示最好通过详实的数据列表让内容一目了然。展示中所涉及的相应数据应从多种途径进行获取和采集，途径越多对表达越有利。在数据来源方面，建议选择官方或有公信力的渠道，如行业报告、年鉴等，还要对所有的数据进行详细检查，不可出现失误。

路演过程中，演讲者要把握得当的演讲速度，尽量做到让每个观众都能参与其中，制造有趣的话题，表达自信而清晰，让观众明确出发点是围绕消费者的价值观而展开的。

4. 面面俱到：答辩路演的注意事项

在演讲者进行展示时，需要注意以下几个方面：外表形象是否得体，行为举止是否得当，谈吐表情、服饰穿戴符合身份等外在表现不能出错；此外，应对演讲内容的疑问和异议的表现，即处理反对意见的方式和态度要适度。

（四）创业项目可行性分析

在进行创业项目运行前，有必要对项目内容进行详尽的评估和可行性分析。在进行项目可行性分析时，一般需要确认和分解可行性分析评估指标，依据项目内容和投资评估信息，就各项指标的重要性进行排序，进而给出评价性描述，按一定的模型、方法进行综合决策。当前来说，一般的创业项目计划书可行性分析至少应该包含以下几个方面。

1. 市场可行性分析

目标市场的可行性分析，是创业项目实施的主体与重点。对目标市场评估应当包括对创业项目产品或服务的全面评价（主要是针对更新换代产品而言）以及未来目标市场的有效预测。市场可行性分析的目的在于通过考察现有市场规模、人群特性等关键因素，充分分析同行业竞争状况，预判创业项目是否存在客观市场前景。市场预测在考察内容上相当复杂，如果要确保质量，就必须进行充分、详细的市场调研与对比分析工作。一般而言，在对项目进行市场可行性分析预测时，应着重考虑以下一些因素。

（1）目标消费人群评估。进行市场预测，首先要考虑是否有消费人群以及什么样的范围内有消费对象、以谁为主要消费对象等问题，还要考虑这些潜在的消费对象对产品服务的依赖和需求程度、需求目的和产品的需求弹性等。

（2）产品定价评估和潜在消费人群的收入状况。市场需求总是与商品价格和消费者的收入水平密切相关。从上述这一点出发，就要求创业者或团队必须认真分析、预估产品在不同定价上的市场需求量变化，研究企业所能承受的最低价格成本——利润空间。此外，产品市场销量还取决于目标消费人群收入水平的高低，因此要关注消费者的收入来源构成及其经常性收入占总收入的比例等。

（3）替代产品的发展趋势。创业项目产品多为技术型产品，在这种情况下，市场上能否接受以及什么时候能接受，这种工艺和创新产品的扩散速度以及竞争能力都存在不确定性。因此在进行市场评估时，应当充分考虑项目的试产定位和细分，合理估算产品在一定时期内可以占到的市场份额，做好市场潜力和增长空间预测分析。

2. 产品与技术可行性分析

创业产品和技术的可行性分析是对现有产品与技术的全方位延伸空间进行合理评估，并对当前团队创新开发能力的预判过程，评价过程着重于产品与技术的独特性、技术含量、边际利润、竞争保护和持续创新能力等。具体来说，要分析主要产品的技术水平、技术壁垒、知识产权保护情况，产品的竞争优势、更新周期，技术发展的方向和重点，产品的研究开发能力、产能情况以及各种技术支撑条件和技术环境因素等。

3. 项目管理能力分析

评价创业项目管理能力水平，主要从两个方面进行分析：一是团队的人事制度评估，二是个人或团队综合素质能力评估。创业项目所需要的技术要求，决定了个人或团队的因素对项目整体运行的特殊意义，它是一个创业企业活力的源泉、生产活动的能动因素、产品或服务发展的内在动力。

创业团队的组织人事制度应当包含团队整体的人事选拔制度、人事选择考评办法、人事激励政策等要素。首先，要清晰公司或项目团队的组织原则，分析当前项目运行组织结构是否都能满足项目当前需求，是否有利于或不制约项目短期发展。其次，要进行人力可获性预测，即该项目可能获得的人力结构和数量，综合评价项目执行过程中人员的招聘计划、人员培训、福利等是否能够实现人职匹配，从而充分发挥每个成员的积极性、创造性、促进项目的良性发展。

创业活动对整个创业团队成员的综合素质能力要求的重要性毋庸置疑，通过对不同分工成员的综合能力评估，可以进一步针对项目发展过程需要，进行人员调整：第一，考察项目的高层管理者是否具有高度的责任感、极强的信念、优秀的领导力和创新意识，是否具有足够的威望和号召力，能够运用权力和各种资源来实现自己和团队的目标；第二，考察项目的核心领导层对目标市场、行业是否熟知，对产品的了解程度、核心技术的掌握、融资与调拨能力、组织管理能力是否具备；第三，考察创业团队成员的地域分布、技术水平、知识结构是否互补匹配，学习能力与创新意识是否达标。

4. 财务可行性分析

创业项目的财务可行性是评估一个项目是否可持续发展的重要环节，是对项目投产后未来5年的财务预测和投资回报预测。财务预测主要从销售出发预测损益表、现金流量表，重点考察投资资本需求、资本支出水平、计划资本支出、计划折旧与摊销时间表、账面和课税资产寿命、融资需求、净现金生产能力等；预测资产负债表，评估各科目的变动情况和其合理性、销售和损益的对照。

投资回报的预测主要是根据不同创业项目的特点，选择和确定能够反映项目风险的贴现率，建立合理的现金流量模型，并使用这一贴现率计算项目的投资收益、净现值和投资回收期、投资回报期等。

5. 风险及退出方式评估

创业项目往往具有很高的风险性，如产品的技术风险、市场风险、财务和金融风险、管理风险、法律风险、道德风险、退出变现风险、宏观经济风险等，而其中某一类的风险又可能是多方面的。

投资人在选择创业项目时，目的不在于对投资企业股份的占有和控制，而是在于对企业做大后将资产变现、获取收益。因此，退出方式是投资人在评估项目时考察的一个非常重要的指标。对这一指标考察的重点是可行性分析中企业提出的退出依据是否可靠、最可能的退出方式及各种方式的可能性程度，合同中有无保护投资权益的财务条款及财产保全措施等。

（五）创业计划书的评价要点

创业计划书的评价标准不一，且主观影响因素较多。这里主要向大家介绍简单"创青春"大学生创业计划竞赛对于创业计划书的评价标准与重点（表7-2）。

表7-2 "创青春"大学生创业计划竞赛对于创业计划书的评价标准与重点

评价要素（分值）	评价标准	评分重点
概要 （10分）	文字表达简明、扼要、具有鲜明特色。重点包括对公司及产品或服务的介绍、市场概貌、营销策略、生产销售管理计划、财务预测；正确表达新思想形成过程和对企业发展目标的展望；明确介绍创业团队特殊性和优势等	清晰描述公司重要信息及主营业务情况
创业公司 （5分）	商业目的、公司性质、公司背景及现状、创业理念、战略目标等	对创业项目目的与预期目标可行性评估

续表

评价要素（分值）	评价标准	评分重点
产品服务 （10分）	明确表述产品或服务如何满足关键用户需求以及相关市场进入策略和市场开发策略；说明其专利权、著作权、政府批文、鉴定材料等；指出产品或服务目前的技术水平及领先程度，是否适应市场需求，能否实现产业化；产品的市场接受程度	对创业项目产品技术或服务内容进行可行性评估
市场分析与 营销策略 （10分）	表述包括公司的商业目的、市场定位、全盘战略及各阶段的目标等，同时要有对现有和潜在的竞争者的分析、替代品竞争、行业内原有竞争的分析。总结本公司的竞争优势并研究战胜对手的方案，并对主要对手和市场驱动力进行适当分析 详细阐述如何保持并提高市场占有率，把握企业的总进度，对收入、盈亏平衡点、现金流量、市场份额、产品开发、主要合作伙伴和融资等重要事件有所安排，构建一条通常合理的营销渠道和与之相适应的、富有吸引力的促销方式	对创业项目市场营销策略合理性和创新性进行评估
经营管理 （10分）	说明原材料的供应情况、工艺设备的运行安排和人力资源安排等。要求以产品或服务为依据，以生产工艺为主线，力求描述准确、合理、可操作性强	对生产型创新企业生产管理环节进行可行性评估
管理团队 （10分）	介绍团队中各成员有关的教育和工作背景、经验、能力、专长。组织营销、财务、行政、生产、技术团队。明确各成员的管理分工和互补情况，公司组织结构情况，领导层成员，创业顾问及主要投资人的持股情况，指出公司股份比例的划分	对创业团队每个成员的个人综合素质、分工、团队协同能力进行评估
财务分析 （10分）	介绍营业收入和费用、现金流量、盈利能力和持久性、固定和变动成本；前两年财务月报，后三年财务年报。所有数据应基于经营状况和未来发展的正确估计，并能有效反映出公司的财务绩效	对公司财务管理、运用能力进行评估
融资回报 （10分）	有完善且符合实际的企业融资方案，并进行企业的资本回报率测算	对公司整体融资方案合理性及回报性进行整体评估
可行性 （20分）	市场机会、独特的竞争优势、管理能力、投资潜力等，对企业在经营中可能遇到的关键和问题进行过先期考虑和分析，并附有实质性的对策	对创业过程中核心环节可行性进行专项评估
计划书写作 （5分）	条理清晰，表述应避免冗余，力求简洁、清新、重点突出、条理分明；专业语言的运用要准确适度；相关数据科学、诚信、详实	对创业计划书内容及格式进行整体评价

思考题

1. 大化工行业企业的创业计划书基础要素特点有哪些？
2. 创业计划书展示环节要点有哪些？如何进行内容设计？

第八章
新企业的成立与生存管理

【学习目标】
1. 了解当代企业的组织形式和成立流程。
2. 了解新企业的定位。
3. 了解新企业发展成长过程中的不同阶段及驱动因素。
4. 掌握新企业的风险控制和化解方法。
5. 掌握新企业的社会责任。

一、新企业的成立

（一）当代企业组织形式的选择

国际上通行的企业分类方式为独资企业、合伙企业和公司企业三种。

独资企业，也被称为是单人业主，是由个人出资创办的企业，只要企业行为符合法律的规范，基本上有很大的自由度，对于雇员、贷款额度都是由业主自己掌控。无论是赚钱还是亏损，都是由业主本身进行分配或者资产抵偿，我国的个体户和私营企业很多属于此种类型。

合伙企业，和独资企业"一人独大"不同，是由几个人、几十个人，甚至几百人联合起来共同出资形成的企业。通常是依照合同或者协议组织起来的，合伙人对于整个企业的债务具有无限责任。和独资企业相比，不如其自由，但是优势是能够获得一定的规模，企业的决策需要集体作出。

无论是独资企业，还是合伙企业，都属于自然人企业，出资者对于企业都承担无限责任。

公司企业，是目前最为常见的企业组织形式，是按照所有权和管理权分离，既出资人按出资额对公司承担有限责任的企业类型。公司企业包括有限责任公司和股份有限公司。

有限责任公司一般由2人以上50人以下股东共同出资设立，不通过发行股票，其资本不需要划分为等额股份，股东在出让股权时受到一定的限制。一般来说，有限责任公司中，董事和高层往往都是股东，有限责任公司的所有权和管理权分离都不如股份有限公司高。而且有限责任公司的财务不用向社会大众披露，从公司的设立和解散程序以及管理机构来说，都比较简单，比较适合中小型的企业。

而股份有限公司全部的注册资本是由等额股份构成并且通过发行股票或者股权证来完成的，在我国需要有2人以上、200人以下的发起人。公司的股东以其所认购股份对公司承担有限责任，公司以其全部资产对公司债务承担责任。股东享受权利，同时承担义务。

对于公司企业来说，其优势在于股东的有限责任，即便是以后公司的运营和管理出现了困难，甚至无法偿还所有债务，公司的债权人一般情况下也不会主张偿还责任。而对于合伙企业来说，也有一些优点。比如不需要缴纳企业所得税，而是由合伙人缴纳个人所得税，再比如合伙人对于企业的盈亏负有完全责任，在一定程度上能够提高企业的信誉。对于个人独资企业来说，容易创立，结构简单，都是其优点，但是也会有无限责任的承担，或者规模较小的弊端。

那么，创业企业该如何选择合适的企业组织形式？

作为新成立的企业，创业者最好了解我国目前企业制度中可以选择的各种投资、创业形式，了解不同形式的优劣，从而选择一种合适的企业组织形式。一般来说，我们需要考虑如下几个方面的因素。

① 有些特殊行业，法律规定只能采用特殊的组织形式，比如说银行、保险、金融等。这种情况下只能按照法律规定的要求办理。对于法律没有强制要求的，则可灵活对待。近几年来创业投资领域私募股权基金非常热门，随着《合伙企业法》的修改，其也选择了国外比较流行的做法——有限合伙制的组织形式。

② 创业者的风险承担能力是需要考虑的重要因素。商业社会充满着各种各样的经营风险，而企业组织形式和以后要承担的风险密切相关。前文已述，公司制企业的股东以其出资额为限对公司承担责任，公司以其全部资产对公司债务承担责任，因此公司制的企业的有限责任制度对于风险控制的意义重大。

③ 税务因素是企业组织形式的考虑要素。不同企业组织形式所缴纳的税不同，根据有关法律的规定，个人独资的企业和合伙企业生产经营所得计征个人所得税。而公司制企业，既要缴纳企业所得税，还要再向股东分配利润时为股东代缴个人所得税。

④ 公司发展过程中融资的需求要成为企业组织形式的考量点。创业者如果本身资源丰富，现金流充足，或者不需要快速爆发，具备盈利模式，那么所需要的资金也不大，这时候采用合伙制或者有限公司的形式都可以，但如果考虑到以后企业所需要的资金和资本运作的推动，那股份有限公司就是可以选择的组织形式了。

除了上述几个因素之外，企业的组织形式选择还可以从投资权益的自由流通度、经营管理的实际需要等方面进行分析和比较。

总而言之，没有最好的企业组织形式，只有更合适的企业组织形式，创业者还是要对自己的实际情况有足够的了解，才能做出最合适的选择。

这里还要介绍的一种新选择方式被称为"有限合伙"，我国在十年前修订的《合伙企业法》增加了有限合伙制度，其中规定了部分合伙人可以承担有限的责任，这对于发展我国的风投等特殊行业起到了一定的促进作用。

通常而言，新企业的创立者往往是具有投资管理能力或者技术开发能力的人，他们可能缺乏的就是资金和资源，与之相对的是风险投资的人拥有的就是资金和资源，在此条件下，有限合伙制度契合了市场的需求，调动了创业者的积极性，让风投和创业之间有了绝佳的组合方式。

思 考 题

1. 不同企业组织形式之间的区别是什么？
2. 新企业创立时最需要的是什么样的人？

（二）大学生创业的市场现状

大学生创业的市场主体类型是非常重要的一个问题，大学生创业能够提高个人素质，促进社会经济发展，然而由于现在大学生创业教育的缺失和制度的束缚，导致大学生创业困顿不前，特别是大学生不清楚如何选择市场主体类型在某种程度上成为阻碍大学生创业的最大问题。

近年来，我国推崇大众创业万众创新，大学生作为这个时代的中坚力量，也渐渐开始用一种更为积极的心态面对创业。这和大学生自身的因素有关，但是创业环境的变化对于大学生创业提供了积极的影响。近年来，伴随着高校持续扩招和金融危机的影响，我国大学毕业生的就业压力日益增加。从 2011 年开始，结合大学生毕业的人数来看，有 30% 的毕业生找不到工作，在此情况下，党和国家已经把鼓励促进大学生创业，作为缓解就业压力的重要举措。但是我们应该看到，当前大学生创业成功率很低，仅有 3% 左右，其中成功创业的不到 10%，这种低成功率的创业是需要解决的一个问题。

① 想创业的大学生对于市场环境理解不深刻，由于大学生身份的影响，当代大学生对每一个行业的动态发展和商业信息了解不深，不能够全面地了解每一个行业的情况，并且进行理性的风险分析，因而找不到合适的创业方向，因此导致了很多大学生创业者对于一些热门行业盲目跟风，缺乏基本的创业知识，对于诸如注册、工商、贷款、法律、创业技巧、所需条件等问题缺乏了解，这些基本常识的缺失，是大学生创业成功率低的一个重要原因。

② 从大学生创业选择的行业来看，面比较狭窄，在已经成功了的创业者当中，很多人是选择和自己本身所学专业相关的领域，这些领域大多不属于高科技行业，比如网络软件、小规模的餐饮报刊等。主流的科研实验因需要大量的启动资金且易造成人身危害、环境危害等风险，不被大学生创业者所青睐。

③ 大学生创业的方式和社会上成功人士创业的方式相比，内容相对单一，在第一次创业的毕业生当中，由于经验的缺乏和不考虑风险等因素，很多人选择了合伙创业，而在创业的过程中，又有很多同学选择了和自己的朋友、同学一起创业，这些合伙人的知识经验等方面虽然相似，但是缺乏互补性和能力共享性，容易在公司发展的决策当中出现一定的偏差。

④ 当前虽然国家已经出台了很多政策，鼓励帮扶大学生创业，但是很多地方和有关单位以及部分高校没有积极贯彻执行，更谈不上研究规则和制定细则。也有一些地区对大学生创业支持的力度非常大，比如说上海，连续多年为大学生创业提供相当数额的创业贷款，但像上海这样的地区，全国还不多。

⑤ 根据现在大学生创业的实际情况来看，最大的问题就是缺乏资金，主要体现在下面两个方面，第一个是有的毕业生，虽然有比较好的创业项目，但是没有启动资金，因此不能开展好的创业活动，更滞后了其发展，以至于被他人抢先。而另一方面有一些已经创业的，但是在创业过程当中缺乏持续资金支持的，以至于抗风险能力减弱，没有什么竞争力，

最终创业失败，大学生创业在资金方面的困难不仅在于资金的获取，更在于资金的使用上，学生创业能够吸引到的投资者存在两个误区，第一个是特别想要得到资金，为得到小钱而出让大的股份；第二，在引入风险投资的时候，即便投资人不能提供增值性的服务和指导，也引入风投。

⑥传统观念的束缚是大学生创业当中非常普遍的一种情况，中国传统文化认为，学而优则仕，读书的目的是有稳定的工作，因此每年公务员考试异常火爆，此外还有很多家长对自己的孩子期望值过高，希望孩子能够找到一份铁饭碗的工作，因此在创业条件不太具备的情况下，都不太考虑帮助子女创业。这种观念上的束缚，导致了大学生创业意愿不高，但是目前中国的社会市场是需要创业并且支持创业的。

大学生创业并不是一个短时期的概念，而是在当代中国不断发展经济的条件下，为我国经济发展持续提供动力的一种保障，大学生创业也是一个复杂而且艰难的过程。创业不光是对个人意志的磨砺、技术的实践，也是对时代机遇的考验，需要得到更多人的认可和帮助。而对于大学生来说，不断提高自身的综合素质，在学校学习期间加强文化学习、道德修养等方面的锻炼，也可以为创业打下良好的基础，而我们每一个在高校当中工作的人，也需要在教学的过程当中，不断向大学生传授创业的经验以及成功的可能。高校可以适当为大学生提供展示自我的舞台，比如说开办大学生创业知识竞赛等，营造适合的社会氛围，为大学生创业提供良好的保障。

除此之外，全社会应该关注大学生创业，鼓励和引导金融机构拓宽担保平台和融资平台，降低大学生在创业过程当中贷款的门槛，银行可以按照有利于大学生创业和方便大学生创业的有关原则，对于那些好的项目，有较强综合实力，并且潜力巨大的，进一步放宽创业者在融资担保方面的条件。除此之外，社会募集也是一个可以考虑的渠道，由公司出资设立创业基金，也是很多高校的选择，相信在以后的实践中，会有比较好的成果推出。

思考题

1. 大学生创业面临的主要问题有哪些？
2. 是否所有的大学生都适合创业，为什么？

（三）新企业该如何定位

一个新成立的公司总是百废待兴，无论是公司的哪个方面，都需要创业者不断实践，进而打造出更加优秀的企业或者公司，其中，公司如何定位，是创业者要考虑的第一步。

企业定位的核心其实就是用一两句话或者一两个例子明确地解释公司的产品，或者说要解决的需求以及问题以及为什么你的方案是令人信服的。定位对于招聘产品开发传播品牌价值等都有至关重要的作用，定位是这一切的起点，而创业者在考虑产品定位的时候，必须要考虑到用户，这需要创业者要了解潜在用户，评估自己产品的优劣，并且充分考虑市场上竞争对手的优劣，市面上已经有这么多的产品了，我们为什么要选择你们公司的产品呢？这是一个非常重要的问题。

在解释新企业的定位问题时，首先要解决的就是企业的产品，或者说服务与其他的产品、服务有何不同以及为什么要选择这样的方式，潜在的客户最大的范围在哪里？然后把这些定位想得更加具体一些，描述出专属于你的用户画像。用户在产品体验上遇到了哪些困难，这些困难应该怎么描述，如何解决这样的困难都是产品定位应该考虑的。

我们以 Amazon 为例来说明定位问题。Amazon 早期的定位陈述就是针对互联网的用户里那些喜欢书的人，所以 Amazon 是一家零售书商，和传统的书籍零售的区别是 Amazon 的便捷、低廉和多样的选择。这就是 Amazon 的定位。

这里面要说明的一个概念就是定位和宣传是不同的，千万不能混淆，宣传的特点是它有一定的目的，它是面对公司外部的，它的表述的意思和定位可能是一致的，但是他们的目的却是不同的，同样的含义写在包装上，可能具有更简洁更精炼的特点，但是作为定位来讲，那就是需要经过长时间的思考所确定下来的产品的方向。

定位和公司的产品，哪一个更重要呢？答案是都很重要。我们不可能知道公司的产品在创业的初期是什么样子，公司的定位也有可能是在工作了一段之后摸索出来的，只能明确一些基本的功能，但对于具体的用户需求，我们可能一无所知，我们只有争取到目标用户之后才会明确我们的产品需要，这也影响了我们相关的宣传内容，很多公司在起草自己公司定位的时候，经常会跳过一个步骤，那就是认真评估他们的竞争对手。这是错误的，在当代社会竞争当中，特别是商业市场环境下竞争对手如云，复制山寨迭起，如何找到自己的位置才是关键。

新成立的公司面临的一个问题就是，名字该起什么。一个好的公司名字，甚至能够帮助公司更快地树立产品的形象，而且一个公司的名字还能够反映出产品或者服务所有应该具有的品质特征。首先要考虑能否顺利注册，其次要考虑是否能够获得媒体的认可，所以很多公司在取名的时候面临选择困难，那么我们该如何确定公司的定位或者说公司的名字呢？有如下三条线路可以选择。

1. 公司的名字可以是描述性的

明确地表示你的业务，比如说必胜客早餐。一般来说这都是需要比较明确的需求，衣食住行等等，对于比较高级的需求，一般来说都不需要特别直接的描述。

2. 公司的名字可以是暗示性的

通过暗示或者联想引出你的业务或者产品，有的时候创业者会采用隐喻的方法，比如说滴滴，我们可以联想到打车的声音，汽车按喇叭的声音等等。暗示性的定位或者名字在某种程度上给人以想象空间，让用户很快建立起对于新公司的印象。

3. 新颖独特的名字

公司可以取一个新颖独特一点的名字，但是就需要冒一点风险了，它有一些优点，比如说令人难忘，更容易通过商标、域名等各种注册，但与此同时也得承担很多未来的工作，对于这个品牌的销售推广，必须经过大量的解释才能制造共鸣，这个还要建立起名字和公司业务之间的关系，使之形成关联，如果使用其他的方法，那么可以分担一部分这样的工作，那么我们在决定采用哪一种给公司命名方案的时候，不妨问自己如下几个问题。

首先，市场上有没有竞争对手的公司，或者说相关企业的产品，他们的名字是什么？

其次，我们想要传达的是什么样的品牌价值，是简单的还是复杂的？

其实，任何一个新成立的公司，都是在摸索自己的产品和定位，并由此衍生出各种未来的可能性，因此在公司成立的初期，如果没有特别明确的商业模式或者产品构建，那则可以在实践的过程中确定产品和定位。

但与之相对应的就是，公司是否具有大量的融资，或者说发展变现的可能。前面所列举的各项数据，说明了当前市场竞争的激烈和残酷，对于大学生创业者来说，并没有太多的试错成本，而我们在帮助大学生建立具备一定创业竞争力的阶段，尤其要让创业者更快明确自身的优势和急需提高的短板所在。

即便是已经进入正常运转的公司，对于公司的定位也存在调整的空间。比如说新东方教育科技集团，最开始是做出国英语培训的，而目前却在K12领域占据大部分线下的流量，并在线上做了很多具有想象力的尝试，这个时候我们不能说新东方的定位还是出国的英语培训，因为公司发展的过程中，机遇带来了很多不确定的可能性。这就看年轻的创业者是否有把握的能力了。

思 考 题

1. 新公司该如何确定自己的定位？
2. 新公司的定位是否可以调整？
3. 文中 Amazon 的案例说明什么？

（四）新企业注册的一般流程

新公司成立，需要办理的手续宏观上说起来有如下几项：工商局进行的企业名称预核准；会计师事务所进行的验资；工商局办理相应的前置审批手续以及申请营业执照。

看上去并不麻烦，但是实际在工作中需要完成的项目就会有很多，请看下面十三步的内容（图8-1），我们就会有较为全面的认识。

图 8-1　新企业注册的一般流程

1. 核名

新成立的公司需要到工商局去领取一张"企业（字号）名称预先核准申请表"，并填写。在此之前需要准备公司名称若干个，并由工商局在网上（工商局内部网）检索是否有重名，如果没有重名，一般情况下就可以使用这个名称，这时候工商局还会核发一张"企业（字号）名称预先核准通知书"。

2. 租房

对于一般的创业公司来说，是没有自有房屋用于企业经营和管理的，因此大部分情况下都需要租赁房屋。这时候需要去专门的写字楼（或者能够承担相应服务的住宅）租一间办公室。当然，如果你自己有厂房或者办公室也可以，这里要注意的是，有的地方不允许在居民楼里办公。租房后要签订租房合同，并让房东提供房产证的复印件。这在其后办理各项手续的时候都能用得上。

3. 编写"公司章程"

很多新成立的公司一开始并不会专门编写自己的公司章程，这时候可以在工商局网站下载"公司章程"的模板，修改一下相关的部分就可以了。章程的最后是所有股东签名。这一项也尤为重要，公司章程也会在以后公司的发展中用上。

4. 刻法人私章

公司的对外业务有涉及合同的部分，需要法人的签名和私章，这一项需要注意的是，私章是方形的，不需要到工商局办理。

5. 需要新成立的公司到会计师事务所领取"银行询征函"

当前的公司成立都需要找到对应的财务和法务的服务部门，因此会计事务所会给出比较详细的操作流程。

6. 去银行开立公司验资户

此项需要新成立的公司的所有股东带上自己入股的那一部分钱到银行，带上公司章程、工商局发的核名通知、法人代表的私章、身份证、用于验资的钱、空白询征函表格，到银行去开立公司账户，这里需要告诉银行是开验资户。在公司账户开立完毕之后，各个股东按自己出资额向公司账户中存入相应的钱。银行会发给每个股东缴款单，并在询征函上盖银行的章。这里需要提醒的是，《公司法》规定，注册公司时，投资人（股东）必须缴纳足额的资本，可以以货币形式（也就是人民币）出资，也可以以实物（如汽车）、房产、知识产权等出资。到银行办的只是货币出资这一部分，如果是以实物、房产等出资的，需要到会计师事务所鉴定其价值后再以其实际价值出资，比较麻烦，因此建议直接拿钱来出资。

7. 办理验资报告

新成立的公司需要拿着银行出具的股东缴款单、银行盖章后的询征函以及公司章程、核名通知、房租合同、房产证复印件，到会计师事务所办理验资报告。

8. 注册公司

在办理完前面的所有手续之后，新成立的公司需要到工商局领取公司设立登记的各种表格，包括设立登记申请表、股东（发起人）名单、董事经理监理情况、法人代表登记表、指定代表或委托代理人登记表。填好后，连同核名通知、公司章程、房租合同、房产证复印件、验资报告一起交给工商局。在此之后，需要等几个工作日，才可以领取公司的营业执照。

9. 刻印公章

在拿到工商局颁发的营业执照后，新成立的公司需要带着营业执照到公安局指定的刻章社去刻公章、财务章。后面步骤中，均需要用到公章或财务章。这里的章不同于第四步的法人私章，必须是指定的刻章社，否则属于私刻公章。

10. 办理企业组织机构代码证

新成立的公司需要带着营业执照到技术监督局办理组织机构代码证，技术监督局会首先发一个预先受理代码证明文件，凭这个文件就可以办理后面的税务登记证、银行基本户开户手续了。

11. 到银行办理基本户开户

新成立的公司需要带着营业执照、组织机构代码证去银行开立基本账号。这在以后的公司财务上意义重大，开基本户需要填较多的表格，最好把能带齐的公司材料全部都带上，否则就会跑很多趟银行，这些资料包括营业执照正本原件、身份证、组织机构代码证、公章、财务章、法人章。至于选择什么银行，没有硬性的规定，可以根据公司所在地就近选择，也可以依据实际情况进行判断。

12. 办理税务登记

在公司领取执照后 30 日内，需要到公司所在地的当地税务局申请领取税务登记证。这里需要注意的一个问题就是，在办理税务登记证的时候，必须有一个会计，因为税务局要求提交的资料其中有一项是会计资格证和身份证，结合前面我们说过的财务的服务机构，当前很多新成立的公司都把此项业务外包。

13. 申请领购发票

如果你的公司是销售商品的，应该到国税去申请发票，如果是服务性质的公司，则到地税申领发票。否则没有办法给消费者出具相应的凭证。

公司设立的步骤虽然繁复，但是除了必要流程，其余可以找到代办人，当然，是需要付出一定的费用的。新公司成立，往往不可能具备法律部门或者财务部门的专员，因此需要创业者自身尽量多地了解各项具体工作的流程和注意事项，以免在以后的工作中因为不了解而造成纰漏。

思考题

1. 新企业成立都有哪些流程？
2. 新企业成立过程中都需要和哪些机构打交道？

（五）化工企业特殊作业审批流程

对于北京化工大学的同学来说，毕业之后从事和化工行业相关的工作再正常不过，有一些创业的同学也选择以自己的专业知识为背景，进入一个新的领域，那就是化工企业的创业，但是对于化工企业来说，有很多特殊作业需要进入审批的流程。下面给大家介绍几种危险化学品企业特殊作业的审批流程供各位想在化工领域创业的同学参考。

危险化学品企业特殊作业大概分成如下几类：一，吊装作业；二，动火作业；三，冻土作业；四，断路作业；五，高处作业；六，临时用电作业；七，盲板抽堵作业；八，受限空间作业。

1. 吊装作业

吊装作业分为一级吊装作业、二级吊装作业和三级吊装作业。一级吊装作业指吊装物大于 100 吨，二级吊装作业只吊装大于等于 40 吨且小于等于 100 吨的货物，三级吊装作业小于 40 吨。

一级吊装作业的作业证办理审批流程是：申请人（属地单位）→监护人→作业人→属地安全员→车间（属地）主任→分厂负责人→设备部负责人→安环部负责人→分管副总经理→总经理。

二级吊装作业和三级吊装作业的审批流程都是：申请人（属地单位）→监护人→作业人→属地安全员→车间（属地）负责人→分厂负责人→设备部负责人→安环部负责人。

2. 动火作业

动火作业分为特殊动火作业和一级动火作业、二级动火作业。

特殊动火作业是指在生产运行状态下的易燃易爆物品生产装置、输运管道、储罐、容器等部位上及其他特殊危险场所的动火作业。一般审批流程是：申请人（属地单位）→监护人→作业人→品管分析人员→属地安全员→车间（属地）负责人→分厂负责人→生产管理部→安环部负责人→分管副总→总经理。

一级动火作业是指在易燃易爆场所进行的作业。一般审批流程是：申请人（属地单位）→监护人→作业人→品管分析人员→属地安全员→车间（属地）负责人→分厂负责人→生产管理部→安环部负责人。

二级动火作业是指除特殊危险作业和一级动火作业以外的作业。一般审批流程是：申请人（属地单位）→监护人→作业人→品管分析人员→属地安全员→车间（属地）负责人→分厂负责人→安环部负责人。

3. 动土作业

动土作业是指挖土、打桩、钻探、坑探、地锚入土深度在0.5m以上，用施工机械进行填土或平整场地等可能对地下隐蔽设施产生影响的作业。一般审批流程是：申请人（施工主管单位）→监护人→作业人→车间（属地）负责人→分厂负责人→设备、电气负责人→生产管理部→基建部负责人→安环部负责人。

4. 断路作业

断路作业是指在化学品生产单位内交通主、支路与车间引道上进行工程施工、吊装、吊运等各种影响正常交通的作业。一般审批流程是：申请人（断路所在单位）→监护人→作业人→车间（属地）负责人→设备、电气负责人→分厂负责人→生产管理部→基建部负责人→安环部负责人。

5. 高处作业

高处作业分为一级高处作业、二级高处作业、三级高处作业和特技高处作业。

一级高处作业的范围是 $2m \leq h \leq 5m$，一般审批流程是：申请人（属地单位）→监护人→作业人→属地安全员→车间（属地）负责人→分厂负责人→生产管理部→设备部负责人。

二、三级高处作业的范围分别是 $5m<h \leq 15m$ 和 $15m<h \leq 30m$，一般的审批流程是：申请人（属地单位）→监护人→作业人→属地安全员→车间（属地）负责人→分厂负责人→生产部管理→设备部负责人→安环部负责人。

特级高处作业则是指大于30m的高处作业，其一般审批流程是：申请人（属地单位）→监护人→作业人→属地安全员→车间（属地）负责人→设备、电气负责人→分厂负责人→生产管理部→设备部负责人→安环部负责人→分管副总经理→总经理。

6. 临时用电作业

临时用电作业是指正式运行的电源上所接的临时性用电。其一般的审批流程是：申请人（属地单位）→监护人→作业人→属地安全员→车间（属地）负责人→分厂负责人→电气负责人→安环部负责人。

7. 盲板抽堵作业

盲板抽堵作业是指在设备、管道上安装和拆卸盲板的作业。一般审批流程是：申请人（生产车间）→监护人→作业人→属地安全员→车间（属地）负责人→分厂负责人→安环部负责人。

8. 受限空间作业

受限空间作业是指进入或探入进出口受限，通风不良，可能存在易燃易爆、有毒有害物质或缺氧，对进入人员的身体健康和生命安全构成威胁的封闭、半封闭设施及场所进行的作业。一般审批流程是：申请人（属地单位）→监护人→作业人→品管分析人员→属地安全员→车间（属地）负责人→分厂负责人→设备部负责人→安环部负责人。

以上所列举的几种危化品作业审批流程是已经在工业发展到一定程度的公司才会遇到的问题，对于刚刚创业的化工企业的新人来说，可能需要了解的只是这些审批过程的复杂性以及我们任何一个工业生产过程当中对于生命安全的尊重。

在此也提醒所有依靠专业技术创业的人，尽可能多地了解非专业技术以外的知识，因为在当代商业社会，只有技术，不了解市场，或者只懂生产，不考虑客户甚至是用户需求的企业都没有办法长久地在市场竞争中占据主动。

思考题

化工企业特殊的审批流程都有哪些？

（六）大学生创业应注意的法律问题

大学生在创业的过程中，肯定会遇到各种各样的法律问题，我们在遇到法律问题的时候，一方面要提高自己的风险防范意识，另一方面一定要咨询相关的法律方面的人才或者专家，以保证创业过程当中的权益不受侵害。

那么在大学生创业的过程当中，是否具备法律意识或者说法律常识，是否能够正常地了解和掌握与其创业方向相关的法律法规，是依法创建的重中之重。因此对大学生创业提供必要的法学教育显得尤为重要。在创业领域，法律教育不仅可以指导学生在校期间创业，规避风险，也可以对于大学生真正走入社会以后独当一面，完成企业从起步到发展的过程，起到很好的指导作用，使之建立必要的法律防范意识。

由于不同专业的大学生在选择创业方向上的不同，在具体的领域所涉及的法律专业常识也有不同，在这里为大家主要介绍几种大学生创业过程当中涉及的主要的共性的法律问题，以供大家参考。

① 在大学生创业的开始阶段，关于创业的启动资金、设备、场地和办公场所的问题，需要法律方面专家的指导。大学生由于其特殊的身份，普遍没有财产可以供抵押，也没有银行的个人信用记录，导致贷款困难。这个时候，如果能够指导大学生更多地寻求行政干预和高校的支持以及各地方针对高校自主创业的大学生在工商注册方面、小额贷款担保方面、税费减免等方面出台各项优惠政策，让大学生创业在法律培训的过程当中加以了解和利用。在创业基地的申报过程当中，所需要的设备场地一般都能在学校得到解决，但对于一些企业经营类的创业计划，经常涉及在校外租住场地和店面或者是办公场所，这就需要向同学们介绍，中华人民共和国合同法当中的关于房屋租赁的法律相关规定，以免产生纠纷。

② 在大学生创业拓展阶段，关于设立经营的实体、进行行政审批的相关法律问题，也需要一定的关注。在当代社会对于创业经济组织的具体责任形式，由《中华人民共和国个人独资企业法》《中华人民共和国公司法》（以下简称《公司法》）《中外合资经营企业法》以及《中外合作经营企业法》等相关法律法规涉及的规定，制定了多种企业组织形式，可以在本章的第一部分进行查阅。在《公司法》中增加了一人有限责任公司以及《中华人民

共和国合伙企业法》中增加了有限合伙企业的相关法律规定，这对大学生创业有很好的帮助作用，能够在一定程度上解决目前大学生创业过程当中存在的资金规模少、筹措资金难等问题。同时，大学生创业需要依据企业登记管理条例和公司登记管理条例以及关于消防卫生等行政审批程序的相关规定，办理必要的手续。

③ 在大学生创业的经营阶段，还会涉及很多市场交易以及公司管理的相关法律问题。由于大学生创业很多都是进行商业运营，经营的项目都和销售有关。其中必然涉及市场主体间的各种交易行为，无论是从合同的订立，到合同的履行，甚至是在合同违约之后的事情都与《中华人民共和国合同法》（以下简称《合同法》）密切相关。与此同时，大学生还应该了解创业过程当中所涉及的《中华人民共和国产品质量法》《中华人民共和国劳动法票据法》《中华人民共和国保险法》和《中华人民共和国反不正当竞争法》当中对自身创业有关法律的相关规定。总之，经营阶段涉及的法律问题纷繁复杂，需要大学生创业者擦亮眼睛。

④ 大学生创业很多情况下会涉及公司的知识产权，因此在此阶段涉及知识产权的相关法律问题也需要引起重视。大学生创业的经营阶段，应该在法律允许的框架下使用他人的知识产权、保护自己的知识产权安全。当前，中华人民共和国已经建立了一个相对完整的知识产权法律保障体系，这里面涉及的是《中华人民共和国商标法》《中华人民共和国著作权法》《中华人民共和国专利法》等法律法规。创业之初的大学生可以利用自身专业的特点，合理规范地使用专利，给自己创业带来的技术开发空间和可行性的支持，与此同时也要保证不侵犯别人的知识产权。还有在具体经营过程当中，如何合法地使用商标、专利等都是知识产权的题中之意，需要相关的法律人士对其进行深入细致的讲解。

⑤ 大学生创业过程当中涉及的其他法律问题也需要进行法律上必要的调整，这个和大学生要进行一般的法律常识的普及密切相关。并不是只有学习法律方面的大学生才要了解法律，所有公司成立的相关内容以及公司运营过程当中存在的问题，都需要通过法律。大学生应该了解的有民事诉讼法，行政诉讼法仲裁法当中关于具体诉讼程序的有关要求，这就要求我们在遇到法律问题的时候要有积极收集证据，尤其是面对交易金额巨大商品种类繁多的经济往来，一定要采用书面合同的文本形式进行规定，既保证自己的权利，也保障消费者和合作方的权利。

思 考 题

1. 大学生创业应注意的法律问题有哪些？
2. 大学生创业中最容易违反的法律法规是什么？

（七）新企业的社会认同

社会认同，一般是指一个人对他或她是谁的定义，包括个人属性和与其他人共同拥有的属性，例如性别或者种族。对于一个企业来说，社会认同是指一个明确引导企业员工和社会如何概念化和评估自身企业的过程，它包括很多独特的特质，我们可以从如下几个方面进行概念化解读。

企业的社会认同，比较可行的认知方式有如下三种。

① 在企业员工和社会之间的关系上。鼓励不同企业员工参与社会慈善和社会公益活动

等,彰显社会核心价值,鼓励企业员工提升幸福感,探索建立协调的员工与社会员工与企业关系的机制。

② 在企业认同的意义方面,需要将主流价值观与企业所属员工的情感共鸣、文化归属感相结合,在社会主流价值观的引导下,借助公共媒体和互动式的企业参与,构筑企业文化和生活空间,这些能对企业认同起到构建的积极作用。

③ 在企业文化的组织方面,需要在坚持社会认同的核心价值观的前提下,积极探索促进企业员工内部的企业认同,通过改进企业内部的运作方式,开展丰富多样的企业活动,逐步将企业成员吸纳入各种各样的企业组织,形成一种企业成员认同企业、企业认同企业成员的氛围。

与其说新企业的企业认同,不如说是企业、员工和社会之间三者关系的构建和发展上的彼此认同。一个新企业需要在发展过程中,不断改善员工的生存工作状态,进而打造企业对内、对外的形象,形成良好的社会对企业的认知,进而反作用于企业内部的文化建立。这并非一夕之间可以完成的,需要多年的努力和所有企业员工的配合。

思 考 题

1. 企业认同都有哪些方面?
2. 新企业的社会认同包含哪几个主体之间的关系?

二、新企业的生存管理

(一) 新企业发展的阶段及特殊性

新创业的企业一般具有两个共性的特征。

① 他们都不能够在实际的贷款市场和证券公开市场上筹措资金用于发展,只能求助于创业资本市场,获得资本和资源的帮助。

② 新创立的企业发展具有阶段性,一般来说可以划分为五个阶段没,即:种子阶段、启动阶段、成长阶段、扩张阶段和成熟阶段。创业企业在不同的发展阶段都会处于不同的发展状态,而每一阶段创业公司在企业的规模、资金的需求、投资的风险、市场的开拓以及公司的成长等方面都有特殊性。

a. 种子阶段:在种子阶段的创业企业,基本上还都处于技术和产品开发阶段,其产生的是实验室成果、样品和专利,而不是产品,即不能投入到大规模生产当中的产品,甚至有的企业合伙人都没有到位。这时的企业可能刚组建团队,基本谈不上上管理队伍。

种子阶段的投资成功率比较低,但与此同时,种子阶段所需求的资金也最少,一旦投资成功,之后的获利也最高。这一阶段的主要投入形式为高校的专项拨款、科研机构和一定的科研基金和社会捐赠等。由于投资风险太高,规范的创业投资机构基本不涉足种子阶段。

b. 启动阶段:处于启动阶段的企业已经有了产品的概念,甚至是雏形。而且很可能拥有了一个大致的商业模式,加上一个有可能不太完整的管理队伍,可以说是磕磕绊绊向前发展。这个阶段收入少,但是开销也不高。据统计,一般的新创业公司,其启动阶段一般在一年左右。等到启动阶段的末期,商业模式应该已经较为成型,管理队伍也已组建完毕,可以发力向前发展了。

这一阶段与种子阶段相比，风险性有较大幅度下降，可投资的成功率依然不高。此阶段的企业对于资金的要求较种子阶段高出很多，但成功后的获利依然可观。对于非营利性的投资，由于法律的限制将不再适宜，所以创业投资将是最为主要的投入形式。可以说，进入到这一阶段，创业才真正地开始。

c. 成长阶段：成长阶段的企业应该是进入小试阶段的后期，或者是中试前期，由于技术已经发展到一定程度，所以技术风险大幅度下降，产品或服务可以进入实质的开发或者生产阶段，如果有一定数量的顾客试用，那还可以获得产品的反馈迭代意见。这一阶段公司的运行费用不断增加，但销售收入应该不会完全抵消运营成本。等到该阶段的末期，企业完成产品的基本构建，就需要进入到市场开拓的部分。在这一阶段，资金需求量会逐步上升，但又因为新创业的企业很难靠自我积累和营收，甚至是债权融资等方式解决此时的资金需求，所以创业投资依然是其主要投入形式。

d. 扩张阶段：进入扩张阶段的创业公司，基本上就算是进入了中试阶段后期和工业化阶段，此时企业开始出售产品和服务，考虑到市场的推广和销售的困难，一般来说仍不会马上盈利，属于支出仍大于收入。如果能在最初的市场探索中获得成功，那么企业需要更多的投资以扩大生产，并提高销售能力。这一阶段的企业的生产、销售、服务已具备较大成功的把握，企业已经可以组建自己的销售队伍，扩大生产线、增强研究发展的后劲，不断努力进取，开拓新的市场，或拓展其生产能力或服务能力，向上下游的业务方向不断尝试新的探索。如果此时企业逐步形成经济规模，开始达到制定的市场占有率的目标，那么企业已经算是比较成功，可以开始考虑上市了。

投资会在这一阶段不断跟进，基于以前企业的业绩，实际上投资的风险性大大降低。又因为企业的管理与运作已经基本到位，企业在此阶段的一两年内便可迅速成长壮大走向成熟。

扩张阶段的企业对创业投资家有一定的吸引力，如果企业有上市的打算或者意向，那么在这一阶段介入的投资，将会帮助其完成上市的可能。因此，这一阶段资金需求量比以往都大。比较保守或者规模较大的投资机构往往希望在这一阶段介入，并提供资金和资源支持。

e. 成熟阶段：如果企业已经进入了成熟阶段，那实际的请款就会是企业的收入要高于支出。对于企业来讲，能走到这一阶段已经十分不易，此时筹集资金的最佳方法之一就是发行股票上市。

上市得到的社会资金具有多方面的作用，其中一个方面就是为企业发展增添后劲，拓宽运作的范围和规模。资金的增加能够有效帮助企业拓宽渠道，铺开流量，销售产品，提供保障。而另一方面也为创业资本家的退出创造了条件，创业投资家通常通过公开上市而退出，但有时也通过并购方式退出。

结合上述企业发展的不同阶段及其特点，对于大学生创业者来说，既要考虑到眼前的开发产品和探索需要，也要顾及公司以后的发展和实际情况。并不是所有的公司都能走到最后的成熟阶段，因为市场竞争的残酷和个人意志的考验，都是公司发展过程中不断出现的问题。

思 考 题

1. 新企业成立都需要经过哪几个阶段？
2. 新企业发展过程中最需要注意的阶段是哪个，为什么？

（二）新企业成长的驱动因素分析

大学生创立的新企业在当代中国是推动国民经济发展的一部分力量，对于大学生创立的企业成长驱动因素的研究，也是当前企业研究的一个热点。无论是中小企业还是大型企业，对于创业企业来说，所有的企业都会面临现金流量和企业业绩的影响。其中，对于现金流量和企业增长的敏感性分析是最常见的一种研究方法，这种分析方法可以根据对企业现金流的影响大小来判断企业成长驱动的因素。

企业成长的驱动因素由如下几个方面决定，第一个就是企业发展过程当中规模的大小，第二个是企业的创新能力，第三个是企业的股权结构，第四个是企业的财务能力。

新企业成长的驱动因素之一：企业规模。有一种观点认为，企业成长是一个比较随机的过程，影响企业成长的因素十分复杂，没有办法对其进行预测和把握，特别是对于不同规模的企业来说，成长率不会因为规模的不同而有所变化，国外的学者在一定程度上已经发现了企业的规模和企业成长率之间的关系，其中有研究表明两者之间有负的弱相关性，考虑到目前新创立的企业并不是大规模的企业，所以在这一点上我们不做探讨。

新企业成长的驱动因素之二：创新能力。新创立的企业，通常具备经营机制灵活的特点，所谓船小好调头，能够同时在产品的研发技术发展或者业务拓展方面具有一定的独特性和领先性，对于市场的敏感和这个行业的竞争能够保持相对独立的应对策略。新创立的企业由于管理层较少，他们的组织结构一般来说都不太复杂，这种组织形式比较利于创新，而且新创立的企业和市场的联系直接又密切，能够最快速地反映市场的变化，并且进行应对策略的研究，在特别强大的生存和竞争压力的影响下，敢于创新也是衡量一个企业成长与否的重要因素，因此，新成立的企业具有较强的自主创新能力是成长因素的一个重要考量标准。

新企业成长的驱动因素之三：股权结构。和已经上市的公司企业相比，新创立的企业一般在股权结构上并没有特别复杂，但是有时候同样会引入非流通股和公众流通股。在这种特殊的股权结构治理下，公司管理的核心不但包括了管理层，还有股东。这时候，涉及公司成长驱动的一个重要标准就是股权结构。由于新创立的公司非流通股大部分由民营资本持有，不但公司的控股股东多为民营企业或者个人，而且控股股东往往直接经营，所管的公司，这种特殊的股权结构和控制权结构是创业的公司在治理模式和实际运营上与已经上市的公司有所不同，不但表现为控股股东模式，而且有可能是家族企业较多。

新企业成长的驱动因素之四：财务能力。财务能力是衡量一个新创立企业成功与否的重要标准，同时也是他的成长驱动因素。如果一个企业没有财务拓展能力，那么它也不会有长久的发展，其中主营业务的收入增长体现了新创立公司业务水平的发展方向，净利润增长则反映了新创立公司的盈利变动情况，这两个指标如果都不受公司融资的影响，那么可以反映公司成长驱动的势能。

新创立的企业在上市之前，规模一般都比较小，抵御经营风险的能力比较差，如果赶上市场的波动，那么极有可能会加剧新创立企业的资金困难，部分企业甚至出现资金链断裂，陷入困境。如果新创立的企业能够实现自身变现，就会使企业运行所需要的现金流量比较充足，可以保持正常的工作，从而实现良性的生产经营运转。

思 考 题

1. 企业成长的驱动因素有哪些?
2. 一个企业的良性成长应该具备什么样的特质?

（三）新企业的管理技巧与策略

我们要明确的一点是对于新创立的企业来讲，无论是团队创业还是个人创业，成功率都不高，并不是说团队创业的成功率会比个人创业要高，这里面有两个原因：第一个是团队失败是由于决策分歧；第二个是团队由于利益冲突导致分裂。有效的创业团队管理需要解决上面这两个问题，这就有赖于创业团队在管理上找到适合的组织结构模式。

① 创业团队在管理上的特殊之处在于对于大多数公司的工作团队来说，有如下几种划分方法：研发部门、销售部门和行政工作部门。由于工作人员的岗位相对稳定性比较高，人们习惯将重点放在过程控制上，注重建设机构的沟通、决策机制的建立、互动机制的形成和激励机制的发挥，侧重于实现集体社会的转化，优势互补，提高效率。但是对于创业团队而言，其正好相反，重在结果形成，而不是过程管理。

② 创业团队有的时候缺乏规范的组织结构，特别是刚刚成立的创业团队，没有形成规范的决策流程，分工体系和一般的工作规范有大量人治的味道，在对应处理决策分歧的时候尤为困难，这个时候如果团队成员之间有相互的认同和信任，那么固然好，但是如果不能在短期时间内建立起来认同和信任，决策就取决于团队的初始组织结构。

③ 一般的创业团队在管理上往往缺乏短期的激励手段，一般来说，成熟的企业的工作团队可以凭借雄厚的资源支撑、丰富的考核机制，在短期内实现成员的投入与回报的动态平衡。但是在这一点上，创业初期的团队无论是在时间精力还是资金、资源的投入上，都没有一定的标准可言，短期内无法实现期待的激励和回报，而在一定程度上说，这不仅仅是因为没有资源和资金支撑，而是对于创业团队来说，创业成功是前提。创业的成功不是一蹴而就，这需要找到更能适应的合伙人来组成必要的团队。

④ 创业团队的管理，需要以协同学习为核心。对于一个成熟的企业来说，工作团队的学习能力是以组织记忆和知识记忆为主要依托的，不同的团队成员之间有着相似的知识基础，更利于团队功能发挥，可是创业的过程充满着不利因素和不确定性，往往需要大量的试错和不合理的验证，因此在这个基础上创造并储存的知识以及组织记忆并不完全利于团队，构建和和谐、团队的协同学习，如果建立在团队之间创业的共识基础上固然好，但也取决于创业团队的初始结构构成。

建议新创立的企业在团队管理方面可以从三个方面切入，进而实现自己管理结构的稳定和发展：知识管理结构、情感管理结构和动机管理结构。知识管理结构，反映的是创业团队成功创业的能力素质；情感管理结构是创业团队维持凝聚力的保障；动机管理结构则是创业团队实现理念和价值认同的重要因素。

知识管理结构的核心是旨在建立以创业任务为核心的知识，或者说在技能互补性的基础上，强调团队成员有完备的能力来完成创业的相关任务。

情感管理结构的重点是把年龄、学历等不可控的因素控制在合理的差异范围内。中国文化注重成绩和面子，是一个人情社会，如果团队成员之间的年龄、学历因素差距过大，那么成员在彼此之间混沌的状态下就很有可能发生冲突和争辩，冲突和争辩容易因面子问题变为情感性的冲突，当这种情况出现，团队成员将不得不把时间精力浪费在沟通方式的设计和内部矛盾的化解上，这是一种内耗。当内耗大于建设的时候，将会阻碍创业成功。

动机管理结构的关键是注重创业团队成员之间在理念和价值观上的相似性，如果创业团队之间的成员价值观理念不同，那么想做事业的成员就不可能过分关注短期的收益，而抱着赚钱的动机的团队成员就不会认同忽视短期利益的做法，因此相似的理念和创业价值观有助于创业团队在愿景保持方面形成一致，有利于创业团队克服其中的多项挑战，进而一步一步走向成功。

上述三个方面不可偏废，创业团队的管理结构是兼顾三方面结构的要素平衡过程，短板效应十分明显。现实生活中新创业的大学生往往过分重视知识管理结构的互补性，而对于情感管理结构和动机管理结构的重视程度不够，因此容易引发问题。随着时间的慢慢变化，一旦创业出现困难和障碍，往往会转变为创业团队的内耗和冲突。

新创立的企业在团队构建上，最好能够建立相互合作和决策机制，这是发挥团队创业结构优势、进而成功创业的重要因素。建设一种合作式的冲突解决氛围和文化氛围，团队成员之间不一定会有冲突发生，但问题是当冲突发生以后，能够遵循一致的目标，鼓励看到对方观点的长处。

创业的成功不是一蹴而就的，需要充分吸收不同人之间多样性的观点，需要保证决策的快速和准确，这就要听取关爱团队成员不同的观点，但这不意味着顺从，关键在于整合，需要营造团队成员充分表达看法和观点的开放新机制，也需要形成快速决策的集中性机制。

思考题

1. 新企业在管理上需要注意哪些问题？
2. 新企业和成熟企业在管理上的主要区别是什么？

（四）新企业发展的风险分析与控制

创业伴随着较高的失败风险，而风险在企业创业的过程当中必然存在，这是由企业创业环境的不确定性、创业机会和创业企业的复杂性以及创业者创业团队和创业投资者之间的能力和实力的有限性导致的。

那么大学生创业团队如何看待风险并规避风险呢？对于风险来说，创业的目的并不是规避或者是消灭，而是要求大学生创业者能够及早准备，良好、理性地进行创业，减少风险带来的损失，控制风险出现的可能。大学生创业面临的融资困难、社会经验少以及缺乏理论知识的现状，都可能导致众多的风险，所以对创业过程当中风险问题进行分析控制和防范有非常重要的意义。

大学生创业面临如下七种风险。

1. 创业环境风险

创业环境风险主要围绕大学生创业者创业和发展的变化，足以影响或者制约创业行为的一切外部条件的总称，创业环境和创业活动相互制约、相互作用，对于创业的成功有着决定性的作用，其中包括硬环境和软环境。硬环境是指在创业过程当中有形的要素的总和，比如说基础设施自然区域经济区的；软环境是指无形的环境要素的总和，政治条件、法律因素、经济特点和文化环境等。对于创业环境的风险需要进行必要的评估和分析，首先是金融工具、金融方面的支持，如果所在的城市和高校对大学生创业提供金融支持，那么就会减少这种风险，如果高校对于大学生创业知识进行培训和教育，那么就能够降低这种风险。

2. 人力资源管理风险

大学生创业团队成员目标不一致、关系不和谐、角色分配不合理、不能很好地遵守团队纪律等，都是人力资源管理风险形成的原因，这个时候需要用科学的手段，即构建和谐的管理团队，形成良好的股份比例待遇、薪酬方面的政策使得人人平等，尽量摒弃过于松散的民主气氛。企业在新型阶段通过行动来观察团队成员的能力，不要单纯用情感来处理团队成员之间的关系，也不要相信有背叛前科的人。

3. 关键员工离职风险

对于新创立的企业来说，关键员工可能掌握专门的技术或者核心的业务，对于新创立的企业的经营发展有深远的影响，他们一般不会占据企业总人数的大半，但是会集中企业的大半的管理和技术。创造企业 80% 以上的财富和利润的肯定是企业团队里的骨干，这种员工的离职会造成企业有形和无形的损失，削弱企业的核心竞争力，因此，关键员工离职风险也是需要考虑的。究其原因，有可能是因为契约或管理制度的不完善，也有可能是个人目标与组织整体目标不一致，或者企业没有办法达到个人的要求，如果外部提供了更好的机遇，这些员工就会离职，这需要不定期地了解关键员工的情况，比如说待遇、工作成就、自我发展等，用培训和关爱激发员工的内部动力，对于高素质的员工而言，这比提高薪水更有效。签订竞业，禁止协定，要求员工在离职后一段时间，不得从事与本企业有竞争关系的工作，保守企业的秘密，提高员工离职的成本。

4. 创业项目的选择的风险

对于创业项目的选择可以分为传统行业、新兴行业、微信行业、实体创业、网络创业五种创业。创业项目的风险是指如果创业项目选择不当导致企业无法盈利，那么企业将难以存续，这种风险来源于市场的不确定性和扩散速度的不稳定性。

5. 市场营销的风险

大学生创业者在面对目标市场发生变化时，往往缺乏应对措施。对于消费者的判断缺乏调查和研究，往往沿用以前的思维定势，对市场营销模式如法炮制，这样就存在风险，对于突发事件没有加以重视，不能迅速拿出解决方案，因此需要帮助大学生创业团队进行风险评估和把控。

6. 管理风险

由于创业者的素质局限，导致创业者缺乏专业技术和管理素质，并行的可能局限在产品的创新上，因此忽略了诸如市场管理方面的创新，给企业带来不确定的风险。对于大学生创业管理的防范，需要培养大学生的企业家精神，建议大学生阅读管理类的书籍，掌握更多科学的理念和管理方法，并应用到实践当中去。

7. 财务风险

新创立的公司财务制度有可能不合理，加上没有融资，使得公司丧失很多还债能力，导致投资者预期收益下降。这种风险产生的原因很多，有外部的也有内部的，但是不同的财务风险形成的原因也不尽相同，这就需要大学生创业者建立一套完整的财务风险预警机制和管理规范。自有资金和借入资金的比例保持适当的结构，当投资利润高于利息率时，建议企业扩大负债，提高适当介入资金与自有资金之间的比率；反之，投资利率低于利息率时企业负债越多，企业权益资本收益率也越低，这会严重影响企业的发展，甚至亏损乃至破产。

上述风险都会出现在创业的不同场景中，因为创业本来就是战胜困难、战胜自我的过程，因此我们不要畏惧风险，而要对风险有足够的预警和预判，这样才能临危不乱，化险为夷。

思考题

1. 大学生创业面临的风险有哪些？
2. 当创业面临负债的风险，一般情况下该如何解决？

（五）新企业的社会责任

关于新成立的企业的社会责任的问题其实是个很新颖的议题，和成熟的企业相比，新企业的社会责任受到自身发展的限制和能力影响，并没有特别多的内容可以挖掘。但自2005年我国新《公司法》的出台，公司社会责任是一种法律责任，这个观点已经十分明确。与此同时，新成立的公司无疑还具有一定的道德责任。

法律责任是公司社会责任的底线要求。法律是以国家强制力为后盾保障其最终得以实施，写入《公司法》的企业法律责任本身就是一种限制。虽然立法化并不等于强制性，可是能够借助于法律手段落实公司社会责任，是一种社会进步的体现。但是，公司社会责任立法化面临着一个普遍的棘手问题，就是这种责任在法律上难以细化，法律上对公司社会责任的规定很多都偏于原则性。

与此同时，法律还是最低限度的道德准绳，新企业在有关劳动安全、污染控制、消费者保护、税收等方面都要靠当前的立法进行约束，这也是社会对公司的最低道德要求。如果公司违反了对应的法律法规，就必须承担相应的责任。

道德责任是公司社会责任的较高要求。有的研究学者认为，"企业社会责任的实质是一种企业对社会的道义责任，是一种理性而自觉的行为，强制推行只能解决形式问题，解决不了实质问题"。无形的道德准则对公司的社会责任之内涵相当重要，道德标准反映了公司社会责任的价值追求，在一定程度上也是公司文化和企业发展动力的精神财富。

新公司的成立，是以作为一个社会组织体出现在社会上的，法律框架下，为了更好地在社会中开展各种活动，就需要公司把自己融入社会当中，尊重社会的道德要求。如果新成立的公司违反社会普遍认知的道德准则，则会导致了不良后果，虽然并不像法律责任那样会迅速地反映出来，但会对公司的声誉产生影响，这也是一种无形的损失。

一言以蔽之，一方面，公司社会责任是一种法律责任，在一定程度上反映了一定社会对公司基本社会责任范围的设定以及以法律制度落实公司社会责任的预期。而在另一方面，公司社会责任本身的意义更在于道德准则，虽然一般不直接规定于法律之中，因而它的落实主要依靠市场、舆论、风俗、习惯等法律之外的非正式的制度安排。

思考题

1. 新企业为什么要承担社会责任？
2. 新企业应该承担的社会责任有哪些？

附录

附录一　创业计划书格式 1

（适用于科技生产型创业项目）

一、概述

1. 创业公司简介

创业公司或项目主营产品内容、技术来源等，创业团队及股权分配说明。

2. 资金需求预期

公司或项目筹备期间的费用、技术转让费用、场地及固定资产费用、资金周转费用占比等。

3. 融资条件

融资需求、缴纳时间、董事及监事席位、非现金出资占比等。

4. 风险分析

简要阐述公司内外环境、计划、管理、市场等对投资回报率的影响。

5. 其他因素

采购、购销、营销策略、财务损益等分析评估。

二、公司基本情况

1. 项目或公司背景
2. 主营业务内容
3. 初始资本
4. 公司成立程序与日期
5. 法人与地址等

三、公司组织结构

1. 筹建期组织结构
2. 设立后组织系统结构
3. 主要负责人资料

四、研究与开发

1. 关键技术说明
2. 生产与制造工艺流程

3. 原材料供应与厂家
4. 工人素质要求与产能

五、行业及市场情况
1. 产品市场分析
2. 行业竞争分析

六、营销策略
1. 销售方式
2. 营销策略
3. 定价方案

七、财务计划
1. 资金需求
2. 未来3年现金流量预测
3. 投资回报预期
4. 盈亏平衡分析等

八、风险控制
1. 技术与产品风险
2. 市场风险
3. 投资退出风险
4. 企业文化
5. 风险管控预案与措施

九、项目实施进度
1. 产品生产进度
2. 市场投放进度
3. 研发进度

十、补充资料
1. 财务报表
2. 市场调查数据
3. 知识产权文件
4. 公司营业资质
5. 其他证明材料

附录二 创业计划书格式 2

（适用于服务型创业项目）

一、执行总结

    1. 公司概述
    2. 市场机会和竞争优势
    3. 产品（服务）前景
    4. 公司所处的环境及创立背景
    5. 创业立项的重要性及必要性分析
    6. 创业公司经营业务及内容
    7. 创业公司设立程序及其日程表
    8. 预计资本金

二、产品服务介绍

    1. 产品服务描述（特征、主要客户对象等）
    2. 产品服务优势

三、市场调查和分析

    1. 市场容量估算
    2. 预计市场份额
    3. 市场组织结构

四、公司战略

    1. SWOT 分析报告
    2. 公司总体战略
    3. 公司发展战略

五、营销战略

    1. 目标市场
    2. 产品和服务
    3. 价格的确定

4. 分销渠道
5. 权力和公共关系
6. 政策

六、产品制作管理

1. 工作流程图以及生产工艺流程图
2. 生产设备及要求
3. 质量管理措施及方法

七、管理体系

1. 公司性质及组织形式
2. 部门职能
3. 管理理念及公司文化
4. 团队成员任职及责任

八、投资分析

1. 股本结构与规模
2. 资金来源与运用
3. 投资收益与风险分析（对报酬率、回收净值、回收期等的计算）
4. 可以引入的其他资本

九、财务分析

1. 财务预算的编制依据分析
2. 未来3年的预计会计报表及附表
3. 财务数据分析（主要财务指标分析、敏感分析和盈亏平衡分析等）

十、机遇与风险

1. 机遇分析
2. 外部风险分析
3. 内部风险分析
4. 解决方案和应对措施

十一、风险资本的退出

1. 撤出方式
2. 撤出时间

十二、补充资料

附录三　银装纳米科技有限责任公司创业计划书

（本作品为北京市 2016 年创青春大赛银奖作品）

一、项目概况

（一）项目介绍

银装纳米科技有限责任公司，是一家以生产纳米银抗菌涂料为主的企业，公司拥有防霉菌涂料合成技术和高素质的管理团队。

纳米银（Nano Silver）就是将粒径做到纳米级的金属银单质。纳米银粒径大多在 25 纳米左右，对大肠杆菌、淋球菌、沙眼衣原体等数十种致病微生物都有强烈的抑制和杀灭作用，而且不会产生耐药性。例如用纳米银和精梳棉纤维制成的棉袜，具备很好的抗菌防臭的效果。

纳米银粒子由于其良好的导电性，使其在微电子领域占有极其重要的地位。纳米银粒子的表面效应、量子尺寸效应等，使其还具有一些特殊的用途，如表面增强拉曼应用、医学应用等。

（二）市场预测

抗菌涂料市场主要针对医院食品药品车间及实验室等对于环境卫生洁净性能要求很高的场所，这些场所需要相应的抗菌涂料来保证环境的健康。而其中细菌来源的主要通道是通风管道的进出口，对这些场所通风管道内涂刷抗菌涂料，可有效降低场所内细菌含量，有效并长时间保持环境的清洁与卫生。我国于 2008 年 1 月 1 日起，执行的《抗菌涂料行业标准》（HG/T 3950—2007）将产品按抗细菌性能分成两个等级：产品抗细菌性大于 99% 的，是具有强抗菌性的产品，属于 I 级；产品抗细菌性大于 90%、小于 99% 的，是具有抗菌性的产品，属于 II 级。我公司目前的研发能力已到达生产属于 I 级的强抗菌性涂料，因此针对这一市场我公司将以强抗菌性作为主导产品，市场前景比较广阔。

（三）财务概述

公司成立初期共需资金 750 万。其中风险投资 285 万，国家大学生创业基金 75 万，某大学投入资金 175 万，技术入股 115 万。另外，崇光纳米科技有限公司设备入股 100 万。

（四）创业宗旨

银装纳米科技有限责任公司创业团队以"崇尚科学、追求真知、勤奋学习、锐意创新"为宗旨，在做好自主知识创新的同时锻炼增强运用知识解决实际问题的能力，走与"产、销、研"相结合的道路，齐心协力创办以纳米科技为核心的高性能抗菌涂料研究与开发有限责任公司。今后公司将坚定不移的增强自主创新能力，支持和引领可持续发展，以人为本，塑造企业灵魂，强化企业文化建设，强化学习型企业建设，努力提高员工素质，全面提高核心竞争力，建设国家级自主创新的主体产业，肩负国家发展战略创新的使命，创造更大财富，创造更多奇迹，铸就新辉煌，为中华民族争光。

二、项目背景

（一）产业技术背景

1. 抗菌材料背景

现代社会的发展和经济水平的提高使人们对居住环境、公共环境有了更高的要求，对物体表面进行抗菌改性以阻止有害微生物的增长一直是人们追求的目标。微生物黏附在物体表面并通过细胞生长和增殖形成了一层紧密的生物膜基质，能够有效保护底层微生物免受抗生素和宿主防御机制的攻击。研究表明，日常生活中，大部分日用品都带有大量的细菌，直接威胁着人们的健康；而在军事用途方面，霉菌污染会缩短器械寿命，高效的抗霉菌材料直接影响国防。因此，研发高效优质、无毒或低毒的抗菌产品具有深远的经济意义和社会意义。

抗菌材料的研究始于20世纪80年代的日本，是一类具有抑制或杀灭微生物细胞的新型功能材料，其核心组分是起抑制细菌繁殖或杀灭细菌细胞的抗菌剂。根据抗菌成分不同，抗菌剂可分为无机抗菌材料和有机抗菌材料，而使用最广泛的是无机银系抗菌剂，它具有抗菌性能强、耐温恒久、应用广泛等优点。

目前，纳米银材料作为抗菌剂已经得到了一些应用，例如，宁波华实纳米材料有限公司将无机纳米银粉体应用到抗菌塑料的制备中，先采用改性剂对无机超细粉体为载体的纳米银粉体进行改性，再将改性后的粉体旋转涂到经过处理的塑料表面上，制作的抗菌塑料具有显著的抗菌效果，可以应用于抗菌医疗器具，抗菌家电产品、食品用抗菌器具、抗菌塑料建材及抗菌日用品等领域中。

2. 涂料产品背景

涂料，是涂于物体表面能形成具有保护、装饰或特殊性能（如绝缘、防腐、标志等）的固态涂膜的一类液体或固体材料的总称，是人们生活中经常接触的一种重要建筑材料。根据《中国涂料行业发展潜力与投资前景分析报告前瞻》分析统计，水性化、高性能、功能化是涂料的发展趋势。与此同时，随着国家建设环境友好型社会的要求和人们对高品质生活的追求，绿色环保的涂料正成为涂料产业未来发展的主要趋势。

水性化纳米银防霉菌涂料具有抗菌性广泛、杀菌效果显著、安全性高、自清洁等优点，同时可以降低室内VOC浓度，符合绿色环保的理念和消费市场的需求，顺应涂料行业发展趋势。投入生产纳米银防霉菌涂料，对于促进精细化工的发展、增强国防力量、提高人民生活水平具有深远的影响。

（二）产品概述

1. 纳米银

纳米材料是指三维空间尺度至少有一维属于纳米量级的材料，其尺寸介于原子、分子和宏观体系之间，属于新一代材料。纳米材料具有独特的表面效应、小尺寸效应、量子尺寸效应、宏观量子隧道效应等特殊性质，为抗菌涂料的开发提供了一条新的有效途径。纳米银是利用前沿纳米技术将银纳米化，纳米技术的出现使银在纳米状态下的杀菌能力产生了质的飞跃。纳米银的杀菌作用是普通银的数百倍，具有强大抑菌、杀菌作用及其广谱的抗菌活性，具有传统无机抗菌剂无法比拟的抗菌效果，无耐药性，安全性高。近年来，纳米银在抗菌方面的应用受到各方面的高度重视。

北京某大学陈教授带领团队研究出超重力法合成纳米颗粒材料的新方法（专利号201010108687.2），获得了粒度小、粒度分布均匀、形貌可控的纳米颗粒材料，这种方法生产的纳米银将作为投产的该涂料产品的核心原料之一，每吨涂料中有1%的含量。

2. 纳米银抗菌涂料

抗菌涂料是指通过添加具有抗菌功能并能在涂膜中稳定存在的抗菌剂，经一定工艺加工后制成的具有杀菌和抑菌功能的涂料。

本产品是集成超重力制备无机物、乳液均相化等先进技术，以环氧树脂为主要原料、纳米银为抗菌成分的水性涂料。实验室阶段已制备出相应产品，经第三方检测抗菌性能接近100%，完全符合要求。产品定位为同时具有杀菌、防腐、自清洁功能的在空气环境中发挥作用的涂料产品。现阶段产品用途主要为通风管道涂层，例如军事用途方面的舰艇通风管道、民用方面的空调管道等。目前该方法生产纳米银抗菌涂料的专利申请正在进行中。

（三）产品优势

（1）绿色环保。该产品以环氧树脂为主要原料，为水性涂料，有毒的挥发性有机物质含量低，挥发性差，安全无毒，不会对皮肤和眼睛等造成刺激和腐蚀等毒副作用，对保护人体健康和环境安全有着重要意义。

（2）工艺先进。该产品以北京某大学陈教授超重力制备纳米银材料的专利技术为抗菌成分原料，以雍教授制备水化环氧树脂涂料的实验室研究成果为产品投产基础，研发实力雄厚，工艺处于国际领先水平，具有良好的应用前景。

（3）性能显著。该产品起抗菌作用的有效成分为纳米银，该工艺在纳米银外表面包裹了防氧化硅成分，能有效避免因氧化而造成的产品失效问题，保证了产品的良好活性，提高了杀菌效率，使得银离子能强烈持续杀菌，能有效控制致病微生物的传播，减少致病微生物污染。

（4）其他优势。该产品中的纳米材料使其具有自清洁功能，在管道和其他方面的应用中，因其免清洗的使用方法而更加方便，且用途广泛，同时该产品在降低室内VOC浓度方面也有很好的功效，以无机材料作为有效成分使涂料耐温耐久，不易分解。

（四）产品应用前景

以环氧树脂为主要原料、以纳米银为主要抗菌成分的水性涂料具有以上优势，在军用、医疗、民用等方面都有应用前景。在军事方面，由于其高质量、高性能符合军用标准，可被用于船只排风通道的涂层，能有效减少通道的腐蚀。在医疗方面，该产品可使如烧伤病房的霉菌数目控制在很低的水平，保证了病人的健康。民用方面，该产品可用于民用管道或其他位置涂层，满足人们对绿色环保建筑材料的需求。随着研究的进一步深入和市场的扩大，该产品应用范围可扩大至其他空气介质的场合，同时，产品性能进一步优化，造价更低，经济效益和社会效益将继续增加。

三、公司管理

（一）公司性质

银装纳米科技有限责任公司，是一家以生产纳米银抗菌涂料为主的企业，公司拥有防霉菌涂料合成技术和高素质的管理团队。以"高品质生活源于科技"为创业理念，公司拥有脚踏实地、优秀合作的科研团队，有能力不断提升纳米银防霉菌涂料制备的过程、完善技术,还能进一步制造抗菌性更好、自清洁能力更强的纳米银抗菌涂料。

(二)企业文化

本公司的企业文化是本公司区别于其他企业的特色,本公司从企业使命出发,带着企业的美好愿景,营造激情奋斗的企业氛围。

1. 企业使命

在社会效益方面:现代社会的发展和经济水平的提高使人们对居住环境、公共环境有了更高的要求,对物体表面进行抗菌改性以阻止有害微生物的增长一直是人们追求的目标。研究表明,日常生活中,大部分日用品都带有大量的细菌,直接威胁着人们的健康;而在军事用途方面,霉菌污染会缩短器械寿命,高效的抗霉菌材料直接影响国防。纳米银具有良好的热学、力学、光学及催化性能和抗菌、抗病毒、抗肿瘤活性,使得纳米银在生物医药、化工催化、光学器件、涂料、传感器、导电浆料、高性能电极材料等领域具有广阔的应用前景。因此,研发高效优质、无毒或低毒的抗菌产品具深远的经济意义和社会意义。

在技术效益方面:提升我国纳米银的生产技术水平,推动整个抗菌产品领域生产的技术进步。

2. 公司愿景

在我们服务的涂料与技术领域内,我们不但要努力塑造绿色、健康的企业形象,而且要尽力做到提升我国纳米银的生产技术水平,推动整个抗菌产品领域生产的技术进步。

3. 企业氛围

踏实、勤奋、创新、恒心。

(三)公司创新机制

本公司着眼发展以下几个方面的创新:

机制创新:采用期权制,将给公司经营管理或技术研究开发的关键人员适当的期权;给员工优先参股权;采用全面质量管理(TQM);建立公司人才资源库,为员工提供接受培训和再教育的机会;

技术创新:利用社会现有的人才资源,通过与高校、研究机构等合作的形式,设立虚拟R&D部门,进行技术创新;

观念创新:技术是第一生产力,搞好技术创新,树立整合营销观念,形成"产、销、研"一体化;搞好企业内部、外部、代理商与经销商和各层客户之间的合作关系;

文化创新:以提高人们生活环境质量为主旋律,倡导员工的团队精神和创新意识。

(四)公司组织结构及团队

1. 组织结构(附图3-1)

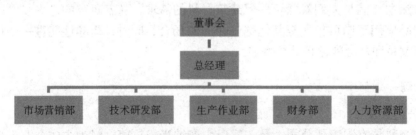

附图3-1 公司实行董事会领导下的总经理负责制

注:随着公司的发展,公司的治理结构将根据需要做及时调整,届时公司的治理结构将会变得更加系统化和复杂化。

2. 团队概述

董事会：由风险投资方代表和提供技术的×××大学代表组成，属于决策层，负责制定公司的总体发展战略，决定总经理的人选。

总经理：负责公司的日常经营事务，对董事会负责，决定副总经理和部门经理的人选，协调各部门之间关系。

市场营销部：负责公司总体的营销活动，决定公司的营销策略和措施，并对营销工作进行评估和监控，包括市场分析、广告、公共关系、销售、客户服务等。领导全国区域销售代表与各地代理商和经销商进行市场开拓与销售，在公司发展成熟后，分设市场、公关、销售、客户服务部。

技术研发部：负责研发新的生产工艺，领导由公司出资在大学里设立的虚拟R&D机构，负责产品的研究与开发工作，拓展产品线的广度和深度。领导采购部、生产部和研究开发部，协调生产和销售的矛盾。

生产作业部：负责生产作业活动，控制从原料到产品的整个生产管理过程，处理与产品有关的技术问题。

财务部：负责公司资金的筹集、使用和分配，如财务计划和分析、投资决策、资本结构的确定，股利分配等；负责日常会计工作与税收管理，每个财政年度末向总经理汇报本年财务情况并规划下一年财务工作。

人力资源部：负责公司的总体发展计划，承办人事和分配制度的改革、调整以及方案制定，负责中心人力资源的管理、配置和规划；负责中心人员的各类考核、评估、鉴定和奖惩；承办中心职工的人事调配、调转、职务晋升、聘（任）用、辞退等相关手续；负责考察职工和试用人员在任期（或试用期）内的任职情况、任职能力；建立相关考核记录；为人员的续聘、换岗、轮岗、调整和解聘等提供依据；负责中心职工工资调整和核定、人事档案建档和管理；负责中心退休、离岗、待聘人员的管理；负责本部门各类公文、制度的拟定和人员的管理；负责承办中心领导和上级人事部门交办的其他工作。

3. 管理团队介绍

（1）专家委员会成员

×××教授，在教学和科研上均取得了突出成绩，在校内外享有很高的声望。在他的领导下，已经形成了一支高水平的研究型教师梯队。其主讲的《管理学》课程被评为国家级精品课程，并获得北京市教育教学成果一等奖、北京市精品课程、北京市精品教材等多个省部级以上教学成果奖；其主讲的《管理学》课程在国内处于一流水平，领导的工商管理课群被评为××××大学优秀教学团队，2008年获××××大学教学名师奖；指导学生参加挑战杯商业计划书创业大赛获国家铜奖一项，北京市一等奖两项，二等奖五项，三等奖两项。在教学上取得突出成绩的同时，×××教授在科研上也取得了很大进展，科研到款处于经济管理学院前列。×××教授主持了"中国石油软实力研究"等多项纵向项目；主持了"管理类课程授课软件开发"等多项横向科研项目；近几年在核心刊物上发表管理类学术论文80余篇。拟出任公司董事长。

×××教授，××××大学教授，2000年6月于中国科学院金属所博士毕业；

1991年3月北京化工大学硕士毕业；

1988年7月北京化工大学学士毕业。

工作经历：

1991年4月至2002年2月，中国化工装备总公司，工程师、高级工程师、副处长；

2002年3月至2008年12月，北京天久凯泰化工科技有限公司，教授级高级工程师、总经理；

2008年12月至现在，北京化工大学化学工程学院，教授。

学术兼职：

全国防腐产品标准委员会委员。

×××，经济管理学院本科生，有较深的市场营销理论基础和实践经验，经验丰富，知识面广，担任公司的总经理兼市场营销部经理。

×××，材料科学工程与学院本科生，协助总经理制订公司的战略规划，担任公司的总经理助理兼人力资源部经理。

×××，材料科学工程与学院本科生，化工与材料方面技术理论丰富，思维敏捷，具有良好的沟通能力，担任公司的生产作业部经理。

×××，经济管理学院本科生，有财务与会计方面的专业知识，担任公司的财务部经理。

（五）公司人力资源管理

在公司成立的第一年，整个公司共需员工150名，其中管理人员有30人，业务层及执行层人员有120人（附表3-1）。

附表3-1 公司人员组成

部门	具体安排	人数
专家委员会	专家2名	2
总经理室	总经理1名，助理2名	3
人力资源部（含公关）	管理层4名，业务层20人	24
生产作业部	管理层6人，业务层30人	36
技术部	管理层5人，业务层25人	30
财务部	管理层4人，业务层15人	19
营销部	管理层6人，业务层30人	36
总计		150

本公司的人力资源管理程序可分为招聘录用、人员安排、员工开发、员工评估以及奖惩等诸多阶段。

1. 人员的录用与选拔

作为一家高新技术企业，我们在公司职员的录用和选拔中着重考察应聘者的创新精神和团队意识，并且依据公司各个待聘岗位特色进行公开招聘，择优录取。

① 高级管理人员：要求具备较高层次的企业管理学、市场营销、财会审计、法律等专业知识和灵活应变能力。

② 技术研发人员：生物科学与技术专业背景，从事过相关的研究，注重实际生产、研发能力和创新精神。

③ 市场销售人员：有较好的口才和应变能力，事业心强，肯吃苦、心理素质好。

④ 一般行政、服务人员：具备较高行政管理能力和组织、协调能力，富有团队精神。

2. 职工培训制度

公司格外注重对企业员工进行持续、高效的专业技能培训，将专门聘请职业规划讲师，根据每个人的专业背景、性格特点、优势劣势等，具体设定个人生涯培养方案，使员工的知识水平和实践能力得到不断的提高。在建立人力资源信息系统的同时，做好外部人员补充规划，根据组织内外环境变化和组织发展战略，通过有计划地吸收外部人员，从而对组织中长期可能产生的空缺职位加以补充的规划。

我们依据管理、技术和市场等相关职业发展途径，为不同岗位工作人员提供如下培训：

① 针对新聘用员工：专人负责对公司新聘用人员进行个人职业发展规划指导；采取内部封闭式培训，使新人能迅速熟悉公司内部情况和业务要求；

② 针对具有一定工作经验的员工：大力发展学历继续教育，公司对有专业潜能的员工进行公派出国培训；鼓励员工进行知识的自我更新，并为职工的外部专业培训提供便利条件；公司内部定期举办技术、研发生产以及管理等方面的培训讲座；对具备管理特长的员工进行重点培训，适当鼓励岗位转化。

③ 人才结构优化战略。

A. 学科结构优化，各学科人才结合，各司其职。

B. 年龄结构优化，老、中、青人才相搭配，并有计划地让达退休标准人员和不合格人员离开组织。

C. 层次结构优化，吸纳高级人，平衡各层次员工数量。

D. 智能结构优化，不同类型和水平的人才配置。

④ 薪酬战略。

薪酬结构包括固定薪酬和变动薪酬、短期激励和长期激励。薪酬水平主要根据绩效来确定，辅助考虑资历、岗位、技能，以求达到最人的公平，向员工传递企业的战略意图，促使员工个人行为与组织行为相融合，充分利用薪酬这一激励杠杆，调动员工的积极性，并帮助员工实现自我价值。

（六）生产管理

1. 选址

公司将选址于北京昌平科技园区。

原因如下：

① 科技园区专业化、集成化程度高，相关基础设施配套完善。

② 科技园区享有前三年免征所得税等优惠的税收政策。

③ 科技园区内有各大高校科研基地，利于与高校建立战略合作关系，提升公司的研发能力。

原材料和产品均采用汽车运输，对道路要求不高。每月用水200吨，用电500千瓦，主要采用三相电，对消防配套设施有较高的要求。厂房及办公用房面积500平方米，生产车间的环境除消防环境外，无特别要求，一般生产环境即可满足。

2. 生产设备（附表 3-2）

附表 3-2 生产设备一览表

设备	真空分散乳化罐	管线式乳化机	卧式砂磨机	静态混合器	粉体加料罐	液体计量器	空压机	过滤式灌装机	配水加料器	定量加料器	电控装置
来源	国产	国产	国产	国产	国产	国产	国产	国产	国产	国产	国产
台数（台）	1	1	1	5	1	5	1	1	1	1	1
单价（万元）	2.2	2.2	2.6	0.52	1.8	0.29	2.05	3	0.32	1	8
金额（万元）	2.2	2.2	2.6	2.6	1.8	1.45	1	3	0.32	1	8
合计（万元）	26.17											

3. 生产工艺

附表 3-3 列出生产水性环氧树脂纳米抗菌涂料所需的原材料及其基准配比。

附表 3-3 水性环氧树脂抗菌涂料基准配方

组分	掺量（质量百分比）
水性乳液	80%
抗菌剂	1%
成膜助剂	2%
流平剂	0.5%
分散剂	0.5%
防淀剂	0.5%
消泡剂	0.5%
去离子水	15%

其中，水性乳液采用水性环氧树脂，抗菌剂采用专利方法制备的均相纳米银溶液，其余原材料按行业标准选用。

生产工艺流程图如附图 3-2 所示。

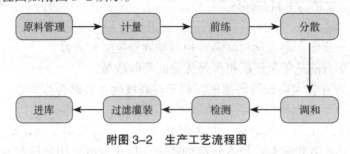

附图 3-2 生产工艺流程图

4. 数据管理系统

我公司将实现大规模数据化生产管理控制，一切从实际出发，应市场之变化，及时、广泛地收集数据，进行分析预测，以计算机硬件和软件，手工作业，分析、计划、控制和决策模型以及数据库的用户—机器系统为依托，建立网络平台宣传推广，实施市场调研，切实有效地制定决策采取措施。

（1）历史数据分析预测。收集2010—2012这3年来中国纳米银抗菌涂料市场环境现状，包括产业竞争现状、上下游产业链、行业生命周期、行业经济指标（赢利性、附加值的提升空间、进入壁垒/推出机制）等，分析我公司的竞争优势，预测未来3年内纳米银抗菌涂料发展走势，对整体发展进行方向性把握，并辅助制定我公司发展策略。

（2）当前数据收集监测控制与预测。建立市场动态分析模型，对外部环境和公司内部运营及时、精确、有效的监测分析。

对外部环境的监测主要从以下几个方面进行。

政府政策：主要对政府当前颁布的政策法令与执政方针对目标市场及产品的影响评估。

市场需求：对同类产品或功能相近产品当前市场需求进行数据收集与发展预判。

市场供给：对存在竞业的供给公司或渠道进行有效调研，了解分析技术与产品发展趋势。

竞争市场经济指标：指赢利性、附加值的提升空间、进入壁垒/推出机制。

价格趋势：结合区域经济水平与消费水平，评估产品价格波动趋势与定价策略。

建立数据库，记录整合实际消费者与合作商信息，分析其共同点与差异性，预测潜在消费者与合作商。

进一步有效提升竞争力策略，通过开展公司内部生产流程与质量监测控制，强化企业内部针对销售收入及盈利水平的分析水平，提高企业内部对资产及负债情况的把控能力，有效节约公司运营各节点成本费用。

5. 质量管理与控制

目前纳米银抗菌粒子在涂料中的应用必须解决两个重要的问题：一是如何将纳米粒子均匀分散在涂料中；二是，如何防止纳米粒子在涂料中发生二次团聚。现在普遍采用的无机纳米抗菌粒子与涂料简单物理共混很难解决这两个问题。前者主要在分散工艺中解决，后者主要在调和工艺中进行解决。本公司生产的抗菌涂料相比其他市场上已有的抗菌涂料更加精细化和高端化。而这些优异特点除了源自对分散工艺和调和工艺的优化，更重要的是源自采用性能特殊的纳米银抗菌剂。

（1）抗菌剂的制备。本公司抗菌涂料生产采用的抗菌剂是依托北京化工大学超重力教育部重点实验室研发的纳米银均相溶液。一般抗菌剂采用普通的纳米银粉体，在分散和调和两道工艺中无法均匀分散开来，影响抗菌效果。同时，对纳米银表面未经过特殊改性处理，纳米银容易在空气中氧化腐蚀，使纳米银在一段时间后失活，从而影响抗菌效果，最直接的后果就是使抗菌涂料存在抗菌时限，缩短了抗菌涂料的抗菌寿命。

我们采用的抗菌剂，是经过特殊处理的纳米银材料。为了防止纳米银在空气中的氧化腐蚀，对纳米银粒子进行表面改性处理，利用硅对其表面进行包裹，可以有效地防止银的变质，解决了普通纳米银抗菌寿命短的缺点，使抗菌涂料的抗菌功能持久长效。

而对于市场上纳米银分散不均匀，影响局部抗菌效果的问题，我们使用的抗菌剂不再是普通的纳米银粉体。该技术创新性地将纳米银粉体制成均相溶液，使纳米银在分散和调和工艺中均匀分散开来，从根本上解决了抗菌剂分散不均匀的技术难题，从而使生产出来的抗菌涂料具有极高的杀菌防霉效果。而且将纳米银粉体制成均相溶液，有利于后续产品的开发。

以上两点技术上的创新，还决定了我们的产品一个特殊的性能，那就是使抗菌涂料具有极好的自清洁功能。这主要是纳米银的纳米效应发挥的作用。

这些优异的功能，决定了我们产品的高端化和精细化，也决定了我们产品的定位。

（2）分散工艺控制。通过分散工艺，使聚合物以化学键的形式结合在纳米银粒子的表面，从何提高产品的抗菌活性和自清洁功能。

分散工艺是水性环氧树脂抗菌涂料配制的核心技术之一。我们通过对聚合搅拌时间和搅拌形式的优化以及分散剂的开发选用等方面完善分散工艺。在分散工艺中，加入质量配比为1%的抗菌剂、2%的成膜助剂、0.5%的流平剂和0.5%的分散剂可以得到最佳的分散效果。

（3）调和工艺控制。防止纳米粒子在涂料中发生二次团聚是调和工艺必须控制的关键一步。通过使用硅包裹的纳米银均相溶液，可以有效地防止二次团聚的发生。此外，通过确定最优的搅拌时间和搅拌形式，也是调和工艺的关键。在调和工艺中，还加入0.5%的防淀剂、0.5%的消泡剂可以得到最佳的调和结果。通过调和，涂料在做成抗菌涂层时，具有自清洁、无气泡、杀菌率接近100%等优点，使涂层具有极高的杀菌防霉、自清洁功能。

（4）产品集成技术。技术集成是指按照一定的技术原理或功能目的，将两个或两个以上的单项技术通过重组而获得具有统一整体功能的新技术的创造方法，它往往可以实现单个技术实现不了的技术需求目的。

我们的产品便是技术集成的产物。通过结合纳米银抗菌剂的制备、水性环氧树脂抗菌材料的制备等关键技术，生产出高端精细的抗菌涂料，从何迎合市场的需要。

四、市场分析及定位

（一）目标市场概况

目标市场：纳米银涂料综合了纳米银及纳米二氧化钛两种纳米材料的优点，具有优异的耐洗刷性、强效的杀菌作用和突出的自清洁性能，对人体无毒无害。因此我公司将目标市场定为抗菌涂料市场和中高档室内涂料市场，主要用于通风管道内涂层及高级宾馆，医院病房，家居、食品、饮料车间、酒厂、药品、托儿所、食堂等易滋生细菌、霉菌的场所装修。

目标客户群：管道制造商，需要无菌清洁室内环境的机构和场所，追求高品质家居生活的个人消费者以及各大装饰公司。

（二）市场细分

按照客户需求，我公司的目标市场可细分为两类。

1. 抗菌涂料市场

抗菌涂料市场主要针对医院、食品药品车间及实验室等对于环境卫生洁净性能要求很高的场所，这些场所需要相应的抗菌涂料来保证环境的健康。而其中细菌来源的通道大都是通风管道的进出口，通过对这些场所通风管道内进行抗菌涂料的涂刷，可有效降低场所内细菌含量，并长时间的保持环境的清洁与卫生。我国于2008年1月1日起执行的《抗菌涂料》行业标准（HG/T 3950—2007）将产品按抗细菌性能分成两个等级：产品抗细菌性大于99%的，是具有强抗菌性的产品，属于Ⅰ级；产品抗细菌性大于90%、小于99%的，是具有抗菌性的产品，属于Ⅱ级。我公司目前的研发能力已到达生产属于Ⅰ级的强抗菌性涂料，因此针对这一市场我公司将以强抗菌性作为主导产品。

2. 家居涂料市场

家居涂料市场正在日趋多元化，消费者在对时尚色彩追求的同时，对于环保低碳绿色的要求也越来越高。针对这一市场特征，我公司将在保证涂料颜色、涂刷面积、涂料性能等基本功能的前提下，树立时尚与健康并存的理念，有针对性地推出卧房专用漆、儿童房专用漆、厨房专用漆、卫生间专用漆等。

五、竞争分析

（一）PEST分析

1. 政策环境（P）

① 城市化发展给涂料行业带来巨大发展空间。近年来，城市化发展给建筑涂料带来了巨大的市场空间，尤其是随着住宅建设的高速发展，人们对舒适生活环境的追求极大地增加了各类健康清洁涂料的市场需求。这主要体现在国家一直在致力扩大城镇面积和人口，使得城镇住宅建设量一直在增长。

② 市场规范建筑涂料的发展已经并将继续得到从中央到地方各级政府的大力支持。几年来，建设部每年都要召开建筑涂料发展论坛，各地也相继出台了推广应用建筑涂料的有关政策法规，这为我国建筑涂料行业的发展营造了良好的外部环境，城市开发带来涂料商机，涂料市场也呈现旺盛的需求。新的政策在确立企业技术创新的地位，提高产品档次，提高劳动生产率，加强服务质量的监督力度，健全建筑涂料产业标准化体系，增强企业综合竞争能力等方面有所涉及，那些不符合清洁能源要求的企业必将被淘汰。

2. 经济环境（E）

① 中国经济正处于一个高速发展的时期，GDP逐年稳定增长，人均GDP也随之呈上涨态势，在经济大好环境的刺激下，我国建筑业生产总值增幅明显，充分显示了我国近年来建筑的迅猛发展。随着我国城镇化步伐的加快，公用事业（包括水、电、气、交通、医疗、旅游及其他相关市政公用事业等）管理体制的改革，城镇住宅建筑面积和非住宅面积的持续增加，涂料行业的需求，尤其是对清洁涂料，抗菌涂料需求不断增大。

② 在近年高速增长的房地产行业的带动下，涂料行业的产值逐年递增。在取得申奥成功后，为了2008年奥运会在中国的顺利举办，许多大型重点项目的建设又将给涂料行业带来新的契机。中国装饰涂料零售市场需求量每年有近10%的增长，经济的增长为涂料行业提供了广阔的发展空间。

3. 社会环境（S）

人们对居住条件的要求增高为抗菌涂料行业发展提供了空间。社会的不断进步必然带来人们思想意识的进步，而经济的发展又为人们改善居住条件提供了坚实的物质基础。随着人们收入的不断提高，中国人对居住条件的要求也越来越高。住宅面积的增大给涂料行业带来商机无限，生活水平的提高又将使人们更加关注健康的重要性，这就要求涂料除使用功能外绿色功能必不可少。

4. 技术环境（T）

① 整个化工行业的技术持续创新为涂料行业的不断创新打下了基础，尤其是纳米银技术在涂料中的应用为消费者提供了更多的选择，不仅提高了装修的质量，更满足了人们对涂料环保性的高要求。

② 纳米银涂料和高等院校之间的合作日益加强，这将为今后的涂料行业的研发和人才

梯队的培养提供保障。

③ 我公司已掌握超重力法合成纳米颗粒的新方法，并取得国家专利，该方法生产的纳米银将作为该涂料产品的核心原料，因此我公司具有独一无二的技术优势。

（二）企业自身的SWOT分析

1. 优势分析（Strength）

① 世界领先水平的技术和专利支持，产品具有高精度性。
② 产品绿色环保，抗菌效果好且具有突出的性价比和综合性能，居于市场领先地位。
③ 以高校研发机构为依托，具有持续的研发优势。
④ 先进的管理架构设计，高素质的管理团队和专业的员工队伍。

2. 劣势分析（Weakness）

① 初期投放市场，产品较为单一；品牌知名度低，销售市场较窄。这点可以通过适宜的广告宣传、人员推销、商业推广方案等加以解决。
② 市场客户渠道有限。我们会加强产品的宣传推广，随着产品知名度的提高，越来越多的厂商意识到我公司纳米银抗菌涂料的突出特质后即将获得较多订单。且我们会注重关系客户的培养，充分结合市场实际情况培养长期客户。
③ 技术水平要求较高 因此产品价格较高。
④ 属于市场初入者，缺乏成熟的行业操作和销售经验。

3. 机会分析（Opportunities）

① 随着人们对生活环境卫生质量要求的提高，纳米银抗菌涂料市场需求越来越大，未来产品发展前景较好。
② 产品的优良性能符合国家环境保护和可持续发展的战略方向。
③ 尽管市场同类产品较多 但产品的抗菌性能和自清洁性能与我公司相比较低：目前，全国生产Ⅰ级强抗菌性涂料的厂家非常少，主要是由于生产工艺的限制。目前通风管道内防腐涂层主要有环氧粉末涂料、环氧/磁漆涂层、以玻璃鳞片为填充料的衬里涂层三种。然而这三种工艺方式虽然已经比较成熟，且价格较为低廉，但其主要功能仅仅是防腐，针对通风管道等需要保持长久清洁的环境来说功能比较单一。而我公司的纳米银抗菌漆涂层在防腐的基础上还具有高效灭菌性和自清洁性，因此在产品性能上更优，更加符合市场需求。
④ 根据市场容量分析，国内抗菌涂料的生产远远不能满足市场的需要。

4. 威胁分析（Threats）

① 相关行业内部有实力的国内外竞争者已占据了一定市场份额，使得竞争风险加大。
② 市场上产品替代品较多，行业格局已初步形成。
③ 潜在竞争者的加入。
④ 高新技术发展很快，生命周期缩短，被替代的可能性加大。
⑤ 经销商销售能力不确定性与倒戈的风险。
⑥ 集团市场购买决策过程复杂，产品对推销技巧要求比较高。

综上，经过SWOT分析，我公司的优势较强，机会较多，应当选择发展型战略。

（三）同行业竞争者分析

目前，全国生产纳米银抗菌涂料的厂家数量并不多，其中生产Ⅰ级的强抗菌性涂料的厂家更是少之又少，这主要是由于生产工艺的限制。但这也并不能说明我们可以轻视甚至忽略竞争对手，根据我公司产品的细分市场，其主要竞争对手可以分为三类。

① 针对产品纳米银抗菌涂料，我公司主要竞争对手为生产管道内防腐涂层的公司。目前通风管道内防腐涂层主要有环氧粉末涂料、环氧/磁漆涂层、以玻璃鳞片为填充料的衬里涂层三种。然而这三种工艺方式虽然已经比较成熟，且价格较为低廉，但其主要功能仅仅是防腐，针对通风管道等需要保持长久清洁的环境来说功能比较单一。而我公司的纳米银抗菌漆涂层在防腐的基础上还具有高效灭菌性和自清洁性，因此在产品性能上更优，更加符合市场需求。

② 针对产品纳米银抗菌绿色健康漆，我公司主要竞争对手以低碳环保涂料为主导的世界知名涂料公司、已研制出纳米银涂料的国内一流涂料公司。

a. 以低碳环保涂料为主导产品的世界知名涂料公司：立邦、多乐士等世界知名涂料公司在我国涂料市场的市场份额已占到50%左右，其主打的低碳环保净味漆、抗甲醛漆、抗污易打理漆与我公司生产的纳米银绿色抗菌漆在部分功能上比较相似，主打的都是绿色家居理念，且已在中国市场内占有大量份额，已成为中国消费者室内装修漆的首选产品。因此在室内装修市场我公司面临的主要竞争对手是具有较高产品核心竞争力、市场份额和顾客认知度的国际知名涂料公司。

b. 已研制出纳米银涂料的国内一流涂料公司：纳米银涂料在我国并不是首创，早在2005年嘉丽士就研制出了纳米银抗菌漆，而江苏晨光涂料有限公司在2008年与俄罗斯凯斯乐富有限公司合作的"开发纳米银抗菌环保内墙乳胶漆"也已列入了中俄政府间科技合作计划。在纳米银抗菌漆市场，这几家比我公司早研发纳米银抗菌漆的国内一流涂料公司是我公司的主要竞争对手。然而我公司生产的纳米银抗菌绿色漆由于其技术前身用于军工，因此精度性更高，所生产出的产品性能、抗菌性、防腐蚀性和自清洁性也都处于国际领先水平，产品竞争力更高。

六、竞争及营销策略

（一）销售目标及计划

（1）初期

公司拟在1~3年，以生产纳米银抗菌涂料为主，以生产纳米银绿色抗菌漆为辅，初期规模为年产50吨，与华北地区中、下游管道生产商、油漆销售商建立合作关系。同时，科研团队对纳米银制备技术以及稳定分散技术做进一步研发。

（2）中期

公司拟在3~5年，在可大规模投入生产的条件下，将引入新设备，增加纳米银涂料的产量。同时创立品牌，增加公司的无形资产。建营销网络。在初期科研成果的前提下增加纳米银产品客户多元化，如抗菌塑料制造商等。

（3）长期

公司拟在5~10年，从纵深高端精细化与横向多元化两方面着手。加大科研投入力度，革新纳米科技高新技术，制备性能更优的纳米银涂料，应用于医院如烧伤病房等以及军事国防等领域。纵深化同时，产品应用多元化大大提升，充分应用于抗菌塑料等广泛的民用领域。

（二）竞争策略

结合目前的市场情况、我公司产品的技术水平以及未来发展趋势，我公司将针对两种产品分别采取集中化竞争战略和差异化竞争战略的竞争战略。

① 对于产品纳米银抗菌涂层,由于其制作成本较高,价格相对较贵,因此不适宜采取成本领先战略。由于我公司为初创公司,规模较小,不足以支撑较大市场的供给,同时也为了降低企业经营成本,因此,针对我公司现有的资源实行集中性营销策略,初期只针对北京这一个地区市场,采取地区集中化战略,集中力量向其提供最好的服务和产品,占据该市场份额,从而超过在更广范围内的竞争对手。

② 对于产品纳米银抗菌绿色健康漆,我公司将采取差异化竞争战略。目前市场上的纳米银抗菌绿色健康漆由于其技术水平的限制,一般除菌性只能到达Ⅱ级左右,而我公司依托于化工大学的科研项目,有着世界领先的技术水平,其产品的除菌性和自清洁性比市场上一般的纳米银抗菌漆更优,因此我公司将以产品的质量水平建立起对付五种竞争作用力的防御地位,利用客户对品牌的忠诚而处于竞争优势。

(三)市场营销策略

1. 产品策略(Product)

(1)产品名称

纳米银抗菌涂料;纳米银抗菌绿色健康漆。

(2)产品原理

纳米银抗菌涂料是将纳米金属银与水性涂料相结合形成的水性抗菌涂料。由于纳米银具有强大抑菌杀菌及广谱的抗菌活性,可以在长时间内保持持续抗菌,因此我公司生产的纳米银抗菌涂料具有强杀菌、自清洁和耐洗刷性,尤其适用于易腐蚀及以易生细菌的物品表面。纳米银抗菌绿色健康漆是在保证纳米银杀菌自清洁效用的基础上,形成的含有纳米银的乳胶漆。

(3)产品所有权状况

我公司产品以北京××大学陈教授超重力制备纳米银材料的专利技术为抗菌成分原料,以雍教授制备水化环氧树脂涂料的实验室研究成果为产品投产基础,产品所有权为我公司和北京××大学共同所有。

(4)产品类型

在细分市场的基础上,我公司将主要生产两类产品。一类是主要针对抗菌涂料市场的强抗菌性纳米银涂料,其产品特点是强抗菌性,适用于各种通风管道内涂层,起到杀菌、抗腐蚀的作用。同时也适用于医院如烧伤病房等,为患者提供一个完全无菌的环境。另一类是主要针对家居涂料市场所生产的具有环保低碳理念的内墙涂料纳米银抗菌绿色健康漆。我公司产品在保证一般涂料的基本性能后,加入少量纳米银,起到杀菌、净化甲醛且自清洁的作用,使涂料涂到墙面以后,能够保持墙面的长久洁净,营造一个舒适的家居环境。

(5)产品包装及规格

结合目前市场普遍行情,我公司将产品分为5升、10升、20升三种规格,以供消费者选择。针对纳米银抗菌涂料,产品包装上将更为突出产品的抗菌性和抗腐蚀性,而针对纳米银抗菌绿色健康漆,我公司将在产品包装上突出其无毒无害和抗甲醛自清洁型,以绿色环保作为宣传理念。

2. 价格策略(Price)

由于此项技术之前主要用于军工,因此目前市场上如我公司的类似产品还较少,竞争较弱而市场需求较大。因此我公司采取成本导向定价法和需求差异定价法,在考虑成本和预期利润的基础上针对细分市场进行差异式定价。对于抗菌涂料市场，由于对产品技术要求较高，且市场竞争较弱，因此我公司拟定价为 10 万元 / 吨。

3. 渠道策略（Place）

结合细分市场，产品性质及公司状况，我公司采取直接分销渠道和间接分销渠道相结合的多渠道销售策略。

① 对于强抗菌性纳米银涂料，由于购买的都是团体用户，很少有个人直接购买，因此我公司采取的主要销售渠道为直接分销渠道及直接供应给各大管道制造商，具体采取方式主要有三种：

a. 订购分销。我公司派员直接去各大管道公司进行推销，签订购销合同后由我公司按合同条款在规定时间内供应商品。

b. 自开门市部销售。我公司会在各大城市直接设立销售网点，用户可直接去就近销售网点购买。

c. 参加国内商品展销会，直接与国外客户签订合同。

② 对于纳米银绿色健康抗菌漆，由于其目标客户群的多样性，我公司拟同时采取直接分销渠道和间接分销渠道进行销售，其具体方式主要有三种。

a. 在各地区设置代理商。我公司拟在全国各省各市区分设代理商，由各级代理商进行产品销售。

b. 通过网络进行销售。我公司拟在网上建立官方网店，消费者和用户可通过网上订购的方式进行购买。

c. 订购分销。我公司派人员直接到各大装修公司进行推销。在公司筹建之初开始公关工作。公关活动的原则是树立公司技术先进、勇于创新、严谨踏实、富有社会责任感的良好形象。

4. 促销（Promotion）

为了打开销售市场，抢占市场份额，树立品牌形象，在企业创立初期，我公司会投放大量精力于促销手段上，具体方式主要有以下几种。

（1）馈赠促销方式

主要针对各级经销商及团体客户，当购买产品达到一定数量后，可免赠相应数量的产品。

（2）活动促销方式

对于产品纳米银抗菌环保绿色漆，我公司拟以赞助公益活动的形式突出产品的环保绿色抗菌清洁性，传播企业理念，树立企业品牌形象。

（3）双赢促销方式

对于产品纳米银抗菌环保绿色漆，我公司拟于家具公司进行双赢促销合作，凡是购买我公司产品的客户，即给予一定数量的家具折扣券。而购买该品牌家具的顾客，购买我公司纳米银抗菌环保绿色漆也会获得一定的优惠。

（4）广告促销方式

① 在大众媒体和专业媒体发布产品广告。通过报纸、杂志、广播、电视等传播渠道进行大量的广告投放，提高产品知名度。

② 对相关活动进行广告赞助。针对一些相关的家居装修类节目进行广告赞助，如中央卫视的《交换空间》等，进行有针对性的广告投放。

(5)网络营销方式

① 建立公司官方微信、微博、人人主页等,发布相关产品信息,并及时收取消费者反馈。一方面能够建立品牌知名度,另一方面借用互联网渠道与消费者建立更加直接、更加亲密的关系,能够更周到体贴地服务于消费者。

② 通过综合门户、行业门户、区域门户、专业门户、博客、网络社区、分类信息平台、邮件、短信平台、搜索引擎、电子商务平台、数字杂志等组合型通路,更多地借助话题营销、事件营销与活动营销引发病毒式传播与口碑传播,实现营销传播的"蜂鸣效应"。

(6)产品推介方式

对于产品纳米银抗菌涂料,我公司拟举办产品推广会,与各大管道制造商进行直接的互动交流,让客户能够更加深入地了解我公司产品,树立我公司品牌形象,提高产品的知名度。

七、投资分析

(一)投资与财务

公司设在北京昌平科技园区,可享受三年内免征所得税,第四至第六年可按 7.5% 的税率征收所得税的税收优惠政策。

公司成立初期共需资金 750 万。其中风险投资 285 万,国家大学生创业基金 75 万,某大学投入资金 175 万,技术入股 115 万,崇光纳米科技有限公司设备入股 100 万。

(二)股本结构与规模

公司注册资本 150 万(附表 3-4)。

附表 3-4 股本结构和规模

| 股本来源 | 风险投资 | 某大学 | | 技术入股 | 设备入股 |
| | | 资金入股 | | | |
		国家大学生创业基金	自投资金		
金额(万元)	50	15	40	15	30
比例	33.33%	10%	26.67%	10%	20%

股本结构中(附图 3-3),某大学技术及资金入股占总股本的 46.67%,风险投资方面,我们打算引入 2~3 家风险投资共同入股,以利于筹资,化解风险,并为以后可能的上市做准备。

(三)资金来源与运用

公司初期自有资金 60 万,需额外贷款 50 万(金融机构一年期借款,利率为 6.00%)用作流动资金以及生产中所需的购买成本、人工费用及其他各类费用。

(四)盈亏平衡分析(略)

(五)投资收益与风险分析(略)

(六)投资净现值(略)

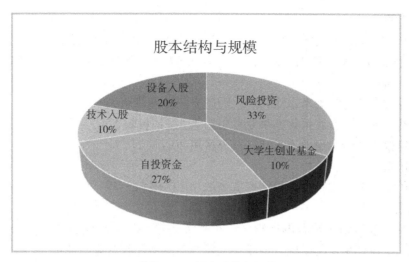

附图 3-3　股本结构与规模

八、项目财务分析

（一）编制说明

① 根据国家、地方有关规定和现行财税政策以及项目的实际情况，对项目进行经济效益分析。

② 预算期为五年，其中建设期为一年，下文所说的第一年是指从开始生产经营起。厂房在建设期年底完工达可使用状态，设备则在开始生产期期初租入。

③ 本报告财务分析中成本与销售收入的计算均按达产年计算，所有价格均为不含税价格，项目预计成本利润率为 5%~35%。

④ 假设不存在赊购和赊销，销售收入全部在当期以现金收回。

（二）财务评价

1. 销售收入估算

本公司预计销售纳米银抗菌涂料第一年 40 吨，第二年 79 吨，第三年 129.8 吨，第四年 158 吨，第五年 182 吨。销售单价 10 万元/吨。

2. 增值税金、销售税金及附加

$$应缴纳的增值税 = 销售收入 \times 17\% - 进项税额$$

城建税、教育费附加分别按增值税的 5%、3% 计征。

3. 总成本构成及估算

总成本费用按生产要素法估算，生产每吨纳米银抗菌涂料成本如下。

（1）直接材料费用

水性乳液、抗菌剂等共 2.8 万元/吨。

（2）外购燃料动力费

每月平均用水 200 吨左右，用电 500 千瓦左右，工业用电 1.2 元/度，工业用水 2.2 元/吨。

（3）工资及福利费

990 万/第一年。第一年需用生产工人 120 人，平均每人每月 5000 元，合计 720 万元。管理人员 30 人，平均 7500 元/月，合计 270 万元。

（4）折旧费

固定资产共计 88 万，预计使用 5 年，净残值为 0，用双倍余额递减法计提折旧，第一年计提折旧 35.2 万，第二年 21.12 万，第三年 12.67 万，第四年 25.36 万，第五年 9.505 万。

（5）其他费用

①环境处理费：每吨纳米银涂料产生的废弃物处理费用为 50 元。

②销售费（含广告费、销售办事处费用等）：按销售收入 15% 估算。

③第一年投入注册费用、质量认证费等费用 20 万。

（6）摊销费

30 万/年。主要为项目投入的无形资产按 10 年摊销。

4. 所得税

环保项目、节能节水项目的所得，自项目取得第一笔生产经营收入所得纳税年度起，第一年至第三年免征企业所得税，第四年至第六年减半征收企业所得税。

5. 利润和利润分配

根据公司法规定，该项目需从税后利润中提取法定盈余公积金按税后利润的 10% 计取。

6. 预计利润表，资产负债表，现金流量表

①主要财务假设：公司设在北京市昌平科技园。根据国家政策，可享受三年内免征所得税，第四至第六年可按 7.5% 的税率征收所得税的税收优惠政策。

②主要财务报表预测如附表 3-5、附表 3-6、附表 3-7 所示。

附表 3-5　预计利润表

单位：万元

项目	第一年	第二年	第三年	第四年	第五年
一、产品销售收入	400.00	790.00	1298.00	1580	1820
减：产品销售成本	288.00	512.50	635.60	723.90	865.90
产品销售费用	8.30	18.30	24.20	30.80	56.90
二、产品销售利润	103.70	259.20	638.20	644.40	897.2
减：管理费用	13.20	16.20	21.29	34.80	46.90
财务费用	36.00	40.21	48.70	54.60	47.80
三、利润总额	54.50	202.79	568.21	555.0	802.5
减：所得税	0.00	0.00	0.00	41.63	60.19
四、净利润	54.50	202.79	568.21	513.37	742.31

附表 3-6　现金流量表

单位：万元

项目	第一年	第二年	第三年	第四年	第五年
一、经营活动产生的现金流量：					
销售商品、提供劳务收到的现金	400.00	790.00	1298.00	1580.00	1820.00
现金流入小计	400.00	790.00	1298.00	1580.00	1820.00

续表

项目	第一年	第二年	第三年	第四年	第五年
购买商品、接受劳务支付的现金	178.92	254.73	442.64	526.46	609.80
经营租赁所支付的现金	39.8	20.00	20.00	20.00	20.00
支付给职工的现金	159	102.00	115.00	135.50	152.00
支付的所得税	0.00	0.00	0.00	41.63	60.19
支付其他与经营活动有关的现金	43.56	58.00	67.80	71.61	90.39
现金流出小计	421.28	434.73	645.44	795.2	932.38
经营活动产生的现金流量净额	−21.28	355.27	652.56	784.80	887.62
二、投资活动产生的现金流量：					
购建固定资产所支付的现金	50.00	0.00	0.00	0.00	0.00
投资活动产生的现金流量净额	−50.00	0.00	0.00	0.00	0.00
三、筹资活动产生的现金流量：					
吸收权益性投资所收到的现金	80.00	0.00	0.00	0.00	0.00
借款所收到的现金	30.00	0.00	0.00	0.00	0.00
现金流入小计	110.00	0.00	0.00	0.00	0.00
偿还借款所支付的现金	0.00	0.00	0.00	0.00	0.00
分配股利所支付的现金	0.00	67.97	69.06	204.89	221.23
偿付利息所支付的现金	36.55	0.00	0.00	0.00	0.00
现金流出小计	36.55	67.97	69.06	204.89	221.23
筹资活动产生的现金流量净额	191.08	−67.97	−69.06	−204.89	−221.23
四、现金及现金等价物净增加额	119.80	287.30	583.50	579.91	666.39

附表3-7 资产负债表

单位：万元

资产	第一年	第二年	第三年	第四年	第五年	负债及权益	第一年	第二年	第三年	第四年	第五年
流动资产：						流动负债：					
货币资金	65.68	156.35	298.65	482.76	600.89	应付账款	15.35	34.25	88.65	135.29	244.50
应收账款	33.27	58.16	121.50	137.30	151.00	短期借款	60.00	50.00	80.00	70.00	80.00
预付账款	0.98	1.50	6.87	18.90	13.12	其他应付款	4.36	25.87	76.04	86.98	97.63
其他应收款	30.21	88.50	117.32	121.13	137.88	流动负债合计	31.49	80.84	244.69	292.27	422.13
存货	62.20	80.32	135.86	143.50	162.35	非流动负债合计	30	59.42	170.72	268.78	200.30
流动资产合计	192.34	384.83	680.20	903.59	1065.24	负债合计	141.20	250.38	415.41	561.05	622.56

续表

资产	第一年	第二年	第三年	第四年	第五年	负债及权益	第一年	第二年	第三年	第四年	第五年
固定资产：											
固定资产原价	88.00	88.00	88.00	188.00	188.00						
减：累计折旧	8.80	17.60	26.40	33.00	56.00	所有者权益：					
固定资产净值	79.20	70.40	61.60	155.00	132.00	实收资本	100.00	150.00	200.00	200.00	200.00
无形资产：	0.00	0.00	0.00	0.00	0.00	盈余公积	0.00	30.00	60.00	120.00	180.00
减：累计摊销	0.00	0.00	0.00	0.00	0.00	未分配利润	30.34	24.85	66.39	157.54	194.68
无形资产净值	0.00	00.00	0.00	0.00	0.00	所有者权益合计	130.34	204.85	326.39	497.54	574.68
资产合计	271.54	455.23	741.80	1058.59	1197.24	负债及权益合计	271.54	455.23	741.80	1058.59	1197.24

九、风险资本的退出

风险资金退出的成功与否关键取决于公司的业绩和发展前景。

（一）退出方式

风险投资的退出方式一般有三种：首次公开上市（IPO）、收购和清算。其他国家的实践表明，首次公开上市（IPO）收益最高。许多运作成功的风险投资都以此种方式退出。我们设计了三种可能的方案。

（1）A股市场上市。在适当的时候，公司可以和产业方向相近的公司进行资产重组，达到在国内A股市场上市的条件。或者和上市公司进行资产重组，借复合纤维材料上市。

（2）海外二板市场上市。公司属于有发展前景和增长潜力的中小型高新技术企业，可争取在香港二板市场上市。另外，也可以考虑美国NASDAQ市场等海外的二板市场。

（3）国内二板市场上市。国内正大力鼓励和发展二板市场，公司也可以争取在国内二板市场上市。就目前资本市场的现状而言，收购（项目整体转让）方式比较适合本公司。另外，通过协议的方式，风险投资方转让部分的股权也是一种可操作性较强的退出方案。

（二）退出时间

如果在二板市场上市，最好争取在2~3年上市。因为二板市场一般对管理层抛售股票的时间、份额有严格的规定。其他几种方式，风险资金在第3~5年退出较合适。

一般来说，公司未来投资的收益现值高于公司的市场价值时，是风险投资退出的最佳时机。因此，从撤资的时间和公司发展的角度考虑，第3~5年时，公司经过了导入期和成长期，已完成一部分新产品和相关产品的开发，发展趋势很好；同时，公司在国内的纤维材料界树立了良好的形象，产品将有相当的知名度，此时退出可获得丰厚的回报。

参考文献

[1] 熊彼得. 经济发展理论[M]. 北京：商务印书馆，1990.8.

[2] 贺善侃. 创新思维概论[M]. 上海：东华大学出版社，2006.22.

[3] 陶国富，王祥兴. 大学生创新心理[M]. 上海：立信会计出版社，2006.176-177.

[4] 黄轶. 创新型人才的基本素质[J]. 中国人才，2000，（12）：25-26.

[5] 董亮，罗明明，涂小东. 论新形势下如何加强大学生的创新创业能力培养[J]. 科技创业月刊，2007，（09）：43-44.

[6] 罗媛. 美国高校创业教育探析[J]. 比较教育研究，2010，（10）：55-60.

[7] 柴旭东. 基于隐性知识的大学创业教育研究[D]. 上海：华东师范大学，2010.

[8] 联合国教科文组织. 教育的使命：面向21世纪的教育宣言和行动纲领[M]. 北京：教育科学出版社，1998.

[9] 邱峰. 基于大学生职业生涯规划的创新创业教育探究[J]. 湖北经济学院学报（人文社会科学版），2014，（11）：162-163.

[10] 林嵩，张帏，邱琼. 创业过程的研究评述及发展动向[J]. 南开管理评论，2004，（03）：47-50.

[11] 杨俊. 创业过程研究及其发展动态[J]. 外国经济与管理，2004，（26）：8-12.

[12] 曾慧. 创业阶段划分及其绩效的研究综述[J]. 企业发展与规划，2015，（08）：64-67.

[13] 刘霞. 创业要素研究述评[J]. 企业管理，2010，（04）：49-50.

[14] 徐建军，杨保华. 大学生创业类型的就业效应比较分析[J]. 理论研究，2011，（06）：3.

[15] 李振杰，陈彦宏. 我的未来我做主——大学生就业与创业指导[M]. 厦门：厦门大学出版社，2014.

[16] 梅强. 创业基础[M]. 北京：清华大学出版社，2012.

[17] 李家华，谢强. 创业基础教学手册[M]. 北京：北京师范大学出版社，2014.

[18] 张兵仿. 大学生创业基础教程[M]. 北京：时事出版社，2016.

[19] 王艳茹. 创业资源[M]. 清华大学出版社，2014.

[20] 林嵩. 创业资源的获取与整合——创业过程的一个解读视角[J]. 经济问题探索，2007（06）：166-169.

[21] 王晓文，张玉利，李凯. 创业资源整合的战略选择和实现手段——基于租金创造机制视角[J]. 经济管理，2009，（1）：61-66.

[22] 陈震红，董俊武. 成功创业的关键——如何获取创业资源[J]. 科技创业月刊，2003，（09）：48-49.

[23] 曾坤生，胡文静. 创业资源与我国中小企业家资源整合能力[J]. 天津市经理学院学报，2009，（1）：15-16.

[24] 徐承志. 工作经验对社会企业创业资源整合的影响[D]. 华中科技大学，2011.

[25] 张帆. 大学生创业资源获取影响因素研究[D]. 吉林大学，2012.

[26] 蒋承勇.大学生职业发展规划与就业创业指导[M].北京：高等教育出版社，2015.

[27] 季琦.十年创业路：从携程到汉庭[J].中国中小企业，2011，（09）：35-39.

[28] 张兵仿.大学生创业基础教程[M].北京：时事出版社，2016.

[29] 王仁伟.大学生就业与创业指导[M].北京：机械工业出版社，2015.

[30] 王晓晶，评估创业投资项目[J]，中国投资，2001.10.

[31] 王晓晶，创业投资项目评估的特点及指标的选择[J]，北方经贸，2001.

[32] 贺尊，创业计划书的撰写价值及基本准则[J]，创新与创业教育，2012.

[33] 张优，张璐，董杨子.浅析大学生创业规划[J]，中国成人教育，2011.01.

[34] 维欣，怎样撰写商业计划书[J]，中国经济信息，2000.03.

[35] 李家华，谢强.创业基础教学手册[M].北京：北京师范大学出版社，2014.

[36] 张兵仿.大学生创业基础教程[M].北京：时事出版社，2016.

[37] 叶虹.大学生创业法律实务[M].北京：清华大学出版社，2015.

[38] 陈忠卫.知行统一路：大学生创业案例与创新创业教育研究（2015-2016）[M].北京：经济管理出版社，2016.